本书由安徽省高校优秀青年科研项目(2022AH030004)资助出版

高校外语教师她能量

她能量

选择与行动

阮晓蕾　编著

SHE POWER

in University Foreign Language Teachers

Choices and Actions

上海交通大学出版社
SHANGHAI JIAO TONG UNIVERSITY PRESS

内容提要

本书以高校外语教师能动性的"选择"与"行动"属性为出发点，分为"时代的召唤激励前行""磨砺蜕变，静待光芒""梦想之花盛放，生命之树常青""永不停歇的成长之路"4个篇章，聚焦13位高校女性外语教师的学习与成长故事，从而揭示教师能动性对教师发展的重要作用。本书旨在为青年教师成长、高校外语教师职业发展以及女性赋能提供借鉴，对外语学习、外语教学与外语教学改革、外国语言文学相关研究、高素质专业化教师队伍建设具有参考价值。本书适合外语教师与研究者、外语专业学生、职场女性使用。

图书在版编目(CIP)数据

高校外语教师她能量：选择与行动／阮晓蕾编著.
上海：上海交通大学出版社，2024.12 -- ISBN 978-7-313-
31849-7

Ⅰ．H09

中国国家版本馆 CIP 数据核字第 2024RQ5387 号

高校外语教师她能量：选择与行动
GAOXIAO WAIYU JIAOSHI TANENGLIANG：XUANZE YU XINGDONG

编　　著：阮晓蕾

出版发行：上海交通大学出版社　　　　　　　地　　址：上海市番禺路 951 号
邮政编码：200030　　　　　　　　　　　　电　　话：021-64071208
印　　制：苏州市古得堡数码印刷有限公司　　经　　销：全国新华书店
开　　本：710 mm×1000 mm　1/16　　　　　印　　张：13.75
字　　数：200 千字
版　　次：2024 年 12 月第 1 版　　　　　　　印　　次：2024 年 12 月第 1 次印刷
书　　号：ISBN 978-7-313-31849-7
定　　价：82.00 元

序

习近平总书记在全国教育大会上指出，要实施教育家精神铸魂强师行动，加强师德师风建设，提高教师培养培训质量，培养造就新时代高水平教师队伍。高校外语教师队伍在高等教育中具有重要的地位和作用，他们对培养学生的语言能力和跨文化交际能力、塑造学生正确的价值观、培育学生的文化自信、推动人类文明交流互鉴、构建人类命运共同体至关重要。女性教师是高校外语教师队伍的中坚力量，聚焦这一群体的教育叙事对外语教育教学具有积极意义。

教师能动性是教师发展领域的研究热点，教师能否发挥能动性是教育政策实施和教学改革能否成功的关键因素。本书围绕高校外语教师能动性的选择与行动属性，聚焦13位高校女性外语教师的学习与成长故事，揭示了教师能动性对教师发展的重要作用。本书内容丰富、条理清晰，13位教师运用生动细腻的描写，将她们孜孜以求的英语学习经历、诲人不倦的育人实践、坚韧不拔的科研精神以及持之以恒地平衡家庭和事业的故事娓娓道来。在阅读过程中，读者不仅能够沉浸在故事情节中，还能够体会到她们所传达的立德树人的教育教学理念，领略到她们专业严谨的科研实践风采，同时感受到她们对待生活的积极态度和满满的正能量。

在这13位高校女性外语教师的共同努力下，本书可以为外语教学实践与改革、外语教育学研究以及外语教师专业发展提供丰富的启示与借鉴。

徐锦芬

华中科技大学　二级教授、博士生导师

2024年10月

前　言

　　我从 2016 年读博伊始接触"教师能动性"（teacher agency），到现在已经快 10 年了。这些年里，教师能动性不光是我文献阅读的"主旋律"、论文写作的"指明灯"，也是我在教学、科研，甚至是生活中的"亲密伙伴"。可以说，教师能动性因为它的"选择"和"行动"属性深深吸引着我，也以关键词的形式渗透和推进我的学习、工作和生活。

　　2022 年，我分别获批了全国教育科学规划课题（国家社会科学基金教育学项目）青年基金项目和安徽省高校人文社会科学"优秀青年"项目，这两个项目都以"教师能动性"为主题，它顺理成章地成为驱动我继续开展能动性研究的一个重要原因。从博士论文研究开始，我对女性教师的身份认同和职业能动性产生了浓厚兴趣，不仅是因为我所在的群体——高校外语教师队伍中以女性居多，也是缘于自己在工作、家庭、求学和职业发展过程中作为一名女性的亲身体验。我十分想要探寻高校女性外语教师这一特殊群体在积极行动、向上生长和发挥能量时的"选择"和"不选择"（我没有用"放弃"这个词，因为放弃的本质就是"不选择"，不选择亦可以代表一种主动的态度），以及为此开展的一系列积极行动。

　　在我过去开展过的教师能动性研究中，有对上海市某高校三位女性英语教师在教学和科研等活动中展现的能动性进行的研究[①]；有对一位高校

---

① 　Ruan，X.（2022）. *Understanding the Professional Agency of Female Language Teachers in a Chinese University: Rhetoric and Reality*. London & New York：Routledge.

女性英语教师性别能动性和职业能动性互动关系展开的个案研究[1]；有对女性英语教师群体身份认同和能动性展开的隐喻调查[2]；有对高校英语专业课程改革背景下教师教学能动性展开的研究[3]；也有对高校外语教师在申请科研项目的过程中展现的科研能动性进行的研究[4]。从这些研究中不难发现，高校外语教师的职业能动性展现为他们对职业发展的能动信念、以信念为驱动开展的能动实践，以及在信念和实践过程中起到中介作用的能动情感；高校外语教师的能动性不但受个人的成长经历和职业经历等个人因素影响，也受到重要他人、组织机构和社会文化因素的影响。这些教师在发挥职业能动性的过程中不是被动地接受环境，而是从环境中获得给养、规避限制，积极塑造自己的职业发展路径。

　　在前期的研究成果基础上，我不断反思，意识到自己的研究还有两点缺陷。第一，现有的研究以深入的案例研究（个案或多案例）为主，虽可以较厚实地描绘案例教师的职业能动性、较为深刻地阐释能动性的特点和发挥过程，进而增进对能动性概念的理解，但缺乏对群像或至少某一类别教师能动性的整体认识。第二，现有的能动性研究方法主要包括访谈法、课堂观察法、问卷调查法、叙事问卷法等，虽能够从多视角解读研究对象的能动性，但这些方法始终源自非参与者视角，即研究者对研究资料（数据）的阐释不可避免地带有偏见，抑或是囿于数据收集时间、研究者本人的描写能力以及文章篇幅，没有办法生动、完整、透彻地描写案例。因此，能动性研究呼唤群像的书写以及"第一人称"参与者视角的立体化展现。于是，我萌发了编写此书的想法：邀请国内高校女性外语教师围绕"选择"和"行动"

[1] Ruan, X., & Zheng, X. (2019). The rhetoric and the reality: Exploring the dynamics of professional agency in the identity commitment of a Chinese female teacher. *Learning, Culture and Social Interaction*, 21: 348-361.

[2] Ruan, X., & Toom, A. (2022). Exploring female EFL teachers' professional agency for their sustainable career development in China: A self-discrepancy theory perspective. *Frontiers in Psychology*, 13: 1-11.

[3] Ruan, X., Zheng, X., & Toom, A. (2020). From perceived discrepancies to intentional efforts: Understanding English department teachers' agency in classroom instruction in a changing curricular landscape. *Teaching and Teacher Education*, 92: 1-15.

[4] Ruan, X., Zhu, Y., & Toom, A. (2024). "Making it possible": The complex dynamics of university foreign language teacher agency for research in funding applications. *Humanities and Social Sciences Communications*, 11: 1-16.

这一主题,分享自己在职业发展过程中(如教学活动和科研活动)发挥职业能动性的故事,讲述她们释放"她能量"的影响因素,如个人经历和环境互动。

改革开放以来,外语教育对于社会进步和发展起到了重要作用,新时代呼唤外语教育新的担当和作为:外语教育和研究面临数智时代的机遇与挑战;外语教育和研究肩负着树立中华优秀传统文化自信、推动中国文化"走出去"的责任。当然,本书的主角——女性外语教师是中国式现代化建设中"半边天"的力量,她们共同见证和亲历了女性赋能、参与和改善社会的全过程。我们迫切想要知道,高校女性外语教师作为外语教育和外语研究的能动者,如何立德树人、开展外语教研和科研工作,如何看待自己的职业认同和性别认同,如何平衡家庭和事业的关系,如何实现自我价值,如何在时代浪潮中赓续力量、助力高等教育的高质量发展。

2024年1月,我联系了上海交通大学出版社表明自己的出书动机并发送了样稿,在与出版社沟通确认后,又联系了国内高校12名女性外语教师。她们慷慨应邀,倾情参与了本书的编写。全书分为"时代的召唤激励前行""磨砺蜕变,静待光芒""梦想之花盛放,生命之树常青"和"永不停歇的成长之路"4个篇章,分别讲述了时代背景、家庭氛围和重要他人对个人选择与学习成长的影响,挫折和困境中不言放弃的精神,在追逐梦想的征途上每一步都是自我超越的证明,成长之路如同攀登高峰,等等。

13位高校外语教师(包括我)阐述了各自的成长经历、与英语的不解之缘、时代赋予的机遇和挑战、用自己的勇气和毅力追逐梦想的过程、在立德树人的岗位上不断学习和行动的坚定信念以及为教学和科研所贡献的力量。尽管每个人的经历各不相同,但当我们翻开书页,感受流淌的故事和情感时,似乎都读懂了释放高校外语教师学习和成长她能量的密码——紧跟时代的步伐、对专业的热爱和孜孜以求、榜样力量的引领、踏实的行动力、坚持不懈、勤于反思、不断学习、努力实现事业与家庭的动态平衡。希望我们的共同努力能为外语教师能动性研究增添独特的视角和阐释,也期待我们的分享能够鼓励更多的女性,尤其是女性教师在中华民族伟大复兴的时代洪流中勇毅前行、贡献巾帼力量。

本书由安徽省科研编制计划 2022 年度"高校优秀青年科研项目"（2022AH030004）、国家社会科学基金"十四五"规划 2022 年度教育学青年课题（CIA220286）资助出版。

阮晓蕾

于安徽大学磬苑校区

2024 年 7 月

目　录

第一篇
时代的召唤激励前行

　　改革开放给中国的外语教育带来了前所未有的契机,学习外语改变了无数人的人生轨迹。在时代赋予的机遇下,高校女性外语教师把握住宝贵的学习机会,选择英语专业并在毕业后继续从事英语教育工作。在不断的"规划""动员""参与""配合""投入"中,她们访学、读博、开展博士后工作。学成归来,她们又马不停蹄地在工作岗位上立足实践、与学生共成长,努力实现教学与科研、家庭与事业的动态平衡。现如今,新时代赋予她们新的责任。人类命运共同体是新时代应对全球性问题和挑战、推动全球治理体系变革、实现人类共同美好未来的思想指南。构建人类命运共同体,为我国的外语教育发展提供了新机遇、提出了新要求。相信她们一定能够与时代同行,牢记初心使命,勇于担当作为。

我的故事

人物介绍：胡健，安徽安庆人，安徽大学国际教育学院院长，教授，博士生导师。复旦大学英语语言文学专业博士，南京大学外国语学院英语语言文学博士后流动站博士后，澳大利亚国立大学访问学者。现任中国英汉语比较学会写作教学与研究专业委员会常务理事，中国认知诗学研究会常务理事，安徽省辞书学会常务理事，安徽省外国语言文学专业合作委员会秘书长，安徽省外国留学生教育管理学会会长。研究方向为应用语言学、认知语言学、大洋洲文学。近年来在《外国语》《解放军外国语学院学报》《安徽大学学报》等期刊上发表论文 60 余篇，出版两部专著。主持教育部项目和省级项目多项。2005 年入选安徽省高校优秀中青年骨干教师，2013 年入选安徽省学术和技术带头人后备人选，2024 年获评安徽省教学名师。主持国家级一流本科课程"批判性阅读"。

接到阮晓蕾博士约稿时，我有几分忐忑、几分惶恐、几分不安、几分犹疑，仿佛有千言万语亟待抒发，又感觉江郎才尽，无言表达。其间又因公务繁忙、俗务缠身，迟迟未能提笔。总觉得自己的经历太过普通，成就太过平凡，没有什么值得大书特书之处。感谢阮博士的再三提醒和敦促，更感谢她的一再包容和理解，在其几番劝说鼓励下，我终于厘清纷飞的思绪，将我的人生经历记录下来，希望能给朋友们些许启示。

一、桐城还是安庆？

我的妈妈是桐城人，深受桐城文化的影响。在家人的记忆和描绘中，幼时的我聪慧可爱，记忆力好。妈妈觉得我是可塑之才，在我 4 岁多时，就教我读书写字，而小小的我对此也非常喜欢。

1978 年的夏天，我 5 岁半时，小姨怀孕生子，外婆要去服侍，而我自幼由外婆照顾，不肯跟她分开。爸妈拗不过我，只好同意我离开安庆，跟随外婆去桐城老家。大姨和小姨都住在桐城县①吕亭镇杨湾村。彼时正是村办小学报名之际，大姨家的大女儿慧敏比我大两岁，打算报名上学，我跟着她一起到了学校，闹着也要报名。负责报名的老师看我年纪太小，便说："我考考你，要是考过了，我就同意让你学。"老师让我背首古诗，又出了几道口算题，我都对答如流，于是顺利地进入吕亭镇杨湾小学就读。

在该小学读了一个月，小姨出了月子，外婆从杨湾村回到自己在吕亭镇上的家。外婆家离大姨家约 3 公里，大姨让我就住在她家上学，周日去外婆家，我自是不肯。于是我亲爱的外婆踮着小脚，在村办小学和吕亭中心校之间奔波，为的是让我能够转学到中心校。

我在杨湾小学是班上最小的学生，但成绩最好。村办小学一开始坚决不同意我转学，后来看我去意已决（其实最重要的就是我一定要跟着外婆），只好同意。吕亭中心校一开始不肯接收，因为已经开学近两个月了，后来辗转打听到我的表现，才同意我入学。

我对吕亭中心校已没有什么印象，记忆中是一张张的泥桌子，需要自己带板凳去上学。外婆每天接送我，刚刚熟悉中心校的环境，安庆的二舅打来电报，说我舅妈身体不好，要到上海做心脏手术，家里三个小孩没有人照顾，需要我外婆去驰援。外婆一开始的想法是让我在吕亭继续读书，她去安庆大概一个月就能回来，外婆是和小舅小舅妈同住的，在她离开桐城的日子，小舅小舅妈可以照顾我。

---

① 1996 年 8 月，经国务院批准，撤销桐城县，设立桐城市。

这样的安排如同晴天霹雳，我是万万不能接受的。我还记得当时自己怕外婆趁我上学时去安庆，便从学校将自己的板凳搬回了家，准备"严防死守"。一向宠爱甚至溺爱我的外婆，拿着一根竹条，将我打回了学校，我却固执地站在学校门口，怎么都不肯进去。

外婆知道我的犟脾气，只好带着我回了安庆，住在二舅家。她一边安抚我，一边联系我爸爸妈妈，看能否将我转回安庆上学。那时已经是1978年的11月底，爸爸妈妈四处托人，看看有没有学校肯接收我。他们打听到有位同事的爱人吴老师在安庆市华中路第二小学（以下简称"华二小"）工作，便拜托了这位吴老师。吴老师很热心，找到了华二小的校长，经过考试后，校长同意接收我。但吕亭中心校的校长觉得我是个好苗子，一直不同意我转学。爸爸在桐城和安庆之间跑了好几趟，才办完了转学所需要的手续。于是在1979年的2月份，我进入了华二小就读。

写下这些文字的时候，外婆离开我已经28年了。我常常想：年少的我是多么固执啊，上学第一学期就转了两次学，如果当时外婆不理会我的哀求，就让我在桐城读书，今天的我又会是什么样子？而我一步也不肯离开外婆，可能是女孩子黏人的天性使然吧。

二、文科还是理科？

小学的我一直是品学兼优的好学生，小升初时顺利以母校第一的成绩升入安庆市第一中学（以下简称"一中"）就读。

初三时，我迷上了金庸和古龙，时时刻刻沉浸在武侠的世界里，这导致我除了语文课，其他课上都在看小说。当时我一门心思要成为作家，还尝试写了一些短文和随笔，也偶有作品见诸报端。一直到中考前，我才幡然醒悟，开始狂补数理化。在这样的状态下，中考成绩可想而知。我记得那年一中的分数线是537.5分，中考前的恶补让我的成绩没有太难看，我考了510分，但留在一中是不可能的了。最终，我进了安庆市第二中学（以下简称"二中"）。

二中86级有300多名学生，分成6个班，其中三个重点班，一个次重点班，两个普通班。我以倒数第一的身份进入了其中的一个重点班。

中考给我带来了很大的刺激。一方面的刺激来自自身，小学我一直名列前茅，初一和初二的成绩也还不错，高中考不上一中是我万万没有想到的；另一方面的刺激来自周围的人。爸爸妈妈没有责怪过我，但有一次在路上碰到妈妈的一个同事，问我中考的情况，我妈如实说了，该同事的反应是："这个小孩不行了，从一中考到二中了，以后肯定没有什么出息。"当时，我就暗下决心，一定要好好学习，让他们瞠目结舌。

高中一年级，我完成了从班级倒数第一到年级第一的逆袭。家长会上，老师邀请爸爸去分享经验。其实，爸爸妈妈对我的学习基本是放心的、放松的甚至是放任的。所以，我分外理解和感受到内驱力的重要性。

高一升高二，需要确定文理科。我自己的各门成绩都挺不错，没有明显的弱势学科。当时我们耳熟能详的一句话是："学好数理化，走遍天下都不怕。"受其影响，填写志愿的时候，我选了理科。但分班测试的时候，我的物理科目居然破天荒地考了60多分。爸爸问我原因，我也答不上来。爸爸妈妈分析认为，我的理解力和记忆力都很强，空间想象力偏弱，所以我可能更适合学文科。同时，一些亲朋好友也纷纷现身说法，说女生大一点的话，成绩就会下降，还是文科好。爸妈征求我意见，我也没有什么特别的想法，所以就从理科改成了文科。

到底学文科好，还是学理科好？这是一个见仁见智的问题，爸爸妈妈对我的分析我是认同的，但女生学不好数理化或女生到高年级时成绩会掉下来，我是不同意的。

三、安庆还是合肥？

升入高二，我很幸运，在高二（7）班遇到了很多一生的挚友。我们一起办诗社、学溜冰、看录像、打台球，学习紧张，但生活丰富多彩，心情轻松愉快。我们相识于年少，憧憬着属于我们的诗与远方。我的成绩一直不错，在高三最后一次模拟考时，排名安庆市文科第二（含当时的一市八县），还获得了安庆市"三好学生"的称号。

高考是我的滑铁卢，也是我高中三年考得最差的一次。因高考那几天，我楼下的人天天夜里打麻将（当时没有"禁噪令"），我整晚整晚地睡不着，白天考试的时候，脑海里一片空白，一道熟悉的题目，看半天都不知道它在说什么……考完后我就知道自己考砸了，拿到参考答案后，我估了一下分，485分，告诉班主任龙道水老师，他怎么都不肯相信。

我清晰地记得1989年安徽省文科分数线是484分，最后成绩公布，我考了486分，比我估计的分高1分，排在我们班的第23名。梦想中的北大和复旦固然与我无缘，稍微好一点的学校都没有可能。我对这样的结果极其不满意，于是告诉爸爸妈妈，今年我不想填志愿，想复读一年，明年再考。1989年，全国文科的录取比例是6%。我这样的想法自然不能得到爸妈的认同。多年后和妈妈聊起这件事，她说他们担心我第二年压力更大，没准连本科都考不上，所以宗旨是考上了自然是要上的。

决定了要上大学，必然要填志愿。当时很多人都来给意见，其中我印象最深刻的建议是我是一个女孩子，年龄又小，报考安庆师范学院是一个最佳选择，离家近（二中与安庆师范学院在同一条路的两侧，离我家步行10分钟的距离），毕业就当老师，工作适合女生，有寒暑假，空闲时间多（这点现在来看并非事实），可以照顾家。

35年后，回头看看当时的这些建议，觉得甚是合理。但当时的我，年少轻狂，总觉得"海阔凭鱼跃，天高任鸟飞"，期待着自己能够仗剑走天涯，怎么也不可能屈居于安庆这样一座小城。记得当时在同学的留言册上还写下了这样的文字："年年学里迎春风，花开花落醉梦中。离别亦是寻常事，何来爱恨各几重？酸涩文字君莫笑，不留长剑倚晴空。纵横驰骋在沙场，且看吾辈立新功。"（见图1）

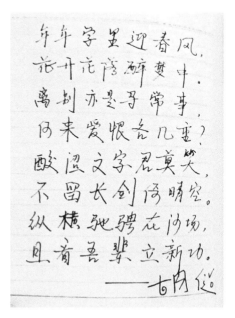

图1 留言册上的文字

当时的我，填志愿时唯一的想法就是能够离开家，离开安庆，去一个全新的地方，大展宏图，建功立业。但是我分数不高，在充分考量了个人兴趣并进行综合比较之后，我选择了安徽大学国际贸易系和安徽大学外语系作为我的第一志愿和第二志愿。20世纪80年代末，国际贸易正是最吃香的时候，我总分偏低，但英语单科成绩高，最终我被安徽大学（以下简称"安大"）外语系（安徽大学外语学院的前身）英语专业录取。从此之后，安大英语89级成了我和其他84名同学的共同标签，我成了一名安大人。

四、就业还是深造？

20世纪80年代末90年代初的校园，没有电子产品的诱惑，没有网络社交的困扰，没有就业的压力，大家怀揣爱国之心，以天之骄子的姿态，昂扬向上。

我的大学女同学自信、美丽而骄傲，我的大学男同学稳重、憨厚而谦虚。去年是我们大学毕业30周年，回忆起当年的点点滴滴，大家还是如数家珍：教室里的刺骨悬梁，寝室里的凿壁偷光，舞台上的神采飞扬，辩论赛上的你来我往，田径场上的你追我赶，五食堂里的把酒言欢，文西楼前的书声琅琅，快活林里的欢聚一堂，青草地上的轻吟浅唱，卧谈会上的真情流淌，落霞坡上的苦闷彷徨，垂泪湖畔的黯然神伤，等等。在这喧嚣的尘世，总有那样的一群人，陪我们一起走过、爱过、笑过、哭过，总有那样的一瞬间，让我们感动、感伤、感怀、感触。我很开心与这样一群优秀的人共同经历了我的青葱岁月。

进入安大后，我自主学习能力强的优势逐渐显现，成绩也一直不错。大三时，我已经立志要考研，以弥补当年高考未能正常发挥的遗憾。1993年1月，我参加了中国政法大学的研究生入学考试。考试结束后，辅导员吴毅老师找我谈话，说外语系要从应届毕业生中挑选几位学生留校任教，如果想留校，工作马上就可以定下来，也可以推荐我去外贸公司工作。因我的父亲1991年8月确诊为癌症，当时已经历过两次手术的他，在安徽医科大学第一附属医院进行化疗，妈妈一直陪在他身边照顾他。我去医院看他，和爸爸妈妈说起了工作的事,他们的一致意见是女孩子当老师,又在本校,是非常好的选择。如果我工作定了,爸爸也就放心了。为了让爸妈不再为我的工作操心,我告诉吴毅老师,我同意留校。1993 年 4 月,父亲病逝,我回家奔丧,放弃了研究生复试的机会。

1993 年 6 月,我大学毕业,和其他 5 位同学一起留在了安大校园,角色从学生变成了老师,和当年我的老师们成了同事。

有些老师知道我的家庭变故和我的想法,安慰我说,工作满两年之后,如果自己愿意的话,可以考研。

五、出国还是读博?

我是一个兴趣广泛、阅读面广的人。本科毕业的时候,我报考的是中国政法大学的法律专业研究生。两年时间过去了,我对法律的兴趣似乎没有那么浓厚了,而在此期间,我对历史产生了浓厚的兴趣。因此,1995 年,在工作满两年之后,我向学校人事处提出要考研,我将目标锁定为南京大学的历史系。

备考之后我发现,兴趣和专业不是一回事。我喜欢近现代历史,但考试要考古代史。我复习的重心是近现代史,最终考试成绩出来后,我的总分很高,但世界古代史只考了 35 分。同事和同学听说我要从英语专业转向历史专业,都十分诧异,因为当时英语属于热门专业,而历史属于冷门专业。在朋友们的劝说下,我决定放弃历史,还是转向自己的本行。

1996 年,我以总分第一名的成绩,考取了安大英语语言文学专业的研究生,师从周方珠教授。周老师学识渊博,要求严格,我获益良多。

读研期间,有好友申请了美国的研究生,并成功地获得了全额奖学金,这让我深受鼓舞,我决定也试一试,并申请了芝加哥大学的研究生项目。

要想获得全额奖学金,必须提供 GRE(Graduate Record Examination,美国研究生入学考试)成绩,当时的 GRE 在中国科学技术大学报考。报名途中,我遇到了我研究生的班长杨鹏飞同学,他打算报考解放军外国语学院的博士,正打算寄报考的材料。听到考博,我眼前一亮,是啊,这也是条可以选择的道路啊！我问杨同学，可以报考哪些学校，他说很多学校的报名已经截止，只有复旦大学和上海外国语大学应该还可以。

我立刻开始着手了解这两所学校的报名程序。当时，外语系的张雪梅老师已经确定了报考上海外国语大学，为提高成功率，我决定报考复旦大学。

1999年4月，我前往复旦大学参加博士研究生招生考试。复旦大学的"高级英语"试卷是陆谷孙老师命题的，我清晰地记得第一道题是关于词源学的题目。当时为了备考GRE，我每天疯狂地背单词，甚至被戏称为walking dictionary（行走的词典），但考题中却还是有两个词不认识，感觉非常受打击。最终"高级英语"我考了61分，是所有考生中唯一一个及格的。我也被复旦大学外文系（复旦大学外国语言文学学院的前身）录取，师从熊学亮教授。

六、上海，北京还是合肥？

1999年9月，我离开了安大，前往复旦大学，正式开始攻读博士学位研究生。这段过程可以用"痛并快乐着"来形容。复旦大学的课程体系完整，内容丰富，我在复旦接受了系统的科研训练，完成了博士论文。2002年，我顺利获得了博士学位。

此时，我面临着人生一次重要的选择：到底是留在上海，还是回合肥？20多年前，英语语言文学专业的博士研究生较少，我博士毕业时29岁，已经获评了副教授，属于年轻的博士副教授，在就业市场具有一定的优势。当时很多学校为了吸引人才，都给出了很好的待遇。熊老师帮我介绍了上海财经大学和华东理工大学，两个学校的引进人才待遇都很高。我的一些师兄弟们则选择了南京等城市。我自己则在回到安大和另谋高就之间举棋不定。

就在我犹豫不定的时候，我硕士阶段的任课老师、时任安大副校长华泉坤老师专程到上海去看我，找我谈话，并请我吃饭。华老师说，安大正在建设新校区，未来发展有着良好的前景，希望我能够回到母校，为母校的发展贡献力量。

我是个感性的人，觉得安大培养了我，老师又这么言辞恳切，我理应回报母校。所以我当即跟华校长表态，一定会回安大。

拿到博士毕业证书和学位证书后，我回到了合肥。我博士阶段的研究方向是认知语言学，重返教学岗位后，总觉得自己的博士研究与教学有点脱节。我当时读了文秋芳教授的一些书籍和文章，对文老师的应用语言学相关研究很感兴趣，又了解到国外有一个新的研究方向是应用认知语言学，所以萌生了去南京大学从事博士后研究的念头，希望能将自己的博士研究与文老师的研究结合起来。

2003 年 9 月，在一次会议的间隙，我找到文老师，向她表达了我的想法，文老师欣然应允。经过一系列的程序，我最终于 2004 年 9 月进入南京大学外国语学院博士后工作站工作，文秋芳老师是我的博士后合作导师。

我在南京大学得到了众多师兄弟姐妹们的帮助，特别是我的博士后师兄秦晓晴教授和王立非教授。南京大学的研究氛围良好，同学同事之间友爱互助，给我留下了美好而深刻的印象。

2005 年，文老师因工作调动，前往北京外国语大学（以下简称"北外"）。因我的博士后隶属关系依然在南京大学，只能在假期前往北外。文老师在北外给我提供了优越的研究和生活条件，我以驻所研究员的身份在北外的中国语言教育研究中心工作，并与北京的多所高校建立了良好的联系。

其间，我数次萌生了在北京工作的念头，并与北京交通大学等学校达成了初步的意向。此外，我的博士后师兄王立非教授已经调任对外经济贸易大学英语学院院长，他也力邀我加盟该校。

2006 年 7 月，我还在北外工作，安大外语学院时任院长洪增流老师联系我，说学校已经任命我担任外语学院副院长。我感觉十分矛盾，一方面为学校的重视而感动，另一方面留在北京似乎已经不太可能。

完成博士后相关工作后，我再次回到了安大。

七、事业还是家庭？

担任外语学院副院长后，我觉得作为女性，面临的最大问题就是事业和家庭的关系。实现两者间的平衡，是我们面临的首要任务，而如何做到这一点也是我一直以来思考的问题。

2006 年，我担任外语学院分管本科教学的副院长，2007 年，我校接受了本科教学评估。经历过本科教学评估的人都可以想象我所投入的时间和精力。可以说，那段时间，我是完全投入了事业。但之后，我觉得自己年龄不小了，应该在家庭和自己的学术发展上投入更多。2010 年，我儿子出生；2012 年，我获评教授；2014 年，我女儿出生，同年我获批博士生导师资格；2019 年，我调任安大国际教育学院担任院长；2022 年，我当选为安徽省外国留学生教育管理学会的会长。在我即将完成本篇文章的撰写时，我拿到了安徽省教学名师的荣誉证书。

更令我欣慰的是，我的一双儿女智商情商在线，积极健康阳光，他们的成绩也许不是最好的，但他们一定是同学中最快乐的。

在世俗的眼光里，我管理富有成效、教学业绩突出、学术健康发展、家庭美满幸福、孩子健康活泼、婆媳关系融洽，也因此被很多同事、同学甚至学生视为成功的典范。到底什么样的人生算是成功的人生？女性又该如何实现事业和家庭的平衡呢？

到底是选择事业还是家庭？我个人觉得这是个伪命题。对于女性来说，不管怎么做，都会有人指手画脚，不论是哪一种选择，都意味着一定程度上的失去。根据我的观察，女性完全投入家庭的最好结果是家庭和睦、孩子成器，而最悲惨的结果是家庭不和睦、孩子不成才；女性完全投入事业的最好结果是事业成功、家庭美满，最悲惨的结果是事业失败、家庭破碎。还有些女性，因为各种原因或者自我选择，一直寄情事业，未组建家庭。

也有人说，家庭和事业，没有平衡，只有取舍。我们的时间和精力在哪里，收获就在哪里。但凡职场上有作为的，大部分都牺牲了家庭；想以孩子家庭为主的，事业必定无法专注。但是换一种思维，所谓的陪伴，并不代表一定要牺牲事业和自我，工作的时候认真工作，陪伴家人的时候全情投入，就是对家人最好的爱。孩子不需要完美妈妈，老公也不需要完美妻子，我们也不用苛责自己。其实很多时候，如果我们能够获得家人的支持，做好时间的管理和明确的规划，我相信我们是可以在多种角色间自如地进行切换的。

我最喜欢的一句话是："角度决定高度,格局决定结局。"我的理解是,双方需要改变、家庭需要经营、事业需要打拼、孩子需要陪伴。我个人觉得,事业与家庭的平衡,其实是一种动态的平衡,每个人在人生的不同阶段,都会有不同的优先考虑,因此不能苛求每时每刻的完美。只要我们不苛求、不强求,一定能够实现事业和家庭双丰收。

回想我从事管理工作的 19 年,基本上是按照工作和家庭的需要,合理地而非均衡地分配时间和精力的。同时,也非常感谢我的爱人和家人,在我必须在工作上全力以赴时,给予我无比的宽容和理解、无限的支持和鼓励。我很幸运,不需要在事业和家庭中进行艰难的选择。

我有时也会想,如果我不能兼顾两者,必须在两者中进行选择,我会选什么呢? 与大多数人的期待值相反,我想我大概率会选择家庭。我一直觉得,学术很重要,但生活更重要;事业很重要,但对于女性来说,家庭更重要。可能我受原生家庭的影响,骨子里还是非常传统的吧。

八、写在最后

回望过去几十年的人生经历,感慨良多。我的人生轨迹,其实就是一次又一次的选择所决定的。有些选择是主动的,有些是被动的,有些是受性格的影响,有些是环境使然。欣慰的是,我的选择,与金钱名利无关,与热爱使命有关。有几点人生感悟,愿与诸君分享:

· 胸有成竹,选我所爱

年少时,我们都是追梦人,憧憬着仗剑走天涯,追求理想、追求事业、追求爱情、追求成功、追求一切世间的美好。在进行选择的时候,大可以"选我所爱",并在梦想的指引下,一年又一年,不断拼搏、不断奋斗、认真努力、不负时光。

· 积极进取,爱我所选

历经岁月的洗礼后,我们或许得偿所愿,感受到岁月静好,抑或是壮志未酬,只留下一地鸡毛。还有很多时候,我们可能会发现,最终的选择并非我们的初衷。我个人觉得,"不如意"可能更是生活的常态。在这种情况下,我们一定要学会与自己和解，学会放平心态，做到"爱我所选"。

· 准确定位，提升自我

作为女性，我们可能背负着更多的压力。在我们的社会，男人只要事业够好，就是成功人士。但女人必须同时是好员工（好领导）、好妈妈、好妻子、好女儿、好儿媳，才能算成功。因此，我们应该找准自己在事业和家庭中的定位，同时，在力所能及的范围内，尽量提升自我。

· 仰望星空，脚踏实地

现在我们经常听到的一句话是"选择比努力更重要"。其实，很多时候，选择只是第一步，要想走向成功，正确的选择固然重要，但持之以恒的努力更为重要。而在选择似乎未能引领我们走向期望的彼岸时，不后悔、不焦虑，过好每一天，可能更加难能可贵。希望我们每个人，都能做到主动选择的时候不张狂、被动选择的时候不失望、无法选择的时候不沮丧，真正做到既仰望星空，又脚踏实地，既积极进取，又随遇而安。

无论处于什么样的环境中，都会有开心快乐的瞬间，也会有鸡毛蒜皮的点滴。没有任何一个选择是绝对完美或者是绝对糟糕的，重要的是用什么样的心态去面对生活的常态。无论如何，时光煮雨，岁月缝花，这烟花人间，事事遗憾，事事也值得。愿我们都能不负时光不负己，"一蓑烟雨任平生"！

祝愿此刻正在阅读的你：心底有梦，眼里有光，肩上有责，手中有招，脚下有路。

时代的机遇与我的志愿

人物介绍：梁砾文，江苏南京人，1978 年生。南京航空航天大学外国语学院副教授，硕士生导师，语言政策与规划专业博士，研究兴趣包括民航语言政策研究、学术英语研究。主持江苏省研究生教育教学改革课题、国家语言文字工作委员会课题等。在《语言文字应用》《外语界》《外语教育研究前沿》《外语研究》等期刊发表论文 20 余篇。

个体的命运总是在自我发现的旅程中，不断地寻找与时代脉搏的共振点。与语言研究的邂逅，既是时代洪流的推动，也是个人选择的结果。语言如同水，它滋养万物而不争，却拥有滂沱大雨和滴水穿石的力量。女性的"她能量"亦如此，坚韧中孕育着深耕的力量，柔软中又能顺应时代的变迁。我有幸从二语习得迈向语言规划的领域，又因缘际会地将语言探索与学术英语教学和民航领域相融合，更有幸与众多杰出的女性同行相遇。她们淡淡地陪伴、默契地合作，用温柔而坚定的"她能量"将痛苦和彷徨，甚至是情绪的崩溃，转化为人生旅途中的美丽风景。在职业生涯中不断寻求突破，在家庭与工作之间寻找平衡，这是众多女性面临的挑战。感激那些如水般传递"她能量"的机缘，也感谢那些诠释女性"她能量"的故事，它们在我不惑之年，照亮了我平凡生活中的每一份坚持和努力。

一、时代的机遇与我的志愿

我，是出生于 1978 年——改革开放元年的女生一枚，目睹了我们国家热切地拥抱经济全球化和全民学习英语的热情。20 世纪 90 年代，英语教育带来别具一格的教育模式，一点点滋养着我英语学习的兴趣。21 世纪初，高考政策对英语专业是有倾斜的。在这样的时代背景、政策的加持和老师的引导下，我就选择了英语（民航业务）专业。

小学时，从我家到学校的路上，最高的楼就是民航大厦。在上下学的路上，我经常跟同学绕进楼里，看穿着漂亮制服的飞行员和空中小姐整齐地进出。闪闪发光的液晶屏上，我所在的城市就是一个小小的点，一条条亮闪闪的 LED 灯标注的航线将这个点与世界连在了一起，每一条航线上都有英语标识。我慢慢认识了那个显示屏上航线所连接的城市以及它们的英文名，英语也成了连接我与外面世界的桥梁。随着彩色电视机走进千家万户，《跟我学》《维克多英语》《走遍美国》等电视节目让英语学习的热情弥漫在空气里。胡文仲、凯瑟琳、龚亚夫这些在电视里教英语的老师也像明星一样，走进了 20 世纪八九十年代的孩子们的心里。

在我的中小学时代，全社会对英语的学习都倾注了前所未有的热情，英语教育也成了各校开展教学改革的突破口。英语课堂上，cookies（曲奇饼）、biscuits（饼干）、chocolates（巧克力）、candies（糖果）、sweets（糖果，甜食）这些单词是会让人流口水的。英语老师也善解人意，常常带一些小零食，大家一边品尝，一边学习这些单词。此外，英语课与其他课的上课方式也不太一样，除了老师讲课，还有角色扮演、故事会、配音等各种有趣的游戏。英语老师也具有独特的人格魅力。我还记得中学时代，唯一一位坚持走下讲台给学生上课的是一位女英语老师，她的宣言是："我就是我，我就是坐在学生中间的老师！"当其他各科教学几乎都采用教师在课堂上讲、学生坐好认真听课的模式时，一个十几岁的孩子，是很难不被英语课的快乐吸引的。一篇课文上一个礼拜，老师想着办法，变换着各式各样的活动，记忆单词、背诵课文都顺理成章，不是一件"苦差事"。当英语知识的难度渐增，我对英语语法开始发蒙的时候,我的中学英语老师系统整理了英语语法笔记,细细讲解,这些笔记不仅帮助我顺利通过考试,还成为我日后当英语老师时,教学生语法的"法宝"。

当时的教育政策、资源向英语倾斜。还记得当年高考填志愿时,外语类的志愿是提前批,班上对英语稍有兴趣的同学也会得到格外的"提点":选外语类,多一次机会。英语老师也会用自己女儿的例子证明外语专业的前途光明。其实当时的一个高中生并不知道英语专业究竟是做什么的。当我从学姐处大致了解到英语专业日后要学的课程包括英美文学、词法句法等时,我还是感觉英语专业是陌生而枯燥的。当我翻看招生计划时,英语(民航业务)引起了我的好奇。我就找认识的大学老师了解了情况,他们说民航作为国际化的行业,每天都有多场国际会议,需要很多英语服务人员。这样的描述激发起我对专业前景的想象,与我熟悉的民航大厦建立起了联系,多少还是有亲切感的。就这样,我最终选择了英语(民航业务)作为我的本科专业。

二、我的本科时光:带有工科气质的英语

我是 1996 年上本科一年级的,南京航空航天大学的英语专业独具特色。大学是一所具有航空特色和工科气质的学校。在一个男生占比 70％的高校里,外语学院成了女生"浓度"最高的地方。外语学院英语开设的两个方向——英语(民航业务)和英语(国际贸易)都具有行业特色。事实上,不管你选择哪个小方向,英语专业、航空、民航、经贸等各类课程多少都会学一点。也许是在这样的环境和培养模式下,我同外语学院的其他女生一样,多少都具有了一点工科"直男"的性格。看似"大杂烩"的培养方案造就了我这个似乎什么都懂一些,但其实什么都谈不上精专的英语专业毕业生。

当时南京航空航天大学英语(民航业务)的基础课是和其他高校英专没多少区别的。当年英专教研室主任是一位文学背景出身的教授,因此我们高年级的专业课有文学课程,但没有语言学课程。其余的课程就是学校调配其他学院的教学资源:民航学院的老师来给我们上一点航空客货运的课

程，经管院的老师来给我们上一点国际贸易、经济管理的课程。身在理工科大学，我们还要上其他大学外语专业不上的高等数学，和工科生一起参加精工实习。在车床上加工小榔头，成了现在校友们相见的"接头暗号"。

我在整个本科阶段并没有学过语言学课程，仅有的一点点语言学知识还是从胡壮麟教授的那本《语言学教程》中学到的。但我还是在这样一个航空类理工科高校的外语培养中，收获很多。首先，当时学院领导给英专生开设高等数学，多有先见之明啊！给文科生准备的高等数学，内容并不难，给我们上课的是数学系一位慈祥的老爷爷，他用适合文科生、形象化且自带幽默的方式给我们上完了这门课，也消除我内心深处的"数学焦虑"，帮助我在研究生阶段学习量化方法时，少了一分畏惧。其次，经济、贸易、民航的课程也帮助我打开一扇扇窗户，英语在这样的环境下，自然而然地也和各学科"交叉"起来，英语老师到南京大学商学院进修后开设"商务英语"课程，英语系还和民航学院合作开设了"民航英语"课程。跨学科的意识，渐渐地萌芽。

大四毕业那年，到了就业季，我突然发现英语（民航业务）专业的我们，要谋一份民航行业的工作并不容易。于是，跟其他很多同学一样，我考研、找工作并举。在选择考研方向时，我自学了胡壮麟教授那本《语言学教程》，对语言学有了初步的印象。2000 年初，社会对英语专业的毕业生需求旺盛，我当时通过考核，得到了两份工作录用：银行职员和南京林业大学的教师。同时，我也非常幸运地考研上岸，获得南京大学硕士研究生的入学资格。再三权衡之下，我选择了继续读研深造。

三、硕士研究生：初识语言学研究

来到南京大学（以下简称"南大"），我立马感到与南京航空航天大学截然不同的气质。这是一所充满批判精神，也兼容并蓄的学校。写硕士论文时，我对学术研究逐渐产生兴趣，也对当时国内二语习得"动机学说"产生了怀疑。

跟南京航空航天大学相比，南大更多了一些文艺气息和历史感。校园漫步，你就会一不留神路过拉贝故居、何应钦公馆，没准还会与赛珍珠不期而遇。校园外的各式书店除了提供茶水，还经常举办各种沙龙，读着书还能听到文化人娓娓而谈。我当时经常去的就是宿舍区门口二层小楼上的先锋书店，吸引我的是一进大门的"思想者"壁画及"灵魂，大地异乡者"的标语，这是我们当年最喜欢一杯咖啡一泡一下午的地方。没想到这家一开始"蜗居"在面包房楼上的小书店在我毕业以后越做越大，成了本地的"网红"。

南大的校训是"诚朴雄伟、励学敦行"，无论是从老师身上还是从学生身上都可以感受到谦逊包容的外表下的坚持与个性。南大三年，恰巧碰上SARS（严重急性呼吸综合征，即"非典型肺炎"，简称"非典"）疫情，为了避免疫情散播，南京高校全部封校，禁止学生外出，而南大却做不到这一点。原因除了地理上，教学区和宿舍区被一条公共马路隔开，还有学生和校方的"拉锯战"。学校要求学生在校内不出门，学生会却认为每天回家的老师有可能传染病毒，学校如果要求封校，那老师和学生就都不可以出校门。这样拉锯来，拉锯去，疫情过去了，学校愣是没封起来。所谓"诚朴雄伟"就是，学问有大小，地位有高低，谁有道理，谁就可以说服对方。

在这里我真正开始了语言学的学习。跟着叶眉云教授、丁言仁教授以及当时刚调来南大的陈新仁教授学习，我才发现原来自己读的看上去有点枯燥的语言学知识就是活生生的语言生活。丁言仁教授的课堂风格别具一格，虽然他讲课时态度严谨，但却意外地给人一种亲切感。他在课堂上和他编写的《英语语言学纲要》一书里都擅长使用大量既有趣又切中要害的例子，将那些看似高深莫测的语言学概念讲解得通俗易懂。

南大外国语学院语言学的女性老师们也各有特点。叶眉云教授个儿不高，是退休返聘，嗓门特别大，绝对能把一大早睡眼惺忪上第一节课的学生震得精神抖擞。我的导师文秋芳教授更是雷厉风行，总是可以一针见血，直击要害。她当时担任的是所有语言学研究方法与论文写作课的主课老师，把研究方法的训练和动手实操放在了第一位。几乎每一个小教学目标都是通过课堂讲解—实操—点评—修正这样的循环实现的。这样的课程设置，一步一步，把我这样只是靠自己看了一本书的"小白"带入了门。她们都有一个共同的特点，即拥有一个温暖的家庭和体贴入微的先生，这让我们都羡慕不已。特别是文秋芳教授的先生，对太太工作体贴入微的支持，是业界标杆。

一年的课程学习结束，我们也开始进入选题阶段了。当时国内的应用语言学界量化统计的方法最为盛行，运用这一方法探索学习者动机、策略与学习成绩之间的关联也是一大研究热点。当时国内的动机研究的系列成果中，基于文秋芳教授博士论文的动机理论影响力最大。她把二语习得的动机分为深层动机和表层动机。深层动机指英语学习本身给学习者带来的愉快和满足，表现为深层的非物质刺激，比如引起兴趣、增加知识等。表层动机为将英语学习视为达成某一目标的途径，表现为表层的物质刺激，比如取得好成绩、获得求职优势等。深层动机能够为英语学习者提供长久的动力。而表层动机不太能够为英语学习者提供长久的动力。这个研究是令人兴奋的，南大当时在读的研究生学习量化研究方法时，学习材料就是文秋芳教授博士期间收集的数据。我当时觉得，经过一届又一届研究生检验的研究结果，是多么令人信服啊！但是随着越来越多的人沿着这一思路继续探索，当我看到有学者尝试通过教学指导学生的学习策略、改变学生的学习动机时，我内心深处开始产生怀疑：人群中对英语学习具有内在兴趣和对数学、物理等其他学科具有内在兴趣的人数，应该也差不多吧？让所有人都对英语产生内在的兴趣切合实际吗？

四、初入职场：教而后知困

2004年，我回到自己熟悉的母校南京航空航天大学成了一名英语老师，也有了自己小小的家庭。从小接受"男女平等思想"的我，也慢慢体会到男性和女性角色的差异，努力在家庭和职场间寻求平衡。女儿诞生后，我深感亲子陪伴的重要性，也特别享受跟孩子在一起的日子，悄悄地推迟了自己读博深造的计划。

从入职第一年起，我就担任研究生公共外语教学部的教学工作。这一时期，正是中国的研究生教育从爆发式发展向内涵式发展的转型时期。2010年起，我国的研究生教育进入结构调整。2013年，教育部启动研究生教育综合改革，重新编订了我国一级博士、硕士研究生的学位要求，对硕博士研究生国际化提出了新要求。

在这一背景下,我所在的南京航空航天大学的研究生公共英语教学也伴随着阵痛,艰难转型。我刚入职工作的时候,研究生公共英语教学在考试的指挥棒下,遵循原国家教育委员会于 1993 年组织编写的《硕士博士学位研究生英语教学大纲》中规定的教学目标、学时等开展。考试制度与学位制度相关,当时的江苏省研究生需要在入学的第二学期通过江苏省统一的研究生学位英语考试,才能最终获得研究生的学位证书。这样的制度设计充分地调动起研究生英语学习的表层动机,我们的教学倒也单纯,帮助研究生顺利通过学位英语考试,一切井井有条。

然而,伴随着我国研究生教育的改革,江苏省于 2005 年下半年停止了全省的学位英语考试。考试指挥棒这一制度保障一消失,原来看似井井有条的研究生公共英语教学秩序也趋于瓦解。1993 年的《硕士博士学位研究生英语教学大纲》中的教学目标、教学内容等与时代脱节,其规定的英语必修 144 学时难以得到保障,多所学校的教学学时锐减至只有 32 学时。面向研究生学术需求,开展学术英语教学迫在眉睫。我所在的南京航空航天大学也成了当时国内较早转型的学校之一。其实,学校教学转型的尝试早在 20 世纪 90 年代就已经开始,刚开始开设的课程名称为"科技英语"。2008 年,学校的公共研究生英语教学转向学术英语教学,当时包括两门主干课程:"学术英语写作"和"国际交流英语"。

转型之初,面对全新的教学内容,大家都陷入了迷茫。这时,脱胎于专门用途英语教学(English for Specific Purposes,ESP)的学术英语(English for Academic Purposes,EAP)在学理上的讨论也渐成热点。例如,蔡基刚教授在考察了专门用途英语教学与学术英语及国外相关教学的关联后,提出大学英语向学术英语转向的观点。我们教学一线的老师,对用什么教材、教什么、教学组织形式等具体实践问题感到困惑。还记得我们第一次尝试时,在国内当时不多的相关教材中选择了清华大学胡庚申教授编写的《国际会议交流英语》和南京大学从丛教授等编写的《学术交流英语教程》。这两本都算我国面向硕博士学术英语教学的先驱之作,但因为缺乏前人可参考的经验,我们大家都在摸索中前行。

　　最初的探索并不十分顺利，没有统一的学位考试要求，非英语专业研究生中真正因发自内心兴趣而学英语的同学并不多。学生的整体学习水平并不高。作为教育链条的最高端，我们也看到整体的外语教育规划的不完备给学生的英语水平提升带来的影响。在应试的指挥棒下，学生的英语学习一般止步于四、六级考试，此后就完全没有英语课了，再次捡起英语是准备考研时的刷题。此外，当时的研究生年龄跨度很大，英语水平参差不齐，同学中既有能够比较完整表达意思的，也有完全开不了口的。他们不满足于已经延续十几年的精读—泛读式的教学模式，而真要开展各种活动，一些年龄大、缺乏口语锻炼的同学会更加羞于开口，课堂组织会十分困难。我当时作为一线教师，深切地感受到教师需要为学生从通用英语过渡到学术英语提供帮助，也要采取因地制宜的方法，比如在分组时有意识地将口语能力较好和缺乏锻炼的同学分在一起，才能顺利开展教学。我把当时从教学实践中得到的非常朴素的想法写成论文《中国特色的非英语专业研究生 EAP 课程体系的建构》和《项目驱动模式下的博士生公共英语教学——"博士研究生国际会议英语"课程的组织设计与实施》，发表在《现代教育科学》上。

　　在研究生外语教学部的工作经历让我对硕士时代学到的动机理论产生了诸多疑问。非英语专业研究生的专业背景千差万别，纯粹出于兴趣而学习英语的同学并不多，在废除了全省统一的研究生学位英语考试以后，他们的工具性学习动机大大削弱，如果教学不能切合他们科研工作中的实际需求，再延续十几年来精读—泛读式的模式，他们很难再有动力。我还发现，学生的英语水平差异呈现明显的地域特色。相较于内陆地区，特别是农村地区的学生，沿海地区城市出生的学生英语基础会强很多，而且更容易对英语学习产生兴趣。我意识到学生成长过程中能否接触到英语资源是重要的因素。这时，我读到了高一虹教授关于英语学习动机与自我认同的系列研究，认同她从社会文化视角出发进行的考察，特别是其研究中文化交际观念、交往方式与学习动机对自我认同的影响。我观察自己的学生，也发现了语言学习与社会文化因素间的相互关系，撰写了两篇小文《外语教育规划与教育公平——Bourdieu 的文化资本理论透视》和《文化资本理论视野下的英语学习动机与自我认同的建构——对理工科硕士研究生英语学习的定量考察》。

我在工作中深切地意识到,学生虽然英语基础参差,但对英语教学有着极高的要求。硕博士研究生都有科研的经历,他们的外语教师如果没有经过系统的博士训练,其实很难与学生形成有效的对话,教学也难以触及学生的痛点。读博的念头渐渐萌芽。2014年,我有幸参加了上海外国语大学(以下简称"上外")中国外语战略研究中心的活动,这是一家由国家语言文字工作委员会设立的科研基地,围绕"语言与社会互动关系"开展研究,提倡做"经世济用"的学术,我也第一次接触到语言政策与规划这一领域,该领域的观点挺契合我工作期间的观察与思考,我也有机会参与了中心的科研项目"民航系统外语能力调查"。通过这一小项目,并在我们学校民航学院老师的帮助下,我与中国民航科学技术研究院的老师建立了合作关系,这为我从事民航语言方向的研究打下了基础。

五、博士研究生:新领域的兴奋与迷茫

2016年,38岁的我终于下定了决心,来到上外语言研究院读博。硕士毕业后,10多年的教学经历和思考,为文科博士的学习奠定了实践基础,然而在实际办理入学手续时,我却陷入了不得不辞职脱产读博的尴尬。我这时的年龄是38岁,一旦读博就意味着即便三年顺利毕业不延期,也要以一个41岁老讲师的身份投入新人求职的大军,这对于我这样上有老下有小的中年女教师来说,实在不得不慎重地做出决定。我多方努力,希望以不离职的身份完成学业,但是因为制度规定,没能成功。就在我纠结万分的时候,我的先生劝我说,读博机会来之不易,他愿意在我读书期间照顾家庭,给我更多的支持。我觉得,快40岁的自己如果不抓住这次读博的机会,也许一辈子再也不可能圆梦了,讲台上面对一届比一届期待高的研究生,上课会越发感到力不从心。思来想去,我终于下定了决心,辞去南京航空航天大学的工作,开始了博士求学的旅程。

来到上外,第一次与导师王雪梅教授见面,提到跨学科的思想时,她眼睛一亮。后来我确实发现,语言政策与规划是在外语专业转型的大背景下

应运而生的服务社会的新方向，而我的导师也在做"外语＋"等跨学科探索。但就我个人的背景而言，我本科阶段的学习从来就不是纯外语啊，我就是"外语＋"课程体系下培养出来的复合型的外语人啊！

我的读博历程伴随着语言政策与规划这个方向的起步，从不太成熟的一个初创领域到渐渐有了雏形，我也遇到了很多女老师，她们不仅各具特色，还以女性角色为切入口来研究语言。就拿语言研究院的赵蓉晖教授来说，她早年研究的是性别与语言的话题，对女性的社会角色、心理等都有深刻的认识。她的课堂上，只要话匣子打开，事业发展、家庭生活，甚至育儿都可能成为学术讨论的切入点。她会让你深切地感受到，学术与生活不是割裂的，爱自己、爱生活，女性就有力量在不同的人生阶段找到事业与家庭的平衡点，过好幸福的人生。

我带着"外语＋"的复合型英语学习背景及多年的工作经验，在社会文化因素的多重影响下重返校园。开启我的读书之旅后，我慢慢对自己的方向感到困惑。我对语言政策与规划这一方向的落脚点在何处、有什么可以使用的方法框架等问题感到茫然无措。我所遇到的困难，是语言政策与规划这个方向在起步阶段，从不太成熟的一个初创领域到渐渐有了雏形所必然经历的。

语言政策与规划在中国，起步于对国外相关理论和经验的引介。刚读博那几年，只见国内学术界这一领域的成果掀起了一番热潮，我也知道了库珀（Cooper）、斯波尔斯基（Spolsky）等学者的经典理论。二语习得、语言本体研究、社会语言学，甚至教育学、人类学、社会学的学者纷纷进入这个领域，我一时间也迷茫，语言政策与规划的学科根基究竟是什么呢？在上外，赵蓉晖教授的"社会语言学"课程给了答案：既然语言政策与规划根植于语言与社会间的互动关系，那学科根基就是社会语言学。赵蓉晖教授的课程帮助我奠定了社会语言学研究的基础，但当我涉足其中读文献时，才发现这个领域比我想象的丰富、庞杂得多！无论国内还是国外，社会语言学学科园地里几乎无所不谈！这样一个纷繁芜杂的领域究竟是怎么形成的？它的发展主线如何？语言政策与规划在其中又是怎样的位置呢？带着以上疑问，我一边学习社会语言学课程，一边阅读徐大明、苏金智、高一虹、付义荣等老师的论文。这些论文给了我很大的启发。课程结束，在赵蓉晖教授的指导下，我也完成了一篇论文《全球化背景下社会语言学的"整合"——以社会语言学大会为例》，最终发表在《语言文字应用》上。这篇论文不仅帮助我厘清了社会语言学的发展脉络，还帮我找到了语言政策与规划方向的学科落脚点。

很快进入博二，我进入了博士论文选题的阶段。这时我发现，找到语言政策与规划方向的学科落脚点只是一切的开始，我的选题还是存在重重困难。博士论文选题大的方向，我一入学就确定了，就是为我多年耕耘的非英语专业研究生学术英语教学找到航向。但选题往往是和研究设计一并考虑的。我在思考研究设计时，才发现当时中国的语言政策与规划研究起步于对国外理论方法的引介，看似繁荣的领域，各种概念框架层出不穷，但实际上基于中国实践的理论框架却少之又少，而国外的理论框架，真与国内的实践相碰撞时并不好用。在我为选题及研究设计苦恼不已的时候，赵蓉晖教授说，为什么要套用国外的框架，我们从自己的研究田野中起自己的理论不好吗？赵老师的提点在让我茅塞顿开的同时，也让我反思长期以来外语习得学术训练给自己的思维定式与路径依赖，我总是希望找到一个现成的理论套用，没想到却给自己的思路制造了桎梏。

这时，我重新思考自己的选题，我的导师王雪梅教授认为当时刚刚进入国内学界视野的质性研究并没有被外语界很好地接受，博士论文盲审时的同行专家如何看待这一研究方法也是应该考虑的重要因素。于是，我们的小团队当时就形成了使用混合式研究设计的基调。正在我努力思考自己的博士论文时，我参加了一次上海社会科学院的活动，偶遇我的硕士生导师文秋芳教授。文老师倡导的是一线教师基于自己课堂实践的"微创新"，她觉得如果我脱离中国的实践，毕业后我就会对自己的研究如何继续感到困惑。在硕士期间，我们当时作为学生都佩服老师们的"先见之明"，与文老师的交流也深深触动了我。

但是，研究方法的选择一直是困扰我整个博士生涯的一个主要矛盾，最终我打算采用质性—量化—质性的研究路径开展博士研究。我回到我的原单位南京航空航天大学，联系了东南大学的韩亚文老师，还找了我南大读硕期间的好友——南京邮电大学的盱昕老师，在三所学校做了访谈，基于访谈形成了量化问卷的框架，再开展了先导性的研究，初步得到了先导研究的数据。很快我在三所学校展开了实验，在大家的帮助下，我终于用三年的时间，完成了博士阶段的学习，顺利毕业了。

我博士论文写作所遇到的困难，正是语言政策与规划起步阶段遇到的难题。这个过程，我有过挣扎，也有过情绪上的低落，好在在大家的帮助下终于挺过来了。

六、重返职场：学以致用再出发

2019年，我博士毕业，又回到了原单位。一方面，重返职场，我们学院的研究生公共英语教学的转型危机更加严峻。研究生公共英语教学与需求不适配，研究生院一再要求减课时，甚至博士层次的英语课有被取消的可能。改革，势在必行。我也热切地希望把博士成果运用于实践。另一方面，我回到工作了10余年的单位，是以新人的身份入职的，进入的是预聘制序列，面临非升即走的压力。而入职时41岁的我，没有申请青年基金的资格，这时我感受到的是实实在在的生存压力。我入职到自己单位后，发现博士所从事的语言政策与规划方向的研究很难发出论文，内心说不焦虑，也是假的。这时，我请教了赵蓉晖教授。赵老师是一位真心关心学科发展以及学生成长的教授，在我个人职业发展的每个关键节点都给出了莫大的帮助，其中肯建议让我获益终生。她认为，我们毕业生一旦到自己的工作单位，从自己的工作实践中寻找研究突破口是一件必需的任务。她也建议我同时选择语言政策与规划方向与一个传统成熟的方向，既坚持自己的学术志趣，也要应对生存压力。那么，我一方面做回硕士研究生期间的老本行——外语教学研究，另一方面结合学校的民航特色，将语言政策研究与民航语言相结合，寻找自己的突破口和在单位的立足点。

我认真地思考了赵老师的话，也回想起读书期间与文秋芳教授的简短交流：脱离你自己的实践，你一毕业就会发现自己的博士工作难以为继了。我一方面投入南京航空航天大学研究生公共外语教学部（以下简称"研外部")的教学改革中去,搜集全国各双一流高校研究生公共外语教学的课程设置情况,与复旦大学常年从事学术英语研究与教学的蔡基刚教授联系,也加入了文秋芳教授主持的产出导向法云教研共同体第一期的学习。这样,我们学校研外部就拉开了教学—比赛—科研一条龙的改革尝试,我也有幸主持了江苏省研究生教育教学改革课题,同时在自己的教学班级,开展将产出导向法运用于博士研究生学术英语演讲教学的尝试。几年来,在学院和研外部领导的支持下,我和同事一起基本完成了南京航空航天大学的研究生公共英语教学的转型,得到了研究生院的认可,我自己也发表了几篇基于自己课堂教学和改革实践的论文,开发了面向全校的研究生学术英语的网络课程,目前正在编写用于课堂教学的教材。

在赵蓉晖教授的鼓励与支持下,我将语言政策与民航特色相结合,立足我们学院的航空英语研究中心,跟随中心的老师,参加商飞职工语言培训、东方航空公司服务人员英语伴学等活动。基于这些实践工作,我开展了民航语言安全、民航应急语言系列研究,还梳理了中华人民共和国成立以来中国民航语言治理的历程。但我也发现,民航语言的话题过于小众,无论是写论文还是申请课题都很难成功。学校也多次给我的民航语言政策研究以培育性支持,可真到申课题时,连我们联系的指导专家都感觉这样的课题虽然很有意义,但由于过于专业,他们很难给出建议。这时,赵老师特意联系了中国民航大学,在她的帮助下,我与中国民航大学的老师进行了交流,有了天津之行,找到了民航行业人才培养的大部队,认识了更多的同行,得到了业内老师的指点。2023 年,我有幸获得了国家语委科研项目"民航领域语言规划研究"的立项,我们单位也有越来越多的老师加入民航语言研究的队伍。2024 年,第十届中国语言政策与语言规划学术研讨会在天津的中国民航大学举办,我和南京航空航天大学的师生一共组了 5 篇民航语言的论文摘要提交大会组委会,期待与更多的同行老师交流。

我毕业以后,立足自己单位的工作,孕育了研究生学术英语和民航语言研究两个小方向,虽不能说取得多大成绩,但都立足实践。今天,我所从事的英语教学事业也面临新的挑战与转型。我们学校英语专业在英语(民航业务)、英语(国际贸易)的基础上,探索英语与国际组织、人工智能、国际法等众多领域交叉的可能。

走过自己的不惑之年，我感谢我先生对我中年读博的支持，感谢在每个阶段和重要的人生转折点遇到的良师益友，特别是女性同行朋友的启迪与激励。华中农业大学的龚献静老师，是早年从翻译规划的角度投身于语言规划的前辈，年过半百还在努力转型，寻找新的突破与可能。现在供职于安徽大学的阮晓蕾博士，潜心研究教师发展，钻研女性教师成长之路，给包括我这样的女老师们带来"她能量"。这些经历都是我一生的财富，不仅鼓舞着我，也鼓舞着我的女儿，在人生路的不同阶段，与时代共变，踏实前行。

御风而行：我的学习与成长

人物介绍：杨柳，翻译学博士，浙江理工大学外国语学院副教授，主要研究方向为网络文学翻译、外宣翻译。出版专著 1 部、译著 1 部，发表论文 20 余篇；主持国家社会科学基金项目、教育部人文社会科学研究青年基金项目、浙江省哲学社会科学规划项目各 1 项；参加 2022 年浙江省一流本科课程"英汉/汉英笔译"课程建设。曾荣获上海市普通高等学校优秀毕业生（2019）、浙江省 G20 杭州峰会工作先进个人（2016）等荣誉。

2024 年初春，我收到阮晓蕾博士的邀请，让我分享自己作为一名女性外语教师的成长经历。我很乐意以这种方式参与教师能动性的研究，也感谢她提供这个机会让我回顾来时路，分享自己的成长经历。回顾自己的成长经历，这其中有对未知的探索，也有追随内心、跟着感觉走的勇气。在英语学习、教师生涯和生活之路上，我始终认为自己是个随意的"不入流的天赋型选手"。家庭的小船载着我在时代的浪潮中漂荡。

一、"随意"的选择——时代和家庭的影响

我在东北长大，身为女孩儿从没觉得受到过性别歧视。在家里，作为独生子女，得到父母全部的爱；在学校，老师爱护，同学关系融洽。家庭和社会

氛围都让我感受到两性的平等。所以谈到"她"能量，我首先看到的是"人"，其次才是性别。如今回望，越发清晰地认识到自己何其幸运。作为一个女性的幸运，既与小家相关，更受大环境影响。1978年的春天，我出生在黑龙江省哈尔滨市——那一年也正逢祖国的春天，改革开放开始实行，一切都生机盎然。哈尔滨是一个开放、进取、平等的城市。追溯历史，其早期发展的契机始于清朝初期东北地区推行垦荒政策，男女民众顶风冒雪来到这片黑土地，一起劳作，开垦未来。这里有两性平等的历史传统。更重要的是，哈尔滨的城市血脉中流淌的是中华人民共和国的新鲜血液。1946年4月28日，哈尔滨解放，作为"中国共产党在全国解放的第一个大城市"[①]，被称为"共和国长子"[②]。20世纪50年代，哈尔滨成为新兴工业城市，为祖国的工业化建设做出了重要贡献。这里是"谁言儿女不英雄"的塞北，是新中国工业的摇篮，是"妇女能顶半边天"的冰城，是我成长的地方。

现在，我已经在浙江省杭州市浙江理工大学工作了20余年，由北至南的迁徙并非深思熟虑的规划。1997年，我参加高考，考入中国农业大学国际商务英语专业，2001年毕业。高考选择英语作为专业，是因为中学阶段学习外语不大吃力，似乎很轻松就掌握了课上学习的内容。当时还是先报志愿，后考试。我想去北京，稳妥起见，选择了中国农业大学的国际商务英语专业，顺利地被第一志愿录取。毕业后，因为不喜欢北京的天气、交通，还有竞争压力，很想去个南方小城，流连青山秀水间。适逢1999年教育部推出《面向21世纪教育振兴行动计划》，全国高校扩招，师资不足，本科学历就可以成为大学老师。我甚至没有投过简历，一场面试就确定了工作。那时的我竟然觉得杭州只是座"南方小城"，对即将改变亿万消费者消费方式的阿里巴巴集团也从未耳闻。同时期入职的老师开玩笑说，到马路这边就是"浙江理工"[③]，到马路对面就是"浙江工商"[④]——全看天意。与现在的博士

---

① 参考：https://baijiahao.baidu.com/s? id=1665203924133052881&wfr=spider&for=pc.

② 参考：https://baike.so.com/doc/6963983-32349229.html.

③ 学校前身蚕学馆创办于1897年，1908年升格为高等蚕桑学堂，1964年定名为浙江丝绸工学院，1999年更名为浙江工程学院，2004年更名为浙江理工大学。参考：https://www.zstu.edu.cn/xxgk/xxjj.htm.

④ 1980年经国务院批准成立的杭州商学院，2004年更名为浙江工商大学。参考：http://www.hzic.edu.cn/9/.

们相比，我们享受到了时代的红利。

我那些"随意"的选择离不开时代和社会环境的熏陶，同样离不开家庭的潜移默化。高中毕业以后，我一路向南，在北京读大学，在杭州工作，其间辗转成都、上海，攻读了硕士和博士学位。虽然经常被误以为是江南女孩儿，在杭州定居的时间也已经超过了故乡，但我确实是个东北姑娘。我的书柜里一直保存着一本《中国妇女》（*Women of China*）英文月刊。那是 2004 年第 12 期，封面图是《冰天雪地里的哈尔滨女人》，4 位穿着滑雪服、扛着滑雪板的女孩儿在一片皑皑白雪中笑容灿烂。这些热烈明媚、直率豪爽的东北姑娘让我感受到力量，心向往之。

我的家人，他们的闯荡、坚持、韧性给我留下了深刻的印象，也对我产生了极大的影响。我的爷爷出生在天津，定居在北京，家住东琉璃厂，做小生意，在 1976 年的唐山大地震中不幸去世。我的奶奶把 6 个儿子培养成人，几个大伯和叔叔在四川、天津、北京参加祖国建设。我的爸爸大学毕业后来到哈尔滨，参加工作，结婚生子，在东北老工业基地"八五"规划技术改造期间负责单位的技改项目。我的姥姥是满洲旗人，嫁给闯关东的姥爷。《哈尔滨市志·大事记》第二卷记载着，1946 年 11 月 7 日，"哈尔滨发电厂刘英源、王醒民带领工人奋战 48 天，完成抢修 5 号机组的任务，缓和了生产和生活用电紧张的局面"[①]。王醒民就是我的姥爷，他是个出色的电气工程师。1946 年夏，哈尔滨解放不久，哈尔滨发电厂的 5 号机组被雷击破坏，造成全市生产生活用电紧张。该机组是日本东京三菱公司产品，没有三菱工程师的技术支持，维修难度极大。因此，修好 5 号机组是当年的一件大事。这些都是从网上查来的资料，我很小的时候，姥爷就不在了，我熟悉的是姥姥。小小的我总是跟在姥姥身后。儿时的记忆已经模糊，但我记得她十分能干。家里隆隆作响的车床，对外的生意乃至官司，我和舅舅们一大家人的日常生活，都是姥姥在忙活着。

我的奶奶、姥姥，还有其他家人都让我知道女性可以非常厉害。我的大姨曾就读于北京大学医学部，历尽重重困难，成为一名内科医生。她的育儿

---

① 参考：https://www.hrbswszyjs.org.cn/news/129.html.

理念现在看来依然十分前卫：主张"散养"，培养孩子的独立性。两个表姐中学毕业后，小小年纪就到深圳谋求发展，现在定居在深圳和香港，生活无虞。大表姐的经历尤为神奇，她从哈尔滨到香港后，参加普通话考试，拿到"一级甲等"普通话证书，从此走上语言培训、主持表演的职业之路，一直没有放弃学习，工作多年后取得香港理工大学中国语文及文学硕士学位。从初中到硕士，她仿佛只是比别人多经历了几年间隔年（gap years）。说起来云淡风轻，但不难想见她一路走来的付出和坚持。现在，我也会和学生分享她的经历，鼓励学生认真对待每个专业证书，谁知道哪一个就对职业生涯产生助力了呢。

家庭和社会环境赋予了我为人的底色。我从未有过由性别引起的自我贬低，从未怀疑过知识的力量，我相信"海阔凭鱼跃，天高任鸟飞"，相信"穷则独善其身，达则兼济天下"，相信"尘雾之微补益山海，萤烛末光增辉日月"。我鲜有精神上的动摇，少时成长的困扰多源于无聊，工作后则总困于行动力的不足。

二、"不入流的天赋型选手"——被动学习之路

我的学习和工作生涯缺少理性规划。求学、工作的选择，或是出于客观需要，或是基于本能，或是情感驱动。凭借些许"小聪明"，尤其在文科学习上并不吃力。但是没有"板凳坐得十年冷"的刻苦钻研，没有深刻的理性认知，只能算个"不入流的天赋型选手"。

（一）书籍陪伴的少年时代

我是独生子女，有大把时间和自己相处，画花、逗鸟、写诗、看雪。少时的阅读始于无聊，觉得无事可做。同学借我一本《小鹿斑比》，从此我便打开了新世界的大门，书中的世界五彩斑斓，我的世界有了光。初中学校旁边有家书店，那时放学经常流连于此，什么都读，买了很多名著，开始知道了人民文学出版社、商务印书馆、上海译文出版社。巴尔扎克的《人间喜剧》读了很多遍，还有《高老头》《欧也妮·葛朗台》《邦斯舅舅》《夏倍上校》《搅水女人》《红与黑》《德伯家的苔丝》《简·爱》等；《战争与和平》《约翰·克里斯托夫》

没有读完，现在还躺在书柜里；《少年维特之烦恼》一直读不下去，我怎么也没办法共情维特。初中毕业的夏天，读了一套《红楼梦》。阅读经历中多年难忘的是一年寒假，我正在读连环画版《悲惨世界》，被芳汀的遭遇深深打动，和好朋友约好见面的时间快到了，我恋恋不舍地离开书桌，出了门。皑皑白雪中，卖掉长发的芳汀和马路对面向我挥手的好朋友，合在了一块记忆碎片中。

那时，乃至后来上了大学，到大学毕业，我都很喜欢给朋友讲故事，可能当时的自己也没意识到，苔丝也好，于连也罢，我是在分享少年时期最宝贵的体验。"书之不存，我将焉在？"虽然都是胡乱看看，有自己买的中外小说，也有家里书皮泛黄的《英语语法》《家庭养花》，或者《郑渊洁童话全集》《星星诗刊》《读者》《意林》，但正是这些书开启了我最初对外部世界的认知，培养了我对语言的感觉，也陪我度过了一个个漫长无聊的上学的日子。

读高中的时候，读过几本武侠小说，金庸、古龙、梁羽生。记得我写了一张小纸条放在文具盒里，上面是《笑傲江湖》中大师兄令狐冲的名字。日常生活让我觉得无聊，于是想象自己就像令狐冲一样正经历着什么人生低谷。课堂神游时，被政治老师叫起来回答问题，我笑嘻嘻地答不上来，但心里想着："你们都以为大师兄只是个经脉错乱、放荡不羁的酒鬼，却不知道他才是真正的高手与侠客——虽然我现在没听讲，但我可是藏而不露的武林高手。"老师并不知道这个不听讲的奇怪孩子心里玩着什么幻想的游戏。我算是个"高手"吧，高考前模拟考试的成绩越来越好，高考成绩学校第二名，和第一名的同学张冬梅一起考到北京，她去了北京大学，我去了中国农业大学。大二还是大三的时候，正值千禧年之前的出国潮，她找我一起考托福。我记得是在中国人民大学报名，我拿着我俩的表格去报名。那一年报名考托福的人太多了，从白天排队到晚上，到半夜，捏在手里的报名表已经变得皱巴巴。现场的老师让我们和身边的同学拉紧手。深夜里，陌生的考生们手拉着手，防止被人群冲倒。现在想来，真是个奇特的景象。我并没想过出国，但很开心，报了新东方的一个大班课，坐公交车到海淀，先去上一个游泳班，然后头发湿漉漉地去上托福课。上百人坐在一个大教室里，很好玩儿。我考了一个很不错的成绩，成绩单就扔在那里了。后面毕业后到杭州面试的时候，没带英语专业八级证书，靠这张托福成绩单证明的自己的英语水平。

（二）懵懵懂懂在职求学

大学毕业之后的一段时间，我颇为厌学。之前爱逛书店，那时看到书就头痛。记忆里最开心的是和同年入校的同事们骑着自行车去西湖。我大学里才学骑自行车，工作后刚刚能够骑车上路。素音、郭宁、陈征，还有小高，我们一行人从文一路老校区骑车到曲院风荷、断桥残雪，她们把我这个新手夹在中间，一路上说说笑笑，春光明媚，树影摇曳。博士毕业后，我也有过一段厌学的日子，厌倦形而上。解决办法则是去考了个机动车自动挡驾驶证。读硕士的时候就考过手动挡驾照，没通过，那又是另外一个故事了。所谓"读万卷书，行万里路"，书还没读多少，已经开始厌倦书斋，好奇路上的旖旎风光了。

不好好读书，自然长进不大。工作后的进修学习一方面是职业要求，一方面仍颇为随心所欲。在高校任教，本科学历自然是不够的，当时不少同事报名了浙江大学的研究生班。有个同事陪我去浙江大学领取了研究生班的申请表格。那天瓢泼大雨，我们骑车回来，都湿透了。拿着表格去人事处盖章的时候，当时的人事处长鼓励我："你现在这么年轻，为什么不自己考考看呢？既有学位又有学历，多好！"我于是一边工作，一边开始准备参加浙江大学的研究生考试。成绩出来后，总分上线，单科却不及格。我本科专业是国际商务英语，没怎么学过语言学和英美文学，这两门合在一起的专业课试卷，150分只考了70多分。不及格意味着绝大部分学校都没法调剂。机缘巧合，我们学院的上一任院长孔繁津老师当时回到了成都理工大学外语学院任教。成都地处西南，录取分数线要低几分，这低下来的几分让我当年有书可读，不用复读了。我成为孔老师的学生，研究方向是二语语言习得。

在成都过得很快乐，学校食堂的麻辣兔肉、学校后门小河边的串串，当然还有火锅，我和同门晓莉、丁丁相处愉快，一起逛吃，一起夜聊，一起学习。小小遗憾，她俩是当地人，假期要回家，我们没什么机会一起旅游。我们有三位导师，分别是孔老师、王惠舟老师、朱艳老师。孔老师亲切、儒雅，王惠舟老师是孔老师的夫人。三位导师都非常和气，硕士三年，都是老师请我们吃饭，没让我们花过钱。王老师和朱老师长得十分美，王老师气质柔和，有些像 20 世纪 90 年代万人空巷的《渴望》中的女主角，只是短发版，更精致、更有书卷气；朱老师一头黑色长发，好像从《冬季恋歌》中走出的崔智友。

经过 2004 年到 2007 年三年脱产学习，我硕士毕业，回到浙江理工大学。教师的工作要求在逐渐发生变化，除去教学，开始有了科研要求，而且要求越来越高。同事们也开始攻读更高的学位。那时我在大学英语一部，我们那张拼桌坐 4 个女老师，都是好朋友，刚到学校时一起刷剧、骑车、打牌，后来两个先后考到上海外国语大学，师从许余龙和俞东明教授，还有小郭去了美国读博。我一开始报名了上外的博士班，但因为没有得到省部级以上的学术成果奖，没拿到博士答辩资格。尽管如此，还是收获颇丰，就像上了一次大师班，授课老师包括英语语言学文学专业各个方向的专家学者，比如戴炜栋教授、虞建华教授，还有后来成为我博士生导师的张健教授。

三、久别重逢——上外读博

到上外读书好似一场久别重逢。

日常生活难免平淡枯燥。结婚生子，上班下班。职业倦怠期，想找到一个出口，也想把"学历游戏"玩到通关。2012 年和 2016 年，我两次参加了上海外国语大学的博士招生考试，中间间隔 4 年是因为我家小朋友于 2013 年出生。很幸运，2016 年 9 月，小朋友上了幼儿园，我也再次回到校园。感谢爸爸妈妈和我爱人的支持，使我无后顾之忧。脱产学习的三年时间里，不仅仅有学术训练带给我诸多收获，更有良师益友指引和陪伴我成长。

（一）良师益友，熠熠星光

重回校园，我很快乐。从杭州开往上海的火车上望出去，成片的绿色田野，连电线都像是五线谱，跳动着快乐的音符。2016 级的博士生，住宿、上课都是在虹口老校区。宿舍是一幢小灰楼，一层楼上有两个公用的水房和卫生间，洗澡要跑出去到食堂后面的公共浴室，没有隔间，但有固定的关门时间。生活区每每看到同学抱着盆，提着桶，湿着头发，趿着拖鞋。我也经常从图书馆一路小跑，赶在关门前冲进澡堂，恍惚间好像回到了 20 世纪 90

年代末的大学生活。住得简陋，但精神丰盈。在这里，我看到更多有趣的灵魂，老师和同学在各自的领域孜孜以求，如漫天繁星，引我前行。

上海外国语大学提供了一个绝佳的平台，让学生有机会接触国内外的名家学者。就是在这里，我见到了翻译家葛浩文（Howard Goldblatt）、林丽君夫妇，汉学家金介甫（Jeffrey C. Kinkley）、石江山（Jonathan Stalling）教授，还有翻译理论家莫娜·贝克（Mona Baker）教授……在众多学者中，给我留下特别印象的是美国亚利桑那州立大学的松田圭（Paul Kei Matsuda）教授，他是第二语言写作国际研讨会（Symposium on Second Language Writing，SSLW）的创始人和执行主席，研究专长为二语写作教学。在回答"一直做科研会不会无聊"这个问题时，他向我们展示了他在潜水时拍摄的瑰丽的海底世界。松田圭教授不仅是一位二语写作研究者，还是一名潜水教练和摩托车手。他让我感受到探索世界、拥抱生活的热情。在给我的名片背面，松田圭教授写道："Read everything!"（阅读一切！）

给予我最多帮助的当然还是上外的老师们。我的导师张健教授曾是上海外国语大学最年轻的英语教授、博士生导师，深耕外宣翻译领域。张老师不仅知识渊博，学术素养深厚，而且为人谦和有礼，是一位温润如玉的君子。张老师为人风趣幽默，讲课深入浅出，对学生既会一针见血地指出问题，又不忘勉励慰藉，总是春风化雨。在学术态度上，老师开明通达，兼收并蓄。我的博士论文选题是网络小说英译，最初其学术价值受到不少质疑，但张老师一直坚定地支持我，还带我一起在《东方翻译》发表了论文《新、热词英译漫谈：仙侠小说》。在老师的言传身教下，我的同门都十分勤勉、优秀，在2017年、2018年、2019年连续三年获得博士研究生国家奖学金。

任课老师也都十分可亲可敬。他们都是各个领域的专家学者，但回到三尺讲台，就是关爱学生的普通老师。冯庆华老师会分享上一代学者的治学逸事，会讲起自己到酒店闭关写稿的经历，会请青年学者分享科研经验，还会在发现我们被情绪困扰的时候安慰鼓励。乔国强老师在叙事学课堂上看我坐在第一排，说道："坐第一排的学生以后成绩一定会很好！"其实我只是来晚了，只能坐在第一排。顾力行（Steve Kulich）老师在"跨文化传播"课堂上不时请外国学者来交流，我就是在顾老师的课上认识了德国拜罗伊特大学的米夏埃尔·斯代帕(Michael Steppat)教授,他也是上外的客座教授。两周前在浙江图书馆之江新馆,走上旋转楼梯,我爱人随手从巨大的书架上拿下一本书,竟然就是斯代帕教授主编的 *Literature and Interculturality*(2): *Valuations, Identifications, Dialogues*(《文学与跨文化研究(二)：价值观、身份认同与对话》),其中"Shakespeare's Windsor, the Babbling Barbarian, and the Strangeness of Form"(《莎士比亚的温莎、胡言乱语的野蛮人和形式的奇异性》)是斯代帕老师带我合作撰写而成的。那一刻真的觉得缘分奇妙。

女老师们更是我们心中的"女神",学习的楷模。我的好朋友李彦的导师肖维青教授不仅教研俱佳,还在工作之余在喜马拉雅平台录制课程①,订阅人数也是超过百万。2018 年,"中国现当代文学在海外的译介与接受国际研讨会"在上外召开,肖老师热情邀请美国"武侠世界"(Wuxiaworld)网站创始人赖静平参会,为李彦和我进行网络小说英译研究提供了极大助力。孙会军教授向《翻译论坛》期刊推荐,发表了李彦和我撰写的赖静平访谈。孙老师治学严谨,著作等身,无须赘述。我还悄悄地把孙老师当作我的好朋友,我们甚至还有一段"同床之谊"。那是为期两周的"上外-莱斯特高级翻译研究暑期项目"结束后,孙老师带队从英国返沪。抵达时已是深夜,我不愿意一个人拖着行李回宿舍,就跟着孙老师回了她的家。这次的英国莱斯特大学研学之旅也是我在博士阶段的一段十分难忘的经历。

很有意思的是这次研学活动的组织老师、授课老师都是女性教师,其中一位还是 6 个孩子的妈妈,可谓"她"能量的绝佳代表。因此,我把当时的游学小札作为"上外读博"的第二个小节,重温那个难忘的夏天。

(二)暑期研学,仲夏之梦

国内是凌晨 3 点半,这里慢了 7 个小时,晚上 8 点半,依旧天光大亮,窗外是大朵的白云和成片的绿树,不时有鸽子从窗前倏地飞过,它们拍打翅膀的声音,还有咕咕的低鸣近在耳边。忽然一抹夕阳穿过云层,洒在对面的红砖墙上,长着绿色苔藓的房顶变得闪闪发光,天空成了玫瑰色。

---

① 课程名称:"名校教授陪伴你精读英文名著"。

夜,漆黑一片,阵阵凉意袭来,好不惬意。清晨,日出,薄阴,转而下雨,坐在窗前可以听到淅淅沥沥的雨声,空气依旧是凉凉的,那么美。每天坐在小小的宿舍窗前看日出日落,是我在莱斯特这两周最享受的时光。而此时7月的上海,正经历着多年不遇的高温。我们"上外-莱斯特高级翻译研究暑期项目"小分队在这里偷得浮生,游学半月。

英格兰中部的莱斯特是个文化多元的城市,莱斯特大学是一所多元化的大学,拥有造价高昂、馆藏丰富的图书馆和一流的师资。游学期间印象最深刻有三：老师,理查三世纪念馆和埃文河畔的斯特拉特福德小镇——莎士比亚的故乡。

从带队的孙会军教授,到莱斯特大学的应雁老师,再到"翻译研究"课程的三位教授,她们不仅学识渊博,而且性格鲜明、风格迥异。孙老师最是和气,每节课同我们一样认真听讲,做笔记和提问题,与我们同吃、同玩、同学习,让人感觉如沐春风。应老师从研讨的教室到出游的食品袋处处考虑周全,笑眯眯的又非常严谨,严格为游学质量把关,于是行程里没有比斯特购物,却有高规格的参观,小学校长做我们剑桥之行的导游,一路历史故事讲得酣畅淋漓,博物馆学专业的博士带我们参观莱斯特当地博物馆,件件事都是应老师费心安排的。"翻译研究"课程的三位教授玛格丽特·罗杰斯(Margaret Rogers)、克里斯蒂娜·沙夫纳(Christina Schaffner)和柯尔斯滕·马尔默谢尔(Kirsten Malmkjaer)都是领域内的一流学者。她们学识渊博自然毋庸置疑,但每个人的个性则更有趣。玛格丽特身材瘦高,温文尔雅,是术语学专家,20世纪80年代就开始参加最早一批计算机辅助翻译项目,与彼得·纽马克是好朋友,既在一起喝茶聊天,学术观点不同时又会据理力争;克里斯蒂娜在翻译学界地位超然,然而本人却似一个活泼的红衣少女,热情开朗,知无不言,在课堂上侃侃而谈,餐桌上举杯言欢,最是难忘分别时她的贴面拥抱;柯尔斯滕则直截了当,话不多说,直奔主题,后来得知她在做着知名教授的同时,还是6个孩子的妈妈,高效应该已经成为她应对生活的法宝。

理查三世纪念馆让人觉得冥冥中总是有些机缘。理查三世是英格兰金雀花王朝最后一代君主、约克王朝末代国王、英国最后一个死在战场上的国王。葬身沙场的国王似乎将永成荒坟野鬼，正如他无法摆脱的坏名声。然而他被发现了，终于在英格兰莱斯特郡首府莱斯特被发现，并于莱斯特主教堂（Leicester Cathedral）重新下葬。而这一发现也为研究者们提供了新的依据，为理查三世正名。

埃文河畔的斯特拉特福德小镇是大文豪莎士比亚的故乡，我们在小镇的经历可谓跌宕起伏。错过了莎翁夫人故居的开放时间，好沮丧。但一路穿过逼仄的小路，竟真的柳暗花明，一大片开阔的草地豁然出现在眼前，美不胜收。终于到了莎翁夫人的故居，在门外合影，尽管没有走上那条著名的爱情小道，仍是心满意足。最难得，在皇家莎士比亚剧院看了皇莎剧团表演的《莎乐美》，走出剧院，天空一片靛蓝，如在梦中，人生最美不过如此。

莱斯特之旅就像一场仲夏夜之梦，幸福的感觉就是这盛夏里的一丝清凉——那是 2018 年的暑假。第二年的夏天，我博士毕业，重新回到高校。

四、回归岗位——高校教师

2001 年，我本科毕业，进入当时的浙江工程学院；2019 年，我博士毕业，回到于 2004 年更名的同一所学校，浙江理工大学。这一年，我 41 岁。

（一）高校教师：我的舒适区

高校从教 20 年，我想过换一份工作。2005 年读研期间，我通过了翻译资格水平考试（二级口译），那一年四川大学考点只通过了我一个人。次年研究生实习期，我去了浙江先威出入境服务有限公司做翻译。2016 年 G20 杭州峰会，我为欧洲理事会主席夫人提供随行翻译服务。相比于笔译，口译成果"立等可取"，并能与服务对象直接交流。做好一次口译可以让人成就感爆棚。当时我很迷恋这种感觉，所以初进上外，去听了很多高翻学院的课程和讲座。我宿舍隔壁住的就是高翻学院王宏志教授的博士生周慧，她的书架上贴着"仰望星空，脚踏实地"。上外读博期间，我也接触过华为公司翻译中心，想从实习做起。但是华为公司的实习都是安排在寒暑假，我平时上学，寒暑假是难得的亲子时间，于是作罢。毕业后，不少同学留在了上海，我回到工作近 20 年的原单位。

读博之前，我教大学英语；博士毕业后，我教英语专业，同时担任英语语言文学和翻译专业硕士生导师。目前教授的本科课程包括"综合英语"（1&2）和"英汉/汉英笔译"（1&2）；研究生课程包括"中外翻译理论前沿"和"外国语言文学研究方法"。其他还有班主任、本科生导师、本科毕业论文指导等七七八八的工作。当课题申报、学科评估等工作挤在一起的时候，就更忙了。有一次，在单位加班到晚上9点多，回到家忍不住抱怨，辞职读博值得吗？经济上损失不少，重新回到工作岗位，工作不减反增，有什么意思？我认真地想了这个问题，如果重来一次，我还会做出同样的选择。歌手大张伟曾经在综艺节目中戏谑说："世上无难事，只要肯放弃。"有一部日剧叫《逃避可耻但有用》。但就我有限的人生经验来说，向下的自由不是自由，每一次退却都只会令事情更糟糕。上外读博是我对未知的探索，是我人生最宝贵的经历。

教学、科研、杂事，这么多工作，烦吗？很烦。可是，有一天，我忽然意识到：高校教师好像就是我的舒适区。我的教学和科研工作几乎是一帆风顺的。2011年，我第一次申报教育部人文社科项目就立项成功。当时我甚至还分不清教育部人文社科项目和国家社会科学基金项目。回到浙理工外国语学院后，翻译研究专家文炳教授任职院长，为我们创造了非常好的科研条件，从2019年到2021年，我顺利立项了杭州市哲学社会科学规划课题、浙江省哲学社会科学规划一般项目和国家社会科学基金一般项目。这么顺遂的科研之路，不如意处只能怪我太不用功。如果在自己的舒适区都做不好，我还能做好什么呢？

我的职业生涯缺乏理性规划，大多选择都是出于周围环境的影响和探索未知的本能，无知无觉，年复一年。有一天突然察觉，自己早已过了莽撞少年的年纪，进入了人生后半程。我问自己，到底想做些什么。我想在自己的舒适区里，把工作做好——想认真读文献，好好写文章，抓紧把项目完成；想作为一个翻译老师，用心翻译几部作品；想好好上课，像我的老师们一样，尊重讲台，爱护学生，为学生的成长贡献一点自己的力量。

（二）写给学生和我自己的一点感悟：茉莉花茶和《写给B等成绩学生的一封信》

茉莉花茶算不算好茶？B等成绩的学生算不算好学生？普通的老师算

不算好老师？

偶然在某网站刷到一条视频，讲茉莉花茶处在茶圈鄙视链的最底端，属于"红绿青黄白黑"6 大类之外的"编外茶"，因为真正的好茶自身就色香味俱全，并不需要其他加成。因此，茉莉花茶、小青柑这些加工茶都算不得上品。再好的普洱都被小青柑盖过了味道，所以小青柑中通常不会用品质上佳的普洱，因为品不出来，浪费。这说法有理有据，我却想到了张春柏老师主编的英语专业《综合教程》中的 1 篇文章"Letter to a B Student"（《写给 B 等成绩学生的一封信》），作者是美国加利福尼亚州立大学的英文教授罗伯特·奥利芬特（Robert Oliphant），这封信意在劝慰学生不要执着于完美的成绩单，"成绩就像衣服上的价格标签，而真正重要的是衣服下面有血有肉、活生生的人"。

对学生而言，成绩是最重要的一个评价维度，但也只是一个维度。坐在课堂中的都是一个个青春洋溢的孩子，睁大（或者闭起）好奇的眼睛。有时上课气氛沉闷，可是当他们课堂汇报分享自己的爱好，如漫画、小说、cosplay（角色扮演）、画画、书法、烹饪、打球、玩乐器、听音乐时，他们就换了个样子。还有两个同学分享自己的睡眠曲线图、刷视频时长柱形图，因为她们的爱好就是睡觉和刷视频。有趣的灵魂就在我的身边。在我的眼里，他们就是我爱的茉莉花茶，芳香四溢，沁人心脾。所谓鄙视链，不过是人为贴的标签。

我年岁渐长，而学生永远年轻。有学生送给我她听过的演唱会门票，因为我们喜欢同一个音乐剧演员。有同学拿自己的 CD 给我听。我说现在都不用 CD 机了呀，他说："老师，用车载音响，你开车的路上听。"于是，校外的林荫大道上，阳光穿过树叶，在车窗上洒下斑驳的光影，里克·阿斯特利（Rick Astley）、唐·麦克莱恩（Don McLean）和诺拉·琼斯（Norah Jones）的歌声飘过，这何尝不是幸福的一刻？作为一名教师，我感受到工作的快乐与价值。

我们都是平凡的人，如果不是顶级老班章（普洱茶的一种），就做一款清冽甘香的青柑普洱也很好。并不是每一块璞玉打磨后都会成为旷世奇珍，重要的是成长的努力和对可能的探索。能与学生共同成长，是我的幸运。"人间四月芳菲尽，山寺桃花始盛开"，踏上旅程，自有惊喜。

第二篇
磨砺蜕变,静待光芒

　　逆境,对于每个人而言,既是考验,也是成长的催化剂。面对困难时,人们常常感到迷茫和绝望,但这正是成长的契机。高校女性外语教师的选择和成长之路既充盈着机遇,也面临着挑战。前行的道路有困顿、有迟疑、有迂回、有折返,但好在她们从未放弃。不管是从被动到能动的学术圈"晚入者",还是博士毕业后入职新单位首聘期的磨灭与重塑、执念与和解,抑或是尽情奔跑但量力而行的"逆旅行人",从她们身上我们看到的是执着追求的心理韧性、源源不断的行动力,以及静待光芒的超脱与释然。在人生的旅程中,困难与艰辛是磨砺意志的砥石。那些曾让你流泪的痛苦,终将化作指引的光。

从被动到能动：学术圈的晚入者

人物介绍：鲍婕，天津财经大学人文学院副教授，硕士生导师。现为香港理工大学英文与传意系在读博士生，研究方向为外语教师身份建构、学术英语写作、学术素养发展、多模态话语分析。近年来研究成果发表于 *System*、*Studies in Higher Education*、*Computer Assisted Language Learning*、*Teaching and Teacher Education*、*Teaching in Higher Education* 等 SSCI 期刊。主持或参与完成国家民族委、中央编译局、省部级社科项目 4 项。主编、参编教材 6 部，出版译著 1 部。曾获第十届"外教社杯"全国高校外语教学大赛天津市特等奖，全国总决赛二等奖。

在父母的期待下，在传统社会文化观和性别观的影响下，我硕士毕业后成为一名高校英语教师。这一被动的职业选择曾带给我稳定、安逸的生活，让我能够有空间和时间来履行自己在家庭中的责任。然而，面对一眼望到头的职业轨迹和未来发展的不确定性，我也曾感到不安和迷茫，感到"职业自我"的缺少。在方向感缺失的情况下，我决定专注教学。在学生的肯定中，我逐渐建构了职业认同，确立了成为"研究型教师"的理想，却缺乏迈向这一职业理想的勇气。职业发展中的"重要他者"让我克服畏难的情绪，选择在职业发展中期重新"回炉深造"，成为一名博士生。相比传统的"博士生—高校教师"的线性发展路径，我走的是一条非线性的发展路径。作为学术圈的晚入者，又囿于家庭责任的束缚，我曾经历过自我怀疑，想过放弃与"躺平"，但同时，我也不断在环境中寻找"给养"，重构认知、重塑自我。

一、"女孩子最适合的职业"：转专业，成为一名高校英语教师

我曾就读于天津市示范高中的理科班，对生物和化学有浓厚的兴趣，高中时还参加了一些生物化学的学科竞赛。我常常幻想自己身穿白色实验服，手持试管，在实验中寻找答案、解决问题的样子。受高中化学老师的影响，我在高考之后报读了南开大学的化学专业。化学专业是该大学的王牌专业，在当时学科排名为全国第二。在化学系读了一年半之后，我因生病查出自己属于过敏体质。父母认为我不再适合接触各种化学试剂，希望我转到不用再做实验的专业。在经历了一段时间的迷茫期之后，我通过校内的转专业考试，转到英语系继续我的本科学习，成为一名英专生。在本科毕业之后，我继续攻读英语专业的研究生，为的是遵从父母意愿进入当地的高校，成为一名大学英语教师。彼时的高校教职大部分都是自带"编制"的，还未大规模出现"内卷""非升即走"这些现象。大学老师不需要坐班，工作弹性，相对稳定，工作环境简单，又有寒暑假，在传统的社会文化观中被认为是最适合女性的职业。而大学英语教师的主要职责是讲授英语公共课，教材相对固定，也没有什么研究的压力，职称晋升基本按部就班。

回忆当初的职业选择，我的"选择"与"行动"可以说是被动的，受到父母想法的影响。在更广的层面上，受到传统社会文化观念的裹挟。翻看当年和同寝室同学的聊天记录，选择去海外接受同传培训的同学曾问我，口语这样好，为何不去外面闯一闯？我当时的回答是："做大学老师多清闲啊，我可以有时间做自己喜欢的事情。而且，父母在，不远游嘛。"当时的我，并没有对教师这一职业产生真正的职业认同感。这种被动的职业选择大多出于对现实的妥协和对社会文化习俗的内化。虽年少时的职业梦想没有"教师"这一项，却在现实中做出了看似"最优"的职业选择。

在职业初期，我也确实享受到了这个"最优"的职业选择带给我的红利。

研究生毕业后，我顺利进入天津市的一所大学，成为一名带编制的大学英语教师。当时的教学任务不是很重，每学期基本都会排相同的课程，不需要坐班。我有足够多的自由时间可供支配，发展个人爱好，做我想做的事情。入职不久，我就组建了自己的家庭，之后做了妈妈。高校弹性的工作时间和父母的帮衬让我能够从容淡定地安排好家庭和工作，充分体会到了生活的美好和悠闲。然而，在这种岁月静好的背后，我也会偶尔生出一丝不安，总觉得自己要对未来的事业有一些规划。虽然我没有经历学术工作的不确定性和非永久教职带来的教师脆弱感（vulnerability），但对我而言，未来的稳定性和可预测性同样成了不安的起因。我日复一日地讲着同样的课程，没有什么成就感，职业轨迹一眼望到底。看到很多在其他行业工作的同学已经在事业上取得了不小的进步和成绩，我感到了自己社会身份的缺失。有时翻看高中时代参加化学竞赛、生物竞赛获得的奖状和奖杯，会从心底生出一些不甘。除了"孩子妈妈"这一身份，我似乎丢失了"自我身份"和"职业身份"。我觉得自己应该做点什么，不能年纪轻轻就放弃职业追求，可是又不知道该如何努力，对未来也没有清晰的定位。

二、"讲好课，做好眼前的事"：爱上教书，在学生的肯定中建构职业认同

虽然对未来迷茫，方向感缺失，我还是积极做出"选择"，决定先把眼前的事情做好。未来方向不明，但把握好当下在很大程度上减缓了我的焦虑。虽然教材、课程年年不变，但我试着根据学生的需要和兴趣，在课程中融入一些新元素。作为一名非师范专业出身的英专生，我本科和硕士阶段的学习大部分都基于语言本体，在这期间并未接受过系统的教学方法训练。我自己也几乎没有读过外语教学理论的著作和基于教学研究的论文。我对课堂的设计主要依赖于对其他优秀教师的模仿和学习，属于一种"学徒式的观察"①。在设计课堂教学时，我会回想自己上学的时

---

① Borg, S. (2010). Language teacher research engagement. *Language Teaching*, 43(4)：391-429. Lortie, D. (1975). *Schoolteacher: A Sociological Study*. Chicago：University of Chicago Press.

候，那些受学生欢迎的老师们都是如何做的。我还会观看全国外语教师教学比赛的视频和教案设计，仔细揣摩什么样的课堂教学才是有效的和能吸引学生的。这种"草根式"的非正式学习虽然不够系统，却产生了一定的效果。我很快成为最受学生欢迎的英语教师之一，每年的评教成绩都在学院名列前茅。学生记者团还为我做了一期专门的访谈，让我谈谈自己的英语学习经历和外语教学。

作为教师生活中的"重要他者"，学生对教师职业身份建构起到至关重要的中介作用。在师生交流中，学生的反馈让我更好地理解自己的教学效果和职业角色，更深层次地影响我的自我认知、价值观念和职业发展。看到学生在课堂上的进步和在其他方面的成长，我产生了巨大的满足感，增强了职业自豪感。如果说我最初进入教师这一行业是"他控的""权宜的""现实的"，并非出自内在认同，那学生的肯定则是让我对教师这个职业建构内在认同的重要因素。学生的正向反馈激励我更加努力地钻研教学，不断地在教学实践中反思，建构自己的学科教学知识（Pedagogical Content Knowledge），也逐渐从一名新手教师成长为熟手教师。我体会到了教书所带来的职业成就感。

三、"不想只做教书匠"：寻找出路，期待成为研究型教师

参加工作几年之后，高校的工作环境逐渐发生改变。科研成果在高等教育教师评价体系中的权重日益增加，外语教育领域不断有专家学者提出"教研融合"的倡导。我所在的大学英语教学部开始强调科研的重要性。作为传统的教学型单位，系部开始鼓励教师申报科研项目和教改项目，撰写论文。在学校不断改革的评价体系和职称晋升体系中，大英教师不再被单独列出，而是需要满足和其他学科教师一样的条件，才能晋升至高一级职称。然而，政策的激励并没有让我在科研中投入更多精力。虽然在政策的导向下，很多同事开始通过读博和进修积极建构研究者身份，我还是固守在教学这一亩三分地上。究其原因，还是自己缺少勇气去探究未知的领域，总希望待在自己的舒适区内。此外，和很多一线教师一样，我对"教研融合"的倡导

也并没有产生真正的认同，觉得教学和科研是两回事儿，自己把课教好就可以了。这种实践与研究之间的鸿沟在英语教学界一向存在[①]：相比研究，教师更愿意用自己的实践性知识来指导课堂。

然而，我的认知在一次教学比赛之后发生了改变。因为评教优秀，系部推荐我代表学校参加市里的英语教学比赛。我幸运地获得了市里第一名，需要代表省市去参加全国的总决赛。虽然参加市里的比赛是为了完成系部交给我的一个任务，但是意外获奖激起了我对比赛的兴趣和胜负心。我很希望能通过自己的努力在全国的比赛中获得好成绩。在那年的全国决赛中，主办方首次对比赛规则做了创新，不仅要求教师设计、展现课堂片段，还要求教师论证自己的课堂设计，讲述课堂设计背后的理据。这一新规则给我带来了一定的挑战。因为平时很少阅读教学理论著作和教学论文，我对自己的课堂设计可以说是"知其然，却不知其所以然"。在备赛的大半年里，我在上课之余阅读了大量的书籍和论文，认真做了笔记，并写下自己的思考。通过这种学习，我了解了语言教学法发展的脉络和一些先进的教学理论，并试着将这些理论融入我的课堂教学中。

经过备赛期间的理论学习和自己在课堂上对理论的应用，我逐渐意识到自己之前的"研究无用论"的想法是多么狭隘。在自学了很多教学理论和教育哲学观之后，我能够把自己平时一些看似"出于灵感"的教学设计"概念化"（theorize the practice）了，同时也不断尝试在课堂教学中应用理论（practice the theory）。比如，我学习了新伦敦小组（New London Group）提出的多元读写教学法（multiliteracies pedagogy），了解了"实景实践"（situated practice）的概念之后，才明白了为什么学生对我上课补充的一些真实语料尤其感兴趣。同时，通过对这一理论的学习，我认识到我之前的这种教学设计只是环环相扣教学设计中的一环，是远远不够的。在这一理论中，有 4 个教学要素：实景实践（situated practice）、明确指导（overt instruction）、批评框定（critical framing）、转化实践（transformed practice）。我尝试将 4 个教学要素融入我的课堂教学中，充分发挥教师作为"设计者"

---

① Medgyes, P. （2017）. The （ir）relevance of academic research for the language teacher. *ELT Journal*, 71：491-498.

的作用。理论指导下的课堂教学取得了良好的教学效果，很多学生认为我课堂越来越体系化了。评教中，学生对我的教学评价从"可爱、亲和、有创意、口语好"变成了"有体系、有深度、具有启发性"。

备赛的大半年，通过在教学理论与课堂实践之间的不断穿行，我对"教研融合"产生了内在认同，开始明白"教学本身就是研究"（Teaching is inherently research work.）[①]。经过大半年的努力，我最终在全国总决赛中取得第 5 名的成绩。在比赛中，我融合若干个教学理论做出的课堂设计以及对课堂设计有理有据的论证得到了评审专家的一致好评。

虽然一次小小的教学比赛只是很多教师职业道路上的一个小插曲。但这次备赛和比赛经历成了我职业发展的关键事件，让我对教学和研究产生了新的认识。我在比赛之后写了一篇反思日志，其中有一句是"教学不是简单的模仿和个人经验，而是蕴含深厚理论的大学问"。这种对教研融合的内在认同也成为我日后积极寻求资源，努力建构研究者身份的重要动力。

比赛结束之后，我不再满足于做一个教书匠，开始发挥能动，寻找机会给自己"补上研究那节课"。我自发地参加了很多工作坊和学术会议，并自费在国内知名外语类院校上海外国语大学（上外）进行短暂访学。上外距离我工作和生活的城市有 1 000 公里的距离，坐飞机需要 2 个多小时，高铁 5 个多小时。因为访学属于我的个人行为，我不愿意因为访学耽误学校的教学工作，也怕找人代课会给别的老师添麻烦。加上当时孩子年龄比较小，我也不想长时间在外面。思来想去，只能自己累一点，多跑几趟，兼顾家庭、学习和工作。于是我开启了"双城生活"。每周用周一、周二两天时间把学校的课集中上完之后，周二下午就会从天津乘飞机或高铁去上海学习。周三到周五在上外听一些博士生课程和讲座，然后周五下午再乘飞机或高铁返回天津，周末全职陪伴孩子。1 000 公里的距离，每周往返。积攒的不仅是车票，也有我重启学习的决心。

---

① Xu, Y. (2017). Becoming a researcher: A journey of inquiry. In Barkhuizen, G. (Ed.), *Reflections on Language Teacher Identity Research* (pp. 120 - 125). London & New York: Routledge.

四、"努力永远不晚"：遇良师，搭上学术末班车

在上外访学期间，我有机会聆听了很多国内外外语教育界和应用语言学界的专家和学者的讲座、报告，看到了很多"行走的参考文献"，开阔了学术视野，加深了对学术著作和论文中知识的理解。在依托上外的各个正式与非正式的学术共同体中，我有机会遇到很多上外的知名教授，以及教师同行和在读博士生。和他们的交流也促进了我对知识的内化。很多时候，知识都是聊出来的。尤其在当时郑新民教授领衔的 SLRC（Simon's Learning and Research Community）学术共同体中，每周都有的小组聚会和讨论让我听到了对理论的各种解读，看到了研究方法的具体应用。

除了知识的建构，在访学期间最大的收获是遇到了我未来的博士生导师——冯德正老师。当时在上外主办的一个学术研讨会上，冯老师作主旨报告。我虽然在访学期间听了不少知名学者的学术报告，但听到冯老师的报告时，仍然感到震撼，深深被其折服。复杂、枯燥的理论在他的口中变得生动有趣。冯老师的报告激发了我对学术探索的热情和对未知领域的好奇心。

讲座结束之后，我又阅读了冯老师的一些论文。他的研究不仅涉及理论的深度探讨，还包括了实际应用的多种可能性，让我看到了理论和实践结合的可能性和重要性。之后，我开始像"追星"一样关注冯老师的讲座信息。恰巧那一年冯老师作了很多线上和线下的主旨报告，我得以多次领略其卓越的讲课技巧和深邃的学术见解。每一次报告，冯老师都能深入浅出，将复杂的概念和理论简化，用生动的例子和清晰的逻辑让听众易于理解。冯老师在讲解理论时，经常使用自己已经发表的研究论文作为例子，让我深深叹服其研究与教学的完美融合。此外，冯老师在报告中多次分享自己的学术之路，其研究经历和学术发表经历，给我带来很大的启发。

女教师在职业发展中做出的选择往往和家庭因素密切相关[①]。当时的

[①] Baker, M. (2012). Gendered families, academic work and the "motherhood penalty". *Women's Studies Journal*, 26(1): 11 - 24.

我，虽然渴望通过系统学习建构理想的研究者身份，但考虑到自己的年龄、家庭、研究经历等现实因素，并没有全职读博的勇气。就像天平的两端：一端是一份稳定的、能兼顾家庭和孩子的工作，另一端是充满未知的学术之路。而我除了有一些教学经验，几乎没有什么拿得出手的科研经历和科研成果。大学转专业从"理"转"文"之后，就失去了学术的热情，读硕士也仅仅是为了找个有编制的稳定工作。工作前几年虽写了几篇论文，但也大多是为了职称评定凑数写的。在这样的现实下，我的天平倒向了"家庭"和"稳定的工作"。归根结底，我还是有一种畏难的情绪，怕自己无法面对读博所带来的巨大挑战。但冯老师让我看到了理想中导师的样子。就算没有勇气和机会读博，我也非常希望能得到这样的导师的指点。于是，我克服了自己的不自信和胆怯，鼓足勇气，给冯老师发了一封邮件，介绍了自己的工作经历，讲了自己刚刚被燃起的研究兴趣，并附上一篇自己刚刚写完的实证论文，希望得到一些点拨。现在回想起来，给冯老师写信是我做出的最勇敢并且最正确的决定。那封纠结许久才最终发出去的邮件成了改变我职业发展轨迹的关键事件。邮件发出之后，让我没有想到的是，冯老师在百忙之中很快就回复了我的邮件。他肯定了我的论文的选题和立意，并认真审阅了论文。当我看到密密麻麻的批注的那一刻，我知道，我遇上了自己的"学术贵人"。之后，我和冯老师互加了微信，一起修改这篇论文，我成了冯老师的"编外学生"。

作为一个非常富有国际发表经验的学者，冯老师的视角非常犀利，像个医术高明的医生，一下子就能看到论文的症结所在。我在写那篇论文的时候，正是处于读了一些文献却似懂非懂的状态。写作的过程主要依赖于对已发表论文的模仿。当时我认为，只要可以用理论框架去解释研究结果，做到"理论指导研究"（theory informed）和"方法论严谨"（methodologically rigorous）就可以了，或者说就是一篇合格的、可以发表的论文了。在冯老师的批注中，他不断地问我"so what"（那又如何）的问题，提醒我深入思考，去提炼、升华，形成新的认知。通过和冯老师不断的交流，我才明白，想要做到高水平的国际发表，一定要对现有知识或理论做出新的贡献。

此外，受限于之前的写作习惯，我在论文中经常会写一些空话。冯老师耐心地给我写了大量的批注，指出英语学术论文写作要具体（specificity）、实在，不要写一句空话。这些学术论文写作的知识，若没有冯老师的点拨，我很难自己领悟到。由此可见，发展学术写作素养是需要借助"中间人"（literacy broker）的[①]。而冯老师正是帮助我实现从现有水平发展到潜在水平的重要中间人。

在冯老师的悉心指导下，我对论文进行了数轮的修改，最终进入了投稿阶段。冯老师鼓励我要"目标高远"（aim high），于是我们把文章投到了一个教育学 SSCI 一区很好的期刊。在漫长的等待与修改中，我常常感到焦虑与恐慌。冯老师察觉到这一点，经常有意识地为我排解，给我讲了很多他刚刚进入学术界时的学术发表故事。我印象最深刻的是，他讲到他的一篇文章如何在被三个期刊拒稿之后，最终通过修改发表在应用语言学顶刊的故事。他常说的一句话是，文章是好文章，一定会发表的。在论文修改的过程中，每当遇到困难时，冯老师的"话语干预"（discursive mediation）总能似春风化雨一般，让我产生信念感，努力按照审稿人的要求改好文章。来自冯老师的不断鼓励与肯定让我确定自己走在"正确的轨道上"（on the right track），从而投入更多努力。最终，那篇文章历经 4 个匿名评审人，两轮修改，在投出的 13 个月之后发表见刊。冯老师帮我实现了高水平学术发表从 0 到 1 的突破。在这个过程中，我获得了学术韧性与学术自信，克服了畏难情绪，重塑了自我。这个关键事件改变了我的认知，让我觉得做研究虽苦，却也有甘甜。成为一名以做研究为主业的博士生也不再是那么遥不可及的事情。我有了全职读博的勇气。认知的改变激励我进一步"选择"与"行动"，申请了冯老师所任教的香港理工大学的博士研究生项目。

经过学术委员会的多轮筛选和研究生院的审查，我最终获得了香港理工大学的全额奖学金资助，有幸成为冯德正老师和胡光伟老师共同指导的博士生。入学之后，我看到身边的很多同学都是硕士毕业之后直接读博，比我年轻、有精力，又没有负担。很多同学还在国外顶尖高校接受过系统的学

---

① Lillis, T., & Curry, M. (2006). Professional academic writing by multilingual scholars: Interactions with literacy brokers in the production of English-medium texts. *Written Communication*, 23(1): 3-35.

术训练。我曾因为这些深深陷入"冒充者综合征"（imposter syndrome），觉得自己是一只很晚才学飞的鸟，还是一只要兼顾家庭、被现实所束缚、没有办法全心全意学飞的鸟。因为香港和天津距离较远，而我又需要在香港理工大学全职读博，因此无法做到时刻关注家庭，自己觉得错过了很多孩子的成长瞬间。同时，因为有家庭和孩子，我又不能像其他同学一样专心读博。只要有公共假期、年假，甚至是周末，我都会尽量多回家，陪伴孩子。但人的精力毕竟是有限的，这种试图兼顾家庭和博士学习的努力经常让我觉得有点身心俱疲。回一趟家需要坐地铁、等飞机，下了飞机再坐地铁，顺利的话需要消耗一整天的时间，且不说有时还会遇到飞机晚点等特殊情况。到家之后，又需要用一两天来缓解旅途的劳顿。陪伴孩子的时候，难免会暂时放下学习，这在一定程度上影响了学习进度。从家返回香港，同样又需要经历漫长的旅途。身体上和心理上又需要重新适应读书的节奏。就这样，我常常会产生一种无力感，觉得自己很累，但是学习也没有学好，对孩子也没有给予足够的照顾和关心。方方面面都想兼顾，却方方面面都做得不够好，对家庭和博士学习产生了一种双向愧疚感。有时，翻看自己工作前几年发的朋友圈，回想自己之前的悠闲生活，也会生出退缩的心态，想退回到之前的"舒适区"。冯老师察觉到这一点，告诉我："只要想学习，一切都不晚。很多人都是中年才读博的。每个人都有自己不同的节奏和轨迹。不管快与慢，最重要的是保持心情愉快。所有好的学术产出，都是在心情愉快的基础上才能完成的。对你来说，最重要的就是 wellbeing（身心健康）。"冯老师还主动帮我规划假期，叮嘱我每次假期回家之后，就不必总想着学习和论文，既然回家了，就高质量地陪伴孩子，等回到学校的时候，再心无旁骛地认真学习，合理利用时间。我在冯老师的开导下，意识到自己之前那种双向愧疚的心情除了让自己内耗，起不到任何的作用，反而会降低自己的效率。虽然我的很多时间是"他控的"，由不得自己选择，但我可以在自己可控的时间内，尽量做好自己该做的事情。快与慢并不重要，因为学术不是短跑，而是一场马拉松。

除了这种精神上的鼓励和对我现实情况的理解，冯老师还提醒我多关注自己的优势，关注自己在教育行业多年所积累的独到的洞察力。学术圈的晚入者往往带着丰富的行业经验和独特的视角进入学术领域。这些都可以成为从事学术研究的隐性资本。在冯老师的启发下，我回顾了自己在行业多年看到的一些教学问题和教师发展问题，抱着好奇的心态，尝试对这些问题展开研究。怀揣着学术好奇心，得益于香港理工大学提供的丰富的学术资源，我得以学着从学术的高度去看待这些实践中的问题。因为研究的问题都是自己真正感兴趣的、希望找到答案的，所以研究的过程也变得不再枯燥，而是充满了乐趣与动力。

而我的另一位导师——胡老师，是外语教育研究领域和应用语言学研究领域的资深专家、高被引学者，被同学们称为"行走的百科全书"。他开设的研究方法论课程不仅涵盖了丰富的理论知识，还注重实践操作，让我们能够在课堂上亲自动手进行研究设计和数据分析。通过修读胡老师的课程，我找到了探究我所关注的研究问题的合适方法。每当我有困惑向他请教时，他总是三言两语就能点明问题的核心，提供简洁而深刻的解决方案，让我豁然开朗。在冯老师和胡老师共同的指导下，我将在行业中积累的诸多好奇心驱动的问题转化为研究课题，并撰写成文章，发表在了不错的期刊上。学术发表进一步激发我的学术动机和学术兴趣，让我觉得读博和做研究是一件虽苦却又有乐趣的事情。有人说，博士学习是进入学术圈的一张入场券。我虽然"晚入"，但幸好还能够走进来，看到了这里的苦与甘，有了不一样的人生体验。

五、结语

回顾我的职业发展轨迹，从被动的职业选择到主动的职业认同，从固守单一的职业目标（教书）到积极寻求路径建构研究者身份，从被动的转专业到主动地寻找学习和进修的机会，都离不开自我能动与环境的互动。自我能动是遇见"重要他者"和发现"环境给养"的前提，是不断弥合我"现有身份"和"理想身份"的桥梁。而"重要他者"又是进一步激发自我能动的重要中介。

我国著名教育家叶澜教授曾经指出，要从全人发展的角度去看待教师发展，要接受教师的"全部自我"①。和很多大学女教师一样，我身负机构与社会文化的多重期待。除了机构所赋予我的角色之外，我还是女儿、妻子与母亲。在多重期待的交叠之下，我努力寻求平衡，以期获取社会认可。"职业角色"与"家庭角色"不断博弈，带来挑战与挣扎，同时也带来更新认知、发挥能动、深度学习、重构自我的机遇。作为中年才开始读博的学术圈的晚入者，我庆幸自己在职业中期还能有机会搭上学术的末班车。读博一年半有余，我感觉自己的世界变大了。在与自我怀疑不断地抗争中，我变得更加有韧性，在各种挑战中努力地建构"合法的学术自我"（legitimate academic identity）。虽然前路尚未可知，学术道路也常常充满荆棘与不确定性，但我相信，只要持续地努力和探索，勇敢地"选择"与"行动"，就能在职业道路和学术道路上留下自己独特的足迹。读博带给我的丰盈的人生体验也让我更加有勇气和智慧去履行自己的多重角色职责，不管是为徒、为师，还是为母。

---

① 叶澜. 2019. 方圆内论道：叶澜教育论文选［M］. 北京：中国人民大学出版社.

九年光阴，三重身份，一段磨砺

人物介绍：任娟娟，安徽大学外语学院讲师，2019 年毕业于南京大学外国语学院，获博士学位，2016 年 9 月至 2017 年 8 月由国家留学基金委公派至柏林自由大学联合培养，2014 年 9 月至 12 月赴美国苏必利尔湖州立大学访学研修。曾在 *Lingua*、*Pragmatics and Society*、*Psychological Reports*、《中国语言战略》《外国语文研究》等刊物上发表论文。主要研究兴趣为语用学理论与应用、话语分析等。

由于现在入职高校需要以博士学位为前提，而且高校教师在职期间的教学科研产出也需要以读博时期接受的学术训练和培养的学术能力为基础，因此我就跳过本硕阶段（其实也很重要），讲述自己读博期间和入职后的首聘期经历吧。我攻读博士学位用了 4 年，入职签订的首聘期是 5 年。在这 9 年的光阴里，我从 31 岁来到 40 岁，成了博士、当了妈妈、做了高校教师，仿佛是在给自己加上一层又一层的光环。然而，即便这些算得上是光环，耀眼的背后也是厚重的底色。

一、读博期间：双重身份的兼顾

有时回首往事，会感慨人生是由一个又一个的选择组成的。只不过，从我考博到读博再到博士毕业的过程中，有的选择是出于无奈的别无他法，有的选择是初生牛犊的无知无畏，却少有胸有成竹的精挑细选。因为做选择时的盲目和无知，我在读博期间最艰难的就是在学生和准妈妈两种身份之间的平衡。

（一）边写论文边养胎：苦乐参半的孕期读博体验

博士一年级刚入学时，导师就给了我一个忠告："虽然我支持博士生婚嫁生育，但建议你注意选择时机，在博士论文完成前最好不怀孕。"然而，我没有听从他的建议。我在博士二年级的时候由国家留学基金委公派到柏林自由大学联合培养，博三时发表了一篇 SSCI 论文，完成了学校的毕业发表要求。那时的我 34 岁，觉得自己再晚就要当高龄产妇了，怀孕生产都会面临更多的风险，却忘记了每个人的身体状况存在个体差异，也没有理性地分析一下自己实际的身体状况——我一直作息规律、饮食健康、坚持每周规律锻炼。而且，我低估了孕产对女性生理和心理的巨大影响，也因此严重低估了它对我博士毕业的干扰。由于这一系列的错误判断，我在博三暑假博士论文动笔不久开始了孕吐。

其实，第一次当妈妈还是给了我很多独特的体验的。在孕早期，我也跟风似的给宝宝胎教，只不过我不是听古典高雅的音乐，而是延续自己本科时候就养成的习惯，每天清晨一边听 BBC（British Broadcasting Corporation，英国广播公司）、VOA（Voice of America，美国之音）、China Daily（中国日报）的英语新闻播报，一边洗漱、吃早餐。这样既是给宝宝胎教，也是给自己练习听力，于是为自己一举两得的小聪明洋洋得意。第一次感到胎动时，我正在图书馆里读文献，还以为是自己吃坏了肚子在胀气；第二次胎动像是一只小鱼在我肚子里吐了一串泡泡，我这才突然意识到是肚子里的小宝宝在给我发信号，我突然"啊"的一声从座位上站起来，激动地低头盯着自己的肚子，全然忘记了自己还在图书馆的自习室里。孕中期，每天清晨我从寝室去图书馆的路上，会一边走一边告诉肚子里的宝宝树上的叶子绿了、路边花坛里新开的花是什么颜色、今天我打算把毕业论文推进多少字；晚上下了自习从图书馆回寝室的途中，我又会告诉肚子里的宝宝今天我有没有完成计划、这一天是阳光明媚还是多云阴天、吹在脸上的晚风是暖暖的还是凉爽的……就这样，我一路跟宝宝碎碎念，从不觉得那条重复往返无数遍的路好长好单调，也从不觉得自己孤单，因为我知道无论走到哪宝宝都会陪着我。到了孕晚期，我越来越不能久坐，于是就定时慢慢踱到图书馆比较偏的一个楼梯口，把自己写好的论文部分轻声读给肚子里的宝宝听，一方面可以借此检查语句是否通顺流畅，另一方面也能和宝宝互动，让她熟悉我的声音。所以，我的博士论文的第一位读者，或者说第一位听众，其实是我肚里的宝宝。

毫不夸张地说，我的整个孕期几乎都是在图书馆写论文度过的：一边在图书馆查文献、对着电脑"码字"，一边定闹钟给自己投喂坚果、水果和孕妇叶酸；孕中期情绪波动较大，加上研究数据出现错误、博士论文进展受挫，我几次在食堂一边默默流泪，一边强迫自己吃完碗中的饭菜，生怕腹中胎儿因此受到影响；孕晚期肚子已经很沉，压迫耻骨使我疼痛难忍，久坐也加剧了脚面和脚踝的水肿，我只好每隔一个小时就起身离开电脑，捧着大肚子在图书馆里艰难地一圈又一圈地遛弯。看到我如此辛苦地兼顾论文和胎儿，家人、朋友、同学，甚至导师都曾建议我申请延期毕业，但是我选择了继续——一方面彼时我已经清楚意识到孕产对身体的巨大挑战，担心自己生产之后会更难完成博士论文；另一方面我也想大胆挑战一下自己，觉得自己向来自律自觉，应该可以坚持完成毕业论文。就这样，我从夏末写到深冬，论文篇幅越来越长，孕肚负荷也越来越大。我既是将毕业的博士生，也是待产的准妈妈，同时有着两个颇具挑战性的身份。

这两个身份其实都带给了我快乐。在阅读文献的时候我喜欢分析研究者的前提、论证和结论，评判作者的论证是否充分、得出的结论是否可靠，喜欢看自己做出的清晰易读的思维导图，会觉得自己锻炼了思维能力、从文献阅读中学到了很多。在写论文的时候，我喜欢感受指尖像弹钢琴般在电脑键盘上轻盈流畅地敲击，喜欢看到文档左下角的字数统计慢慢地从零到百、到千再到万，非常有成就感。我喜欢这种沉浸在阅读和写作中的感觉——白昼一窗天光，入夜一盏灯，浑然不知时间的流逝。

（二）孕妈博士生的力量源泉：温暖的人、温暖的瞬间

仅凭喜爱和坚持我是很难兼顾这两重身份的，是那些温暖的人、温暖的瞬间给了我这个孕妈博士生源源不断的力量。

最让我心存感激的是那些来自陌生人的善意。由于学校图书馆建在几

十级台阶之上，而我的小拉杆箱里还装满了写论文需要的书和打印的文献资料，于是进出图书馆对于孕期的我而言就成了极大的体力挑战。每当我站在图书馆前，拽着拉杆箱对着面前几十级台阶犯难时，常常有经过的男生热心地接过我的拉杆箱一口气提到最后一级台阶，不等我说"谢谢"就跟我挥挥手走了；随着我的孕肚越来越大，有的女生还会搀着我的胳膊，扶我慢慢上（下）台阶。我至今记得有一个女生扶我上去之后，很腼腆地问："学姐，我可以摸摸你的肚子吗？"我微笑着点点头："嗯！可以。"她于是用右手在我圆圆的孕肚上轻轻抚摸了几下，然后蹲下对着我的孕肚轻声说："小宝贝加油！向你的妈妈学习！"说完不好意思地看着我笑了⋯⋯

我在食堂打饭时习惯去固定的窗口，但每次都尽量搭配蔬果肉蛋。时间久了，窗口打饭的几位阿姨已经认得我了，常会关切地问我："现在几个月了？""今天新炒了虾仁，要不要尝一点？""放假了还不回去啊？"简单的对话之后，阿姨们总会偏心地给我多盛一点，所以我的餐盘和汤碗总被盛得很满。记得初秋的一天，因为论文进展不下去，我在食堂边吃饭边落泪，泪水一颗颗滴落在面前的汤碗里。一位经常给我盛菜的阿姨竟突然来到我身旁。我至今记得她高高瘦瘦，花白的头发在脑后盘起来，戴着一个白色的口罩。她用右胳膊把我揽在怀里，轻轻地拍着我的后背，左手用纸巾为我擦眼泪，嘴里用方言轻柔地安慰："莫哭莫哭，囡囡在肚子里会听到啊，没事没事的哈⋯⋯"家人不在身边、一直独立坚强的我，在那一刻泣不成声⋯⋯

有一个姐妹既是我的同乡，也是我的好友。我读博时她已是副教授，孩子上小学，但为了实现博士的梦想仍在努力备考复习，报考了我所在学校的另一个专业的博士生。我们俩在校园里碰面的机会并不多，但每次聚在一起我们就会聊聊工作、学习、家庭，互相倾诉倾听，惺惺相惜。她会细心地给我带来各种醇香的坚果和口味多样的乳制品，让我在补充营养的同时也不会吃腻；及时地给我分享孕期的护理知识，让我在每个阶段都心中有数、不慌不忙；我预答辩完成后终于要回家待产，她专程来寝室接我，亲自送我去高铁站，在候车厅一直陪着我，不忘叮嘱我生产前后的一些注意事项，直到把我送上车才放心离开。其实，我深知她作为一名高校女教师也在努力平衡着自己的工作与家庭，在生活的琐碎中不忘追求心中的梦想，却在这些劳累和忙碌中为我预留出一份专属时光，在我最需要帮助的时候给我温暖有力的支持。

从素不相识的陌生学弟学妹，到食堂打饭的阿姨，再到身边的好友，如果温暖是由远及近的，那么最亲近的温暖当属来自孩子父亲的。由于两地分居，整个孕期我的先生都在不停奔波。每到我的孕检日子，他都会专程从工作地赶来陪我去医院，这是我们为数不多的团聚时刻。我也可以借宝宝之名偷懒，由他代我填写医院所有的表单，跑上跑下地挂号取药。记得有一次他去寝室接我之前，在路上买了一袋阿克苏苹果，每个苹果都有两个拳头那么大。当我看着这些巨型阿克苏发愁时，他给我来了段即兴双关："这是来自学长的告诫：One apple a day keeps the doctor away——每天'玩'苹果，博士不是我。博士妈妈，为了你的学位，要带着孩子努力'啃'苹果啊！"深秋的一次孕检，他送我回到寝室时天已经快黑了，担心误了高铁的他骑了辆共享单车赶去校门口的地铁站。结果下坡时车座突然掉了，他因为惯性被甩到空中，几个空翻后重重摔在地上。幸好在落地的瞬间他本能地护住了头，但手臂、肘部、膝盖、腿部都有不同程度的擦伤和摔伤。我在寝室全然不知，等他上了高铁告诉我时，我又忍不住急忙下楼去事发地查看：损坏的单车已被推到路边，车座散落在十几米外，地上还有零星的几滴血迹。我头皮发麻，无法想象这个1米87的大个头是如何挣扎着离开的。我的先生虽然平时幽默健谈，但关于孕期陪护的种种辛苦他从未抱怨过一句。

就这样，靠着对博士生和准妈妈双重身份的兼顾，以及身边陌生和熟悉的人们带给我的温暖，我在8个多月身孕时如期完成了博士论文的预答辩，在进产房的前一天修改完论文，提交系统、送外盲审，在孩子刚出生两个多月时由婆婆陪着返校参加答辩，一边在酒店房间给孩子哺乳、换尿片、哄睡，一边把答辩事宜安排妥当、整理打印论文材料。答辩刚结束我就冲进卫生间更换防溢乳垫，抓紧用电动吸奶器泵奶给孩子送去。最终，我顺利通过了博士论文答辩，拿到博士学位，按期入职现在的工作单位。

二、首聘期的前三年：多重身份的失衡

因为自以为读博时成功兼顾了学生和准妈妈的身份，于是我有些自满

自大，竟想当然地以为很多身份都是可以兼顾的。在首聘期的前三年，我的生活重心就是平衡三个方面：育儿、教学和科研。女儿从仅有三个多月的婴儿成长到三岁的幼儿园小朋友，我作为母亲，对她的养育和照顾责无旁贷；作为高校教师，我每年都需要完成用人单位规定的教学工作量，每门都是新课，都要备课；作为博士，我不仅要完成聘期考核，还要实现青年学者的学术独立。每个单一的身份都已不易，而多个身份同时叠加几乎把我压垮。巧合的是，我读博时研究的主要话题就是身份——不知这是生活给我的暗示还是讽刺。最终，我在多重身份里彻底失衡，仿佛被生活先高高抛起，再重重摔下。

（一）育儿：新手妈妈遭遇产后抑郁

生下孩子不久我就患上了产后抑郁。现在想想，这对当时的我来说其实是一种偶然，并非必然。说是一种偶然，是因为每个产妇的生产经历、家庭背景、性格等条件都有个性差异，我的月子期和哺乳期正好与新入职的适应期叠合，那些身心煎熬是我自己的个人经历，并非每位新手妈妈都会遭遇。

月子期我还没正式博士毕业，暂未入职，就在老家坐月子。这一期间，我要准备毕业答辩，同时新单位已开始要求我申报项目，然而我大大低估了月子期对身心的挑战。先生在工作地上班，我和孩子都是由公公婆婆照顾的，我自己的父母没有帮过手。因为自觉给婆家人带来了很大麻烦，我凡事都很听他们的话，百依百顺。所以，我遵从长辈们的告诫，强忍了整整一个月没有洗头洗澡，而这期间亲友络绎不绝地上门探望。我从刚开始的头痒、浑身痒、蓬头垢面，到后面抵触照镜子、害怕客人闻到我难闻的体味，从未觉得自己如此邋遢、如此脏，对自己的嫌弃达到顶点。这可谓我经历的第一项"酷刑"。不能洗澡的除了我还有刚出生的女儿，因为老辈儿人有一个传承下来的"生活智慧"：脏不死人，病死人。果然，我们娘俩都没被自己脏死，却都病得不轻——女儿出生没到一个星期就开始起湿疹，因为没有及时洗澡涂抹保湿霜，皮肤越来越干燥、湿疹越来越严重，没满月的她脸上身上已经布满湿疹，脸肿得像结了一层厚厚的紫色硬痂，已看不出她本来的模样。因为手又被戴上布套不能抓挠，奇痒难耐的她夜夜啼哭不止。我们抱着她去了很多家医院，也试过了中医、西医，甚至土方的各种疗法，女儿的症状没有任何的减轻，反而越来越严重。看着尚在襁褓中的女儿忍受着湿疹的折磨，我却无能为力，只能在独自一人的时候一边抱着孩子轻拍安慰，一边默默流泪。这是我作为新晋母亲受到的第二项"酷刑"。月子期老家还有一个旧俗是不能吃凉食，包括一切蔬菜和水果，即使煮熟了吃还是被认为是凉性的，加上孩子湿疹容易过敏，为了保证我的母乳不含任何致敏物质，每日三餐我都只能吃面疙瘩、面条、面鱼子，和乌鸡汤、鲫鱼汤、猪蹄汤排列组合成不同搭配，这样一吃就是整整一个月。三餐没有纤维素，加上坐卧少动，不出一个星期，我就便秘了。可是，因为生产时宫口撕裂有缝针，伤口还未愈合，每次如厕时我不能也不敢用力，疼得鼻尖冒汗，于是痔疮加重。当我连续 4 天没有如厕时，家人终于给我买来了开塞露，而我整个月子期都是靠它熬到头的。这是我经历的第三项"酷刑"。整个月子期我都郁郁寡欢，甚至经常哭泣，心情跌至谷底。

出了月子，哺乳期继续着对我的身心折磨。此时我已正式入职，哺乳期贯穿了首聘期的第一年。因为堵奶，双侧乳房硬得像石块，按摩师每揉按一下我都疼得直咬牙，额头冒出汗珠我也一声没吭，眼泪不停地顺着眼角滑落。而这样的按摩疏通我经历了三次，每一次都疼得浑身战栗、痛不欲生。除此之外，因为每晚都要三到四次喂夜奶以及入职后频繁通宵达旦备课、写论文，长期的睡眠不足使我疯狂掉发、黑眼圈加重、面如土灰，整个人的精神状态非常差。因为哺乳，我的饭量加大，体重暴涨近 30 斤，孕前的衣服都穿不了，只好穿着宽大没型的孕期服装去上班，每天像个行走的大水桶。作为一名高校的外语教师，以这样的职场形象出现在同事、学生面前，我自惭形秽。产后的这些经历和我孕前美好的幻想产生了强烈的反差。看着自己狼狈不堪的样子，我越来越讨厌自己，此时抑郁的症状也越来越明显。

个人境遇的特殊，除了包括要同时面对新手妈妈的身份和刚入职的职场新人身份，还包括要去磨合我与先生、与公婆的关系。从恋爱到婚后我和先生因为读博一直是两地生活，公婆则在老家。到孩子出生我们才在一起生活，而刚凑到一起就是三代人同在一个屋檐下：我和先生需要上班，孩子需要哺乳，公公婆婆来帮忙。而家庭关系磨合中产生的很多不协调使我最终陷入产后抑郁。

作为妻子，我对先生的理解太少，而抱怨却很多。先生在我入职前就已经在工作地为我们的家庭生活做好了各种准备：从看房、买房到交付、装修、购置家电家具，都是他一人在忙，我只需要动动嘴就行——喜欢什么样的装修风格、想要暖气片还是地暖、对地板和家具配色有什么偏好等等。考驾照、买车、新手上路，也是他自己在扛，没有跟我抱怨过一句。家里大大小小的日常开销，从房贷、车贷到物业费、水电、燃气、网费，再到洗发水、抽纸、垃圾袋等生活用品，都是先生负责，从来不用我操心。然而，他做的这些我都没有看到，或者说都被我主动忽略了，全然忘记了这房子并不是拎包就能入住的，这车子也并不是可以无人驾驶的。

我看到的都是自己作为妻子的辛苦：当我好不容易把女儿哄睡，疲惫地推开书房的门准备熬夜备课时，先生正在一边喝啤酒一边看球赛；当我频繁夜醒给女儿喂奶或者披被子而夜夜"碎觉"时，老公却呼呼大睡、鼾声如雷；当我周末全天带娃累到筋疲力尽还要惦记第二天的课件时，先生在晚饭后往沙发上一躺继续玩手机，桌上的锅碗瓢勺全都留给我收拾刷洗；当我给女儿梳洗干净穿戴整齐时，老公领着她就要出门，根本不会想到还要带上孩子的尿片、水杯、纸巾、零食，更不会想到我还蓬头垢面，没有洗脸梳头、换身干净的衣服，他只顾一个劲地催我快点快点；等等。我们的争吵越来越频繁，冷战时间越来越长。对比恋爱期和孕期先生对我的呵护备至，我当时只觉得他对产后的我已经没有了爱和疼惜，只有忽视和厌恶。因为家人对产后抑郁的误解（认为"这都是闲出来的毛病"），加之我和先生都无法共情对方的感受、沟通失败，我们的夫妻关系直降到冰点，到了离婚的边缘。

作为儿媳，我从二老身上汲取得太多，而回报得太少。由于我自己的父母留在老家照顾孙女孙子，所以作为女方家长的他们，在我生产后没有给过我们夫妻俩任何的帮衬。柴米油盐、锅碗瓢勺的三餐琐碎都是公公婆婆打理的，婆婆甚至还包揽了给孩子洗衣服、整理房间、擦桌拖地等家务活。二老不但同时干着保姆、保洁、厨师、育婴师的工作，而且任劳任怨、尽心尽力，甚至始终自掏腰包。所以，餐桌上总是能有鸡鱼肉蛋奶果蔬的营养搭配，家里总是窗明几净、一尘不染，我们夫妻俩上班也可以安心把孩子放在家里。

二老这样默默的奉献是我和先生令无数同事艳羡的幸福，只可惜我们身在福中不知福，眼里看到的都是自己有多累、有多辛苦。我和先生频繁的吵架冷战，二老看在眼里急在心上，默默承受着一切。二老身体的劳累加上心情的压抑，健康状况都亮起了红灯——婆婆长期失眠导致偏头疼、高血压，公公房颤两次手术。先生是家中独子，只能一边忙工作一边陪二老往返医院挂号、拍片、住院、拿药，我则负责在工作时间外照顾孩子、做家务，对二老的陪护我都没能参与，因而深深地自责、愧疚。

正如我所说，产后抑郁其实是我的个人情况所致，并不是必然，不是每个产妇都会遇到。幸运的是，我及时求医问诊，才没有酿成更为可怕的后果。

（二）教学：三尺讲台吞噬大量时间

在家庭身份和职场身份的平衡中，我的天平始终倾向后者，先生和公婆对此也都给予了最大限度的理解和支持（只可惜，我当时并没有意识到）。在职场上，作为一名高校外语教师，我在入职时的岗位是教学科研岗，这就意味着我需要被用人单位从教学和科研两个主要的指标体系进行考核。

在教学上，因为是新入职，所以承担的任何一门课程对我而言都属于新课，需要从头开始备课。在首聘期的第一年，系里正好有两位同事去读博，她们在第一年脱产期的课程就交给了我：英语专业一年级的基础课程"英语听力（一和二）"以及三年级的核心课程"高级英语（上和下）"。由于上听力课需要在多媒体教室使用操作台，所以教师可以坐着上课，这是我唯一的福音。但是备课时并没有任何可供参考的课件，我需要自己把听力原文逐词敲在屏幕上、逐个插入对应的音频文件。照搬教材会使学生得到的听力训练很受限，因此我又额外补充了很多课外的相关音频，甚至视频，然后用软件进行剪辑，最后再制作成带有互动性的课件，提高学生课上的参与度。相较而言，高年级的"高级英语"课的备课强度更大：不但每一篇英语课文都有四五页，甚至更长，而且与听力课一样的是出版社也没有与教材配套的课件，网上也同样搜不到高质量的课件可供参考，课程组其他老师的课件也是他们各自的心血，我不好意思开口要，不想当"伸手党"。于是，我需要自己先把课文理解透彻，然后参考教师用书上为数不多的分析，逐字、逐句、逐段、逐篇地解读文章，制成幻灯片，接着插入在网上找到的相关配图、音频、视频等，再调整部分语句的字体、字号、行距、颜色等进行凸显强调，最后才能呈现出一份令自己比较满意的课件。就这样，在首聘期的第一年，一边是哺乳期的身心煎熬，一边是课程本身的备课强度和自己凡事追求完美的性格；光是备课、找资料、做课件就已经占据了我绝大多数的课余时间，我还要焦头烂额地投入家庭生活。

在首聘期的第二年，两位外出读博的同事回来了，我临时承担的课程需要交还给同事。但系里考虑到我要完成规定的课时工作量，把课时量大的"高级英语"课程留下一个班给我。彼时正是疫情严重的时候，一名外教无法返回中国授课，他负责的三年级的基础课程"批判性思维与英语写作（一和二）"一时无人接手。由于上好这门课既要花心思把课备好、讲清楚、讲透彻，又要花大量时间精力批改学生的作文，几乎没有同事喜欢上这门课。系主任特地打来电话征求我的意愿，我勇敢地承担了这门课，因为深信教学相长。

比起我带过的听力课和高级英语课，这门高年级的写作课才是真正的时间吞噬机，吞掉了我入职第二年几乎所有的课余时间。备课方面，课程组虽然共用一份教学大纲，但是每位老师参考的教材林林总总，所做的课件也在内容、体系上各不相同。幸运的是，课程组里的一位女老师虽然已是教授、博导，但作为前辈却对新人毫无架子。她不但慷慨地分享了自己的课程设计和部分教案供我参考，还推荐了一些她正在使用的教材和网课资源，甚至把她使用的网络平台对我开放了权限，使我可以观摩她的线上教学和师生互动。因为她的帮助和指点，我在写作课的备课方面少走了不少弯路，也因此省去了不少自己摸石头过河的忐忑和试错成本。得到这样一位优秀前辈的指引何其难得，初入职场的我又是何其幸运！

写作课最耗时的其实不是备课、制作课件，而是批改学生的作文，然后有针对性地给予反馈。因为三年级的学生英语水平已经普遍较高，每次作文他们轻轻松松就能写到五六百字，有的学生甚至经常写到 1 000 字以上。一个班 30 来个学生，所以每次批改作文我都要审读将近两万字，甚至更长的总字数，而且还要边读边批改，文末再给出批语及修改建议，而他们修改之后，我还要再看二稿和三稿。有两次在写作课上，我正在讲课，突然感觉头晕目眩、两眼发黑，差点晕倒在讲台上。有的同事劝我不必事事躬亲，建议我"授人以渔"，教会学生借助批改网这样的平台自主学习、修改作文；家人看我经常通宵达旦地批作业，怕我的身体吃不消，也劝我放弃这门课。当然，我也不是没有犹豫过，但一想到学生在评教反馈里对我的付出给予了认可，甚至给出了很高的评价，有的学生写作比赛获奖也不忘专门发邮件感谢我，我于是知道自己在写作教学上付出的这些心血是值得的，也隐隐地感受到"蜡炬成灰泪始干"的崇高。而这门写作课，我从首聘期第二年一直带到了现在，成为课程组的常驻成员之一。

虽然我在教学上不遗余力，但教学成果却不是靠学生的口碑来衡量的，而是用教学比赛、指导学生参赛获奖、教研项目立项来量化的。作为刚入职的、未满 40 岁的青年教师，我被硬性要求参加青年教师大赛，而且我连续参加了两届。每一次我都精心准备，从说课到讲课，从院里预赛到学校的初赛、决赛，关关难过关关过，但最终都是只拿到三等奖。说不受挫是不可能的，毕竟我一直自认讲课还不错，但比起我后面受到的一系列打击，这只能算是轻量级的热身。关于指导学生参赛，也许因为我是新入职的老师，又只有讲师职称，所以一直没有学生找我当指导老师。我只好自嘲：至少说明学生觉得我年轻。关于教研项目，我也每年都申报，然而至今也没立项。教学是每一位教师的安身立命之本。可是，单位衡量教学好与不好就是三个明显量化的指标：教学比赛、指导学生参赛、教研项目立项。而这三个指标衡量出的结果是：我的教学不行。这样的判决书对我而言无异于灭顶之灾，因为它把我对教学的信心击得粉碎。

很长一段时间，我因此而怀疑自己、否定自己、轻视自己，把自己当作一个他者，站在对立面与自己为敌。同时，一想到自己每年超额完成的教学工作量，想到自己近乎苛刻地打磨课件、完善教学设计，想到自己无数次通宵达旦批改学生作文、两次体力不支差点在课堂上晕倒，我又无比心疼那个为一线教学竭尽全力的自己，心中的委屈排山倒海却无处言说。

（三）科研：屡战屡败磨灭学术自信

高校教师的身份下，我除了教学，还要完成用人单位考核我的另一个硬性指标——科研成果。说起科研，它更是一把时刻悬在我心头的达摩克利斯剑。一般而言，博士毕业后如果顺利的话，可以把博士论文拆分成至少一到三篇的期刊论文，发表在国内顶尖或者核心期刊上，同时还可以依托博士论文申报从省级到部级再到国家级的各级科研项目，立项至少一到两个。我在月子期就赶上了省级哲社规划项目的申报，于是自信满满地递交了申报书，结果申报失败。很快，又赶上教育部项目的申报，我再次打磨申报书提交，结果依然失败。国社科项目的申报更是博士的"义务"，我也积极地参与申报，还是没有结果。首聘期的第一年，我申报的所有项目都失败了，但我没有气馁。首聘期的第二年、第三年，我继续积极准备——挖掘新选题、打磨申报书、请专家审阅指导。直到现在的第五年，我每一年都几乎一个不落地参与了各级项目的申报，却至今颗粒无收。一开始，我会自我安慰说项目申请有时需要运气，我可能就是运气不好，但后来我越来越怀疑自己，从怀疑自己的选题眼光，到怀疑自己的科研水平，直到后来几乎全盘否定自己的科研能力。对于一个博士而言，这样的自我否定无疑是致命的。

项目申报无果的同时，我的论文也毫无收获。毕业前我手头就已经有一篇英文文章成稿，而且正在投稿，所以在面对用人单位提出的很高的论文指标时，我当时还是信心满满的，自信在首聘期的第一年，最多第二年就能把这篇文章发表在不错的SSCI刊物上。也确实如我所愿，这篇文章虽然刚开始因为我选刊不当被拒了两次，但是在我入职的第二年初，它成功通过了一家SSCI三区期刊的初审和复审，在大修和小修两轮后，最终被两个审稿人同意接收。然而，也许我的运气果然是不够好——就在我坐等录用通知的时候这家期刊换了主编，而新的主编既没有采纳审稿人意见，也没有送外审、邀请新的审稿人重新审稿，而是直接给我发来了拒稿信！我当然是不甘心的，也请教了一些同行是否有过类似的经历，大家都表示很吃惊。我于是发邮件给这位新主编询问拒稿的原因，语气尽可能礼貌，措辞也足够克制，对方却不予回复。我有些愤愤不平，但也没有为此受影响，而是相信自己的论文写得不错，继续积极地改投。与此同时，在首聘期的前三年里，由于课余时间被备课、批作业占据了一大半，我只好把寒暑假的时间也利用起来，这才写出了两篇汉语文章和两篇新的英语文章。这4篇也都是围绕我的博士论文选题写的，因为新的研究不断涌现，我在阅读了前沿的理论视角和研究方法之后，产生了新的思考，于是赶紧趁热打铁，继续挖掘。

但是，我能自主支配的时间实在太少了！在首聘期的前三年，女儿从6个月慢慢长到快3岁。孩子在这个成长阶段非常依赖母亲的照顾和陪伴，而这个过程也是非常"费妈"的。所以，每天晚上我都会熬到2点左右，然后早上5点又爬起来；我疯狂地压榨休息时间，努力在工作和家庭之间找补平衡。晚上给孩子洗好、哄睡之后，我常常会自己也困得睡着，然后靠定好的9点半的闹钟准时把自己叫醒，简单洗漱之后，大约晚上10点左右，我就在书房坐定了：大部分的时候我都是在备课或者批改作业，三分之一的时候是在写论文或者改论文。只有在这个时候，我才能不被孩子的吃喝拉撒打断思路，也只有这个时候，我才能把白天零碎的一些构思或者想到的一些语句付诸文字。即使只有屈指可数的三四个小时的睡眠，我也只是睡得很浅，因为我还需要喂夜奶、给孩子掖被子，所以，像"熟睡""一觉到天亮"这样的优质睡眠对我而言早已成为"远古神话"。不过，我当时并不觉得自己很苦或者日子过得很凄惨，因为刚刚博士毕业的我，对科研、对自己的学术追求有着很大的热情和很高的理想，我非常喜欢沉浸在写作中的那种专注感，也非常期待文章写完后的那种成就感。

可惜，我的努力并没有受到幸运女神的眷顾。5篇论文都在一次又一次地轮番被拒，我于是不断重新选刊、投稿。撞得头破血流之后，我开始寻求帮助：把文章发给我的导师和同门的师兄师姐们，请他们为我提修改意见，指点迷津；邀请在读的同门师弟师妹合作，由他们为我的论文注入新鲜的血液。文章反复修改，每一篇都几乎是大换血：换理论，换框架，换方法，换数据。我想尽了一切办法去修改论文，始终不愿放弃自己在博士阶段的选题挖掘和成果积累。在无数次的论文被拒后，我心中燃烧的小宇宙开始一点点黯淡，加上教学比赛的接连失利和项目申报的屡战屡败，我陷入了一段至暗的低谷期。

（四）身体：雪上加霜切除肿瘤细胞

似乎这样的打击还不够，老天又给我压上最后一根稻草：我在体检中查出自己患了甲状腺癌，腹中还有两个卵巢畸胎瘤。医生说："先切甲状腺吧，尽快手术保命。"拿到确诊单的那天，我独自在医院长椅上默默坐了很久。回想自己入职后的头三年，我从未有丝毫的懈怠，百分百地投入教学和科研中，不惜疯狂压榨睡眠、牺牲自己的健康，然而我期待的结果一个也没有出现，等来的只有第 N+1 次的失望和亮起巨大红灯的身体状况：记忆力减退、抑郁易怒、严重脱发、身材走形和这该挨刀的肿瘤细胞。心理和生理备受打击之下，我的人生下半场开局有些狼狈。

或许我们都会经历人生的至暗时刻。那种面对反复失败的无力感，那种看不到方向的无助感，使人感到深深的绝望和窒息。仿佛被生活的巨浪狠狠拍入无底的深海，我最终放弃了反抗，不再做任何无为的挣扎：整个住院期间我都眼神空洞，不言不语，只是静静地躺在病床上，长久地望着天花板发呆。我的母亲从老家赶来医院陪护，只是叹息："闺女，你都没个人样了……"那一刻，我泪如雨下。视频电话里不满两岁的女儿用稚嫩的声音不停喊着"妈妈、妈妈"，她还不会表达更多。我含泪对着屏幕挤出笑脸："宝宝要抱抱了？妈妈过几天就回家。"

三、首聘期的后两年：放下执念，重塑新的自己

我是个很倔强的人，不会轻易放弃自己的坚持。但是，有时倔强也会变成一种自我保护的惯性托词，掩盖了自以为是和故步自封。直到我因为自己所谓的倔强而跌入低谷，我才突然意识到：会不会是我错了？我一直坚持平衡家庭与工作会不会是错的？那么一刹那的觉醒竟让我有些战栗。于是，我试着放下自己的倔强，尝试改变自己。

我首选的自救方式就是看书。可笑的是，一向爱看书的我从产后直到入院手术，竟没有完整地看过一本书。出院后，我开始遵医嘱减少熬夜的频率、逐渐提早入睡的时间，于是睡前的半个小时到一个小时，我关上电脑、断掉手机网络，坐在床头静静地看书。为了不影响睡眠，我不看电子书，也不看学术专著，选择的书大多是关于育儿和生活的，因为想从书中为自己的困惑寻找答案，还有不少是文学作品，这是我自学生时代就形成的阅读偏好。重新拿起书很容易，可真的看进去并不容易。久居于快节奏和信息爆炸的

现代都市常使我们变得浮躁。所以，我先是用将近一个月的睡前时间看完了第一本书，让心慢慢安静下来。然后，我逐渐减少白天使用手机的时间，把这些碎片化的时间都用来看书——我在包里、书桌上、沙发旁都放了书，方便自己随时翻开阅读。慢慢地，我的阅读量再次积累起来，旧时的阅读习惯也终于被我拾起来。我不仅在阅读中获得了放松和内心的宁静，更重要的是在每一本书的阅读中体会了复杂百味的情感，提升了思想和认知。

对我的固有认知冲击最大的第一本书是李玫瑾的《心理抚养》。我在产后总觉得先生不支持我的学术追求、不愿为我分担育儿的辛苦，总抱怨要为照顾孩子牺牲自己的时间、耽误自己的工作，甚至一度后悔自己选择结婚生子。这样的怨念带有很大的负能量，使我在面对先生和女儿的时候变得暴躁易怒，继而又因为自责而抑郁。在《心理抚养》一书中，李玫瑾通过 30 多年的犯罪心理研究，提出人的许多问题源于早年养育，心理抚养比物质抚养更重要。其中，令我醍醐灌顶的一个结论是：人类的幼子在头三年需要一对一的稳定而又让人放心的抚养关系，而上天设计的最佳抚养人就是母亲，妈妈就是最具抚养资格、最让亲人放心的人选，也是孩子最熟悉且愿意贴身的人。[①] 换言之，母亲对孩子一对一的亲自抚养过程不可或缺，也不可替代。这时我才终于想明白：不是先生不与我分担育儿的辛苦，而是我作为母亲在孩子幼儿期的付出是他无法替代和分担的；也不是我在为孩子牺牲自己的时间和工作，而是我要为自己当初当妈妈的选择负责，照顾她、陪伴她是在履行我作为一位母亲的责任和义务。在这样的认知更新后，我再也没有抱怨过，反而在放下自己的怨念之后，更能理解先生、包容孩子。果然，开卷有益。

改变我的另一本书是美国两位女学者瑞秋·康奈利（Rachel Connelly）和克里斯汀·戈德西（Kristen Ghodsee）合著的《妈妈教授：在学术界实现工作与家庭的平衡》。这本书是一个公众号推荐给高校女教师阅读的，当时看到这个书名我哭笑不得——我迈不过去的坎、想不通的难题，原来早有学者不但做了研究，而且给出了答案！两位作者直言："在学术界生存是一件

---

① 李玫瑾. 2021. 心理抚养[M]. 上海：三联书店，第 141 页.

艰难的事情，但在我们看来，这是当今受过高等教育的女性能够从事的最有满足感的职业之一。"①同时，作者也一针见血地指出："母亲的身份不应成为那些不喜欢学术生活的女性的借口，她们不应以此为理由，决定离开一个无论如何都会离开的职业，即使在没有孩子的情况下。是的，在学术界很难取得成功，但这并非绝无可能。如果你真的想成为一名教授妈妈，这完全可以做到。"②是啊，有很多妈妈教授都有两个甚至三个孩子，我却只有一个孩子，而且还有公公婆婆一直帮忙，那么家庭到底哪里"拖累"了我呢？我其实是在把家庭当借口，掩盖自己在工作中的无力感和挫败感！得出的这个结论虽然有点扎心，但我庆幸自己看了这本书、庆幸自己看清了问题的本质，不再"甩锅"给家庭。

除了阅读，我选择的另一个自救方式就是运动。当生活变得失控时，运动是为数不多能让我们拿回掌控感的方法。运动需要选自己喜欢而且适合的，才能坚持下去。我在学生时代就喜欢跑步，在读博和在国外留学期间也都是通过坚持跑步排解压力、保持健康的，然而自从怀孕到孩子快 2 岁，我都没再有过任何正式的运动。这一次重启跑步我才发现昔日的跑裤已经没有一条穿得进去，曾经的跑鞋也已经脱胶变硬，不禁有些哑然失笑。我至今仍记得第一次"复跑"的情景。夏末秋初的午后，太阳很烈，偌大的操场空无一人。我穿着合身的新跑裤、舒适的新跑鞋，在红色的塑胶跑道上一圈一圈不停跑。耳机里一首首播放着以前跑步时常听的歌曲，脑袋里却像放映老电影一样回放着我从读博到毕业再到入职这几年的点点滴滴。才跑了半个小时我就汗流浃背，有点跑不动了，可我没有停下来，而是有点报复似的继续跑，一直跑，直到筋疲力尽时瘫倒在操场中央的草坪上，而后失声痛哭。我哭了很久，鬓角的汗水和眼角的泪水汇在一起，一滴一滴滑落。似乎把过往所有的委屈和悔恨都哭完了，我才从草坪上缓缓坐起……选择这个时间跑步是因为清晨跑不了，如果我起床了孩子立刻就会醒，我起多早她就醒多早，根本没法离开；傍晚或者晚上也跑不了，因为下班回去就会被孩子寸步

---

① 康奈利，戈德西. 2023. 妈妈教授：在学术界实现工作与家庭的平衡[M]. 李明倩，宋丽钰，译. 上海：上海交通大学出版社，第 15 页.
② 同上，第 16 页.

不离地黏着，她需要我的照顾和陪伴。就这样，在每个没有雨的午后，当别人都在午休时，我就在学校的操场上一圈一圈地跑，每次一个小时。午后跑步我坚持了一年半左右，即使是寒冬腊月，抑或是疫情期间，我也没有中断。我的体重开始慢慢回落，脱发减轻，气色也好了很多。

再后来，女儿3岁后慢慢不用我陪睡了，我开始彻底改变自己的作息：早睡早起，再不熬夜。晚上我把女儿哄睡后自己也随即一起入睡，9点半左右睡着。夏天的清晨我通常4点半起床，冬天的清晨则是5点起来，趁着女儿熟睡下楼跑步或者跳绳。这一坚持又是快一年，直到现在。我跑步的配速越来越快，跳绳也从频繁绊绳到流畅花样跳。规律作息加上坚持运动，使我不仅成功减重，而且肌肉力量比以前好很多，记忆力和反应也不再那么差了，白天的工作效率也大大提升。我不再害怕每半年一次的身体复查，因为报告单显示我的甲状腺各项指标都很正常，医生也鼓励我继续保持下去。就这样，我通过运动恢复了健康，也重新拿回了对身体的掌控感，这也是我夺回对自己和对生活的掌控权的第一步。这是运动带给我的最大改变。

四、在首聘期末尾的展望：放弃平衡，不放弃自己

当阅读使我越来越平静，当运动使我越来越健康，我发现自己也逐渐变得松弛——今晚太累没有给女儿读绘本，没关系；下午加班没有准点到幼儿园接女儿，没关系；周末做家务、陪女儿玩，没时间思考选题，没关系……生活的本质就是千头万绪、"一山放过一山拦"，既然改变不了，那就调整应对的心态：与其让自己一直活在工作家庭失衡的挫败感中，不如干脆接受自己就是无法平衡工作和家庭的。我的一位心理咨询师朋友就曾告诫我："允许一切如其所是。接受，就不会难受。"《妈妈教授》的两位作者也说："在本书建议你做的所有事情中，这是最难做到的：接受选择带来的后果。你不可能把每个身份都做到完美——超级学者、超级教师、超级妈妈。但是，你可以是一位受人尊敬的学者、一位认真投入的老师、一位慈爱细心的妈妈。"[①]这些智慧

---

① 康奈利，戈德西. 2023. 妈妈教授：在学术界实现工作与家庭的平衡[M]. 李明倩，宋丽钰，译. 上海：上海交通大学出版社，第81页.

的女性都给了我醍醐灌顶般的启发。每每家庭与工作令我无法分身的时候，每每因为顾此而失彼的时候，我都会告诉自己："没关系，接受。"于是很快就能平复糟糕的情绪，后悔自责的次数也越来越少，我反而更能专注于当时当刻。

当然，这种松弛感也不是一瞬间的顿悟就能带来的，我也不断从别人身上汲取着智慧。论文反复被拒、项目反复申不到，我主动向身边优秀的、有很多成果的同仁和前辈请教经验。他们除了在学术方面为我指点迷津，还会告诉我："只管努力，其他的都交给时间。埋头干，成果总会有的。"育儿过程中有时不知如何应对，我也会请教身边的职场妈妈们。她们给了很多具体的建议，但都提到了一点："咬牙扛过去，只要熬过去就好了。"于是，我从这些身边的榜样身上总结出一个共同点：做一个长期主义者。只要持续地学习，只要不放弃努力，就算慢，沿着一条路走下去也总能走到一个地方的。所以，当我把目光放到 10 年甚至 20 年之后，眼前的问题也就不算问题了。

就在这篇文章成稿的时候，已经到了首聘期最后一年的年中。我投稿的论文和申报的项目依然杳无音信。但我既不焦虑，也没有就此躺平，而是继续每天早睡早起，一边陪伴女儿成长，一边教学科研两手抓。我每天都会化淡妆、穿搭得体地出门；我有论文正在外审，也有项目已经申报；依然有学生喜欢上我的课；我的女儿茁壮成长，健康活泼——高校教师、学者、母亲，这三重身份我都尽责而为，但做不到样样完美。我可以兼顾，但我无法平衡。如果这可以算是我用前面 9 年时间的磨砺换来的"成果"，那么我还不算一无是处。在这个 4 字开头的年龄，在第 10 年，在往后很长很多的日子里，我会选择只做一件事：不停下，慢慢地向前进。

逆旅行人

人物介绍：周小舟，上海外国语大学英语学院教授，上海市"曙光计划"学者。曾获第九届"外教社杯"全国高校外语教学大赛上海赛区（英语专业组）一等奖，全国外语微课大赛上海市二等奖，上海外国语大学优秀教学奖二等奖。研究方向为课堂话语、超语实践、双语与多语教育。出版学术专著两部，公开发表国内外核心期刊论文、国际重要会议论文集论文、国内外重要媒体与智库文章30余篇。

苏轼在《临江仙·送钱穆父》中写道："人生如逆旅，我亦是行人。"学术旅程亦是如此。每一位学术工作者在追求个人理想与学术目标时，都会时常面临各种不确定性、迷茫和阻力。与其说这是一个外在的旅途，不如说这是一个内在的探索与成长过程。比知识的积累更重要的是心灵的修行。我，愿做这逆旅中的行人，继续前行。

一、千里之行，始于足下

我的学术之旅始于 2007 年秋。但是在那时，我并不明白学术是什么，对将来要做的学术研究也一无所知。22 岁的我，作为一名人人眼里的"好学生"，只身前往英国牛津大学攻读硕士学位。对于留学的目的和意义，我没有深入思考过。之于当时的我，留学只是按部就班地完成父母交代的一项任务。正因为我对留学缺乏深入的思考，所以留学的准备工作显得慌乱无序，甚至可以说是丝毫没有章法。完成了 4 年英语语言文学专业的本科学习后，我很遗憾地发现我对文学、翻译和语言学既没有精通也没有热情。然而，英语专业的学生出国留学可选择的专业方向并不多，我抱着"既然没有特别感兴趣的专业，那么学什么都一样"的想法，向英国十几所大学递交了申请，专业包括笔译、口译、英国文学、理论语言学、应用语言学、英语教学等等。可见，彼时我对于未来的发展、对于个人学业的追求，并没有清晰的思路。

多年后，当我成为大学老师，开始给我的学生写推荐信并帮助他们规划留学的路径时，我才明白当年的我何其幸运，身处于一个没有内卷的年代，本科成绩乏善可陈却异常"普信"的我竟然在只读了一本《应用语言学导论》后就信心满满地奔赴英国，竟然也跌跌撞撞地走到今天。而如今我的学生，如果没有 92 分以上的平均分，没有教学和科研经验，绝无可能申请到英美名校的硕士项目。

在牛津的一切并非顺风顺水。现实迫不及待地给我上了一课。除了不能理解课程内容外，前三个月我只能坐在那里，观察我的同学——尤其是来自英语国家的同学——展示他们深厚的语言知识和丰富的教学经验。我很快就发现与他们相比，我欠缺的太多：学科知识的积累、阅读速度、听力理解、学术写作能力等等。最重要的是，我缺乏自信。课程开始的第一周 Orientation（课程导入）就轻易摧毁了我 22 年来精心维护的自尊心。对我来说，承认自己不再是一个 high achiever（高效率者）并非易事。阶段性作业的反馈就像是一记耳光。看着满屏的红色修改标记，我知道我必须做出改变。我开始减少睡眠时间和吃饭时间，经常在半夜醒来，发现之前读的文献还铺在脸上，于是拿起来继续阅读。因为我所学的一切对我来说都是完全陌生的，整个学期我都在以一种前所未有的慌乱姿态游走于各项学业任务中。幸运的是，第一学期的所有考试都低分通过了。

二、初识"语码转换"

在牛津读书的第一学期，我们的硕士项目负责人开设了一门名为 Input

and Interaction("输入和互动")的课程。这门课是所有硕士课程中我最喜欢的,并不是因为它的内容多么有趣,而是因为它可能是唯一一门我不需要费力去理解的课程。正是在这门课上,我第一次接触到了 codeswitching(语码转换)这个术语。我立刻爱上了它。(哦,或许"爱"这个字过于强烈了。)作为一名双语使用者,在两种不同的语言之间切换对我来说是一种日常练习。我还记得在某个周六的下午,伦敦大学学院的李嵬教授接受了我们项目负责人的邀请,来到牛津教育系分享他的研究成果,他的演讲进一步激发了我对语码转换的兴趣。如今回想起来,这可能是我的学术生涯中最有决定性与启发性的一天。

当时我正在准备我的博士申请,3 000 字的研究计划让我一筹莫展。硕士论文的研究也迟迟没有决定开题方向。我的硕士导师的研究兴趣是心理语言学,尤其是双语儿童的词汇习得。无论是研究对象,还是研究方法,对于当时的我而言,都是无法驾驭的。对统计一窍不通的我被 SPSS(Statistical Package for the Social Sciences,社会科学统计软件包)折磨得苦不堪言。我一心只想着,如果继续攻读博士学位,我一定要换导师换方向,我再也不想做定量研究了!(事实上现在的我仍然在学习统计分析,证明了人生就是一个圈。)

听了李嵬教授的演讲之后,我萌生了以语码转换为博士研究课题的想法。我花了大约两周的时间,写完了研究计划,赶在那年的圣诞节之前寄出了博士申请材料。之后,几乎所有我申请的大学都向我发出了录取通知。最终,我选择了华威大学。多年来,我经常被问道:"你为什么不留在牛津大学攻读博士学位?"我的回答永远不能让他们满意,但直到今天,我仍然坚持我的回答:"你们可能无法理解,但是,去华威大学读博是我做出的最正确的人生决定。"我遇到了世界上最出色的导师,也是世界上最睿智、最友善、最有趣的人,我在三年的时间里完成了我的学业。我一直坚信,如果我留在牛津,我不会获得这么多。我的导师为我提供了足够的空间来做我想做的研究,同时不断引导我,确保我始终在正确的路上。在华威大学的三年,我过得充实而快乐。

三、戏剧化的一幕：决定读博

虽然现在回头去看会觉得从硕士到博士，一路走得顺利而自然，好像并不需要太多的纠结，就越过了人生一个一个的坎，但是我心里很清楚，当时的我对于读博这件事，并没有太多头绪。读博意味着什么，学术研究是什么意思，读完博士我能做什么，我想做什么，这一切对于我来说都是一片模糊。母亲当时在高校教书，一直全力支持我读博，在父母看来，读书这件事是需要一口气完成的，中间稍许有些休整，可能今后就不想再继续了。内心有些叛逆的我并不认同这样的理论，所以即使手握五六所大学的博士录取通知书，我还是悄悄地申请了在伦敦的工作。直到我通过面试，收到工作合同时，我才把这件事告诉了父母。可以想象，我的父母并不满意我这样的"擅自行动"。而接下来发生了一系列事情或多或少充满了一些荒诞的色彩。

我的母亲在得知我推迟了华威大学的入学时间，拒绝了其他所有学校的录取通知，并接受了伦敦一所女子寄宿学校的中文教师工作后，决定立刻飞来英国当面质问我。我很清楚她此行的目的是要改变我的想法，但是在她的航班落地之前我仍没有想过她的执行力会如此之强。她到达牛津之后的第一件事便是要求我写信给华威的导师，撤销推迟入学的申请，要求立刻与他见面，在收到导师的回复后，预定第二天去考文垂的火车票。这一切行云流水的操作在一小时内完成了。接着她心满意足地去收拾行李，留下我一人在原地半天回不过神。

多年后，当别人问起："你是如何做出要读博的决定的？"我总是半开玩笑地说起这戏剧化的一幕。我的母亲也会不满于我总是在叙述中把她刻画成一个强势的、主导的、不容商量的形象。事实上，我很感谢她的坚持与强硬。东亚父母都是留给他人"热爱掌控子女生活"的刻板印象。然而，我倒认为，人生路上我们难免需要一些借力，需要有人在关键时刻在我们的背后推一把。这样的人可能是父母，也可能是师长或朋友。我很幸运有这样的母亲为我做出了人生最重要的决定。我曾经在回望过去时纠结、后悔过很多选择，却唯独对于这个选择，我从未设想过如果当初坚持去伦敦工作，现在我会过着怎样的生活。

当我回想起在华威读博的三年，我的嘴角总是不自觉地泛起微笑，因为那可能是我的人生中最轻松的三年。我会习惯性地在各种场合(不管是否适宜)提起我的博士导师。我明白他对我的影响已经远远超越了学术层面。可以说读博的过程，是一次学术的历练，也是人生的改变。他经常和我说的两句话，我一直铭记在心。一是面对困难时，"Don't see it as an obstacle. See it as a challenge.(不要将其视为障碍。将其视为挑战。)"。二是面对抉择时，"When we make decisions, we never know whether they are the right or wrong decisions. The only thing we can do is to make the decisions for the right reasons.(当我们做出决定时，我们永远不知道这些决定是对还是错。我们唯一能做的就是出于正确的理由做出决定。)"。如今，我站在讲台上，面对遇到困难内心彷徨的学生时，我总是会用这两句话安抚鼓励他们。我想，这应该是学术旅程最大的意义。它并不仅仅和阅读文献、写论文、答辩、发表有关，除此之外，它还教会我如何面对人生的逆境。

我的博士论文是关于课堂语码转换的，但并不局限于此。在分析语料的过程中，我发现对语码转换的研究远不止是对命名语的结构分析。教师为了各种教学目的而策略性地使用语码转换，他们的语言选择模式在他们的个人历史、先前的学习和教学经验、理念和态度等方面占有很大的分量。因此，我的博士论文聚焦于课堂语码转换所揭示的课程发展、教师身份和跨文化比较等问题。对于我而言，这个话题是可以驾驭的，但是大量的数据处理也是极其消磨耐心的过程。那是一个没有语音识别软件、一切都要靠自己手动转写的时代。我观摩了三位老师一个学期的课程，录音数据加起来有接近一万分钟。我似乎还能想起那些暗无天日的处理数据的日子，从早到晚，十几个小时坐在电脑前，除了吃饭与睡觉。第二天继续，如此循环往复。但是即使是现在的我，也很难想象当时是怎样的毅力与决心支撑着我走到终点的。每一次去和导师见面讨论论文进展的日子，都是那一周我最开心的日子，因为我终于可以走出家门，呼吸新鲜空气了！无论我的研究进展多么缓慢，我的论文写作质量多么不尽如人意，我的导师永远能在我写的一堆垃圾中找出一两个微弱的闪光点并对此大加称赞。这样的鼓励式教育不仅对我的博士学习产生了深刻的影响，还影响了我今后的育儿理念。

四、"半学术半行政"：初入职场

2008 年 10 月 1 日，我开始博士阶段的学习。2011 年 9 月 28 日，我通过了博士答辩。在三年之内完成博士学业，是我第一次见导师时许下的承诺。但是如果没有他精心地指导我，细致地与我讨论并批改我的论文，在每一个关键的时间节点提醒我应该完成的任务，博士毕业应该是一个遥不可及的梦想。在修改博士论文期间，我陆续投出了 100 多份简历，包括讲师教职、高校行政岗位、博士后、学术英语教师等等，除了接到三五个面试通知，其他都石沉大海。正当我心灰意冷不知如何是好时，我接到了来自英国高等教育质量保障署（Quality Assurance Agency for Higher Education，简称QAA）的人事主管的电话，他说："你之前申请过我们这里的一个职位，但是你并不符合要求，因此我们没有安排你面试。现在我们开放了另一个可能更适合你的职位，你愿意来面试吗？""好的！"第二天我坐上了去格洛斯特的火车，面试很顺利，两个面试官（也就是我未来的两个上司）都很满意，很快他们发了入职通知书，我也顺理成章地搬到这个英格兰西部小城正式开始了我的职业生涯。

在 QAA，我负责英国跨境高等教育项目的评估，这是一份半学术半行政的工作。一方面我需要广泛阅读与高等教育国际化研究相关的文献，撰写综述文章，发表在教育资讯网站或内部期刊上；另一方面我要协助从英国各大学抽调的评估专家完成各类评估工作。几个月的适应期过去后，我发现学术的部分相对容易，而行政的部分异常无聊。当时我们的团队正在进行中英跨国高等教育合作项目的评估，因为我是团队里唯一一位会说中文的人，我不得不花很多时间与我们的办公室秘书共同讨论在中国实地评估的行程安排，具体到航班与宾馆的选择、大学与宾馆之间的交通、宾馆里的洗衣与订餐服务等。我记得有很多个晚上，下班之后，我回到独自居住的公寓，空空荡荡的陌生感随之袭来。我不知道自己在做什么，不知道这份工作的意义是什么，也不知道这样的工作经验能将我带向哪里。

可能对于很多人来说，博士学位在某种意义上只是一块敲门砖。当时的我利用这块砖，成功地进入了英国政府部门，做着严格意义上的朝九晚五的工作，领着一份丰厚的薪水。上司通情达理，同事团结友爱。但是我仍然觉得心里很重要的一块缺失了。我时常梦到在牛津和华威奋笔疾书的自己，那时的我有过一个要做学术的梦想。我执着地认为，我所做的工作一定要与我读的书有所关联，否则我的努力就白费了。被这样的想法折磨了很久之后，终于有一天我鼓起勇气给我的上司发了辞职信。部门里的两位同事得知我要辞职后，主动找到我，告诉我他们很钦佩我的勇气，也认为我做出了对的决定。他们分别是考古学和哲学的博士，年轻时因为专业限制很难找到学术类的工作，同时承受着养家的压力，便放弃了学术理想，但是一直后悔不已。他们的倾诉给了我莫大的动力。

五、回到梦开始的地方：母校任教

我回到了我的母校开始任教。说这里是我魂牵梦萦的地方似乎有一点夸张，但我的确无数次想象过在这里工作的场景。本科时教过我的老师成了我的同事，这样熟悉的安全感使我很快进入了角色。前两年，我的大多数时间都用在了备课与上课上，同时整理博士论文的内容准备发表，一切都井井有条地进行着。我又重新找回了那个快乐的我。

学术生涯的最大挑战之一是连续性。一旦搁置一段时间，重新熟悉这个领域需要花费10倍的精力。这一点对于女性科研工作者来说尤其困难。无论我们的伴侣能提供多少帮助，结婚生子在某种意义上是一段极其孤独与艰难的旅程。当然，我并非想说这是每一位女性科研工作者都必须要做出的选择。不管从事何种工作，这都是人生最重要的抉择。外界对大学老师普遍存在的误解是我们的工作轻松、自由、待遇高，而且大学老师享有较高的社会地位。事实上我们长期在高强度的压力下靠着自律、自嘲与自我安慰艰难地迈过职业生涯中一个又一个坎。对于大学女教师而言，结婚生子自然意味着要中断教学和科研。教学可以在半年后再恢复，而科研何时得以再捡起，便不得而知，对于有些人而言，可能是一辈子都难以再捡起。

我清楚地记得，在我去医院生产的那个上午，我仍然在写一篇学术文章的草稿，当我把这篇草稿发给我的合作者时，我在邮件里写道："我要去医院生孩子了，等我有空了再和你讨论。"当时我以为出了月子，我应该可以继续写作。令我万万没有想到的是，等我再一次捡起这篇文章开始修改时，已经是三年以后了。

我的女儿从小体质娇弱，三岁之前一直频繁生病，几乎是每两周去一次医院，每年住院三至四次。我记得凌晨两点抱着高烧惊厥的她坐上救护车，也记得和她一起蜷缩在医院的小床上，看着天空一点一点变亮。当时的我并没有过分地焦虑这样的生活何时是尽头，以及我的科研工作如何才能继续。我只是千方百计、见缝插针地找时间完成我应该完成的教学工作。比如，喂完夜奶后坐在她的小床旁批改作业或备课，天亮后起床去 50 公里以外的校区上课。又如，在通勤的来回地铁上为了要编写的教材阅读资料，回复邮件。当时的我甚至做好了放弃科研的准备。

等她到了三岁，体质逐渐稳定了，开始了幼儿园的生活，一切看似进入了正常的轨道。我终于下定决心捡起科研。这不是一段轻松的旅程。因为与学术界脱节太久，我感觉自己似乎是一个与世隔绝的僧侣，对于研究领域的动向一无所知。我开始阅读最近 5 年的文献，在脑中拼凑概念，想用最快的速度了解别人在做什么，而我又应该往哪个方向努力。这个过程甚至比读博更要痛苦，因为这一次我没有了导师，一切都要靠我自己。

事实上，在我的博士研究接近尾声时，我已经了解到李嵬、克里斯（Creese）、布莱克利奇（Blackledge）、卡纳加拉贾（Canagarajah）等学者在进行超语（translanguaging）相关的研究。超语与我的博士课题课堂语码转换有一定的相关性，我在修改博士论文期间曾经阅读过相关的文献，但遗憾的是急于递交论文的我没有在此方向深挖，只是潦草地有了一些肤浅的了解。7 年之后，这个研究方向发生了翻天覆地的变化。7 年前读的论文不仅毫无印象，即使有些许记忆也于事无补。我像一个刚入学的博士生，在期刊网站上订阅最新的文章，下载、打印、阅读、做摘要。这一系列的动作重复了 100 次之后，我终于开始对想要做的研究有了初步的想法。接下来便是研究设计、数据收集与分析、论文写作、投稿、发表。这是一个令人感到无比漫长且绝望的过程。当我完成数据分析开始着手撰写初稿时，我意识到，对于其中的部分研究方法，我并不了解，我只是从我的教学体验出发，设计了这样的研究，但是我没有深入思考过我应该如何在论文中体现我对研究方法选择的考量。我陷入了僵局。我明白，如果我开始阅读相关研究方法的文献并试图把这部分内容融入文章中，结果可能是既耗费时间又很难达到满意的效果。我想过求助我的导师，但当时他正在尽情地享受着退休生活，并发誓再也不做任何与语言学有关的工作。我只好厚着脸皮联系我的博士二导。他爽快地答应了我的合作请求。尽管合作的过程比我想象得顺利很多，但从第一次进入课堂收集数据，到论文发表，仍然花了整整三年的时间。而在这三年中，最艰难的一定是发表环节。在文章连续被三个期刊"桌拒"（rejected by editor，被编辑直接拒稿）后，我整个人几乎陷入了抑郁的情绪。幸好二导一直用他年轻时经历的与投稿发表有关的奇葩事件鼓励我。辗转多次，我们的文章终于在一次投稿后进入了盲审环节，三轮修改之后被接受。

这一次文章发表距离上一次和硕导合作发表已经过去了 10 年。发表后我快乐了好久，甚至睡觉时嘴角都挂着微笑。可惜，这种快乐总有结束的那一刻，也就是我意识到我应该着手考虑下一篇文章的时候。但是有了这一次的经历，在之后的每次写作与投稿的过程中，我会更加明白应该如何调整自己的心态，应该对事情的发展有怎样的预期，应该如何面对一次又一次的失败。

六、你是一个抗挫能力很强的人吗？

如今，当我面对纠结于是否要读博继而走学术道路的学生时，我问他们的第一个问题往往和科研能力无关，而是："你是一个抗挫能力很强的人吗？"与其他职业相比，我们往往需要面对更频繁的失败。投稿，以及申请各类科研项目、教学项目和人才项目，三五年颗粒无收是常有之事。也许有人会说："当你收到的拒信足够多，当拒信把你变得麻木时，你会不再那么玻璃心，不会太计较结果，只是埋头继续奋斗。"而我更倾向于用另一种角度去看待失败：每一封拒信都是一次成长的机会，无论审稿人的评语是否合理，它都让我看到了一种不同的视角，这样的视角可能会在今后的工作中给我提供一种别样的思路。多年前我在林清玄的散文里读到他给朋友题字时写道"常想一二"，因为人生不如意之事十有八九。这对于科研工作者而言尤为贴切。10次的努力中若有一次开花结果已是幸运至极。剩下的 9 次失败应如何面对？调整心态，常想一二。

最近我的一位硕士研究生毕业，即将前往另一所大学读博。作为临别礼物，我送了她一本《妈妈教授》。我认为，每一位即将踏上学术征途的女性都应该读一读这本书。虽然该书作者是美国人，介绍的是美国大学的科研体制与晋升途径，但是中国大学和美国大学的女教师所面临的问题是相通的，即我们应如何平衡好家庭与事业。作为一位女性主义者，我并不认为每一位女性科研工作者都应该做出同样的选择。我也坚持认为任何一个人，无论男女，如果能把事业或家庭中的一项打理好，都已经十分不易，因为这个社会对任何一个性别的群体都施加了过多的压力。但是，我想，作者的初衷是，如果我们当中的有一些人想要兼顾家庭与事业，我们可以给她们提供一些思路。我之所以将这本书赠予我的学生，是希望她能在学术道路的起点就明白前方会有哪些关卡，这些关卡并不令人感到害怕，如果我们吸取前车之鉴，合理地规划时间，我们可以一步步顺利地打怪升级。

11 年前我刚回国工作时，没有人告诉过我，在什么时间节点应该完成什么目标。依靠着一种大无畏的精神，我一路跌跌撞撞、缝缝补补地走到今天。我深知，很多弯路可以不必走，很多苦没必要吃，因此我更希望自己的教训可以帮助到更多比我年轻的、在学术与家庭的天平上徘徊的女同事们。在她们苦恼生育的时间点与生育之后长时间的学术空白时，在她们因为想追求个人事业发展而无法获得家人的理解时，给她们一个温暖的拥抱，并告诉她们，不要太苛责自己，在一段时间内完成一件事就好。孩子出生之后的两到三年，我们尽可能地陪伴。他们终会长大，我们也终会有独立的时间与空间去做我们想做的事。

七、尽情奔跑，但，量力而行

我时常觉得自己非常幸运，一路上遇到很多支持我、帮助我的老师，还有关心我、包容我的家人。更重要的是，作为一位双语者，我找到了让我有无限热情的研究话题，让我可以在一个相对舒适区进行我认为的有意义的研究。在某种程度上，超语重新定义了我。它激发了我对语言本质和多语教育的理解，提供了在现实生活和虚拟空间中探索多语多符号互动的可能。

今年4月我的博士二导作为客座教授来给我们的研究生上课。聊起之前的合作，讨论接下来的合作，一切仿佛跟在华威大学读书的时候那样简单、纯粹。我翻出手机里10多年前参加博士毕业典礼时的旧照，开玩笑地说道："I certainly do not look like this anymore."（我现在肯定不长这样了。）他回复说："You look like all those nights sleeping on the floor and getting up early to finish your reading were all worthwhile."（你现在的样子告诉我，你之前提到的那些躺在地上睡觉以便早起阅读文献的日子都是值得的。）顿时觉得所有的付出都值得了。一直以来我很抗拒谈论痛苦，固执地认为痛苦很大程度上来源于我们的想象，而所谓的辛苦只是人生一个又一个的选择而已。谈论它并不能减轻我们的压力与焦虑。如果当下的生活难以忍受，我们也可以做出别的选择。在我的世界里，人生的路可以很宽，对于人生的定义也永远不会是世俗意义上的成功。我们要做的就是在自己选择的这条路上尽情奔跑，但同时量力而行。

第三篇

梦想之花盛放,生命之树常青

"以梦为马,不负韶华。"在这个属于奋斗者的新时代,人人都有追梦的权利,人人也都是梦想的筑造者。高校女性外语教师是新时代建功立业的追梦者,也是立德树人帮助学生筑梦的"脚手架"。梦想之花在选择和行动中绽放,造就了她们如鲜花般绚烂的多重身份:她们是无惧风雨、肆意奔跑的英语爱好者,她们是远离家乡、独当一面的海外求学者,她们是精益求精、孜孜以求的大学老师,她们是脚踏中西方文化、在语言的天空尽情翱翔的译者……选择是一时的人生,但人生是永恒的选择。为什么一往无前?梦想给了我们答案。梦想照进现实,追梦永不止步。

我的前半生:"选择"与"行动"之旅

人物介绍: 付本静,1987 年生,中共党员,博士研究生,皖西学院副教授,安徽省级教坛新秀,担任跨文化交际、大学英语课程主讲教师。主持省级二类教研项目 3 项、校级教研项目 2 项,主持省级三类科研项目 2 项、四类科研项目 2 项,发表学术论文 10 余篇,获得省级教学成果奖三等奖 1 项,指导学生获省级及以上学科竞赛奖励多项。

收到撰写本书的邀请信,我的内心非常激动。作为高校老师,我会经常在课堂上分享自己求学、工作、生活等方面的逸闻趣事,也会跟学生分享多年以来,每次面临选择的时候,自己做的决定及其原因,想一边分享,一边激励我的学生们:做选择不可怕,难能可贵的是要坚持做出的选择。此时,所有的记忆如潮水一般涌上心头。

犹记得高考完填志愿的时候,估完分,和父母商量了一下,我就快速地填完了志愿,到学校交给班主任彭老师,他瞄了一眼我的志愿表,就把表"扔"给了我:"回去再研究研究,重新填,你的性格,不要当老师。""这么填,毕业了就一定当老师?""是的。""好吧,那我回去改!"高中三年让我目睹了老师的辛苦,我也在心里暗自"发誓"以后绝不当老师,以后我要当"白领"。后来经过和家里人一番商量后,还是填了安徽师范大学(以下简称"安师大"),一方面是觉得自己可能考不上(可以冲一冲),另一方面是我的舅舅毕业于安师大,这个选择多少也受了他的影响。在选择专业时,我的基本原则是不用学数学，我原本想选择历史专业，这是我作为文科生的一点爱好和底气。父母和亲戚从就业的角度考虑，劝我学习英语专业，因为在当时英语专业还是非常热门的。我一看，英语专业也不用学习数学，我的英语成绩也的确是所有科目当中最好的，于是我选择了英语专业。录取分数出来的那天，待我查完了分数，母亲坚定地表示不能查第二遍了，我想，她可能觉得我的分数实在是个惊喜，查第二遍，万一分数变低了怎么办。再后来，我如愿以偿地被安师大外国语学院的英语专业录取了，开启了全新的大学生活。

一、大学篇：赭山读书，开启大学生活

带着家人和亲戚朋友的祝福，我在安师大开启了大学生活。开学报到后，送我们报到的父母们都已返程，坐在上铺发呆的我，收到了来自下铺的室友的邀请："我们一起出去转转？"一听这口音，哇，好亲切啊。她是肥西的，我是六安的，算是半个老乡吧，自此以后，我们的缘分也开始了，我们成了形影不离的好朋友，我们的大学生活也正式拉开序幕。

高中时，各科老师都告诉我们："现在累点苦点没关系，只要上了大学，你想干啥就可以干啥！"这个信念一直在我心里。到了大学，很快我就发现，根本不是那样。班里的同学还是会起得很早，去早读、去占座；上课前，同学们的课本上已经做满了笔记；下课后，大家也会利用闲散时间复习、做作业、预习。而让我引以为傲的英语成绩，到了这里，什么都算不上，大家都好优秀，口语表达好流利啊，我开始觉得英语学习太难了，这和我想象的大学生活太不一样了。我开始焦虑了。这时，室友成了我忠实的听众，我向她倾诉我的苦恼，向她请教英语学习的方法（没看到她花多长时间，但是英语成绩很好），每次她都很耐心地跟我分享她的学习方法，她还教我写英语日记（写英语日记的习惯，我坚持了很多年，受益非常大，工作后，我还教给了我的学生们）。

大学时光过得很快，转眼来到了大三，我们要面临毕业前的第一个选择了：工作还是考研。如果要考研的话，大三时就要做准备了，选专业、选学校、选导师等。那个时候，大部分同学都选择就业了，因为当时英语专业毕

业生还是比较好找工作的。我和室友天天在一起讨论,我们以后要干什么。室友一直是个非常有主见的人,她跟我说,她要考研。而我其实对考研没有多少想法,也不知道研究生到底是什么、要干什么,我一方面是不想一毕业了就工作,我感觉对于高中或者初中老师身份,我还没有准备好;另一方面,是受室友的影响吧,我的小伙伴如此上进,我不能拖后腿。这也是我考研的动机。我们开始了考研的备战。从暑假到安徽农业大学附近租房子上辅导班,到每天一起去 7 号楼晨读、自习、晚读,再到每周五晚的放松时间,我们几乎都是一起行动的。现在回想起来,考研备战真的好辛苦,在你苦苦备战时,你的同学们可能已经收到了 offer(工作录用通知),你可能一边羡慕他们找到了好工作,一边没日没夜地看书学习,内心其实是很煎熬的。这时,坚定的信念很重要,有个能陪伴你的人更重要。我经常在想,那个时候,如果没有室友的陪伴,我肯定坚持不下来。所以现在每每有学生来咨询我考研的事情,我首先告诉她们,考研备战的路上,最好有个能一起坚持的伙伴,我称之为"学伴",互相鼓励,相互陪伴,这种情感满足,也是影响考研成功的重要因素之一。

我们的坚持和努力没有白费,我收到了华中科技大学的录取通知书,室友也被她的报考学校录取。尤记得本科最后离校的时候,室友把我送到了安师大的西门,临上出租车时,我的眼泪夺眶而出,我透过车窗看了看室友,她的眼睛也红红的。大学这 4 年,我们早已把对方当成最亲密的伙伴,我们带着对彼此的祝福,朝着自己选择的路进入到下一段旅程了。大学的 4 年,是我人生当中最重要的 4 年,在这个阶段,我学到了受益终身的知识,获得了自主学习的能力,交到了影响一生的好朋友,当然还有最重要的收获——考上了研究生。

二、研究生篇: 武汉读研,继续求学

2008 年 9 月,我来到了华中科技大学外国语学院。华中科技大学的校园真大啊,环境也太好了吧!对于研究生生活,我是既充满了期待,又有几分忐忑。期待的是,我又可以继续上学了,要结识新同学了,认识新老师了;

忐忑的是，听说研究生的课程不容易，对自学能力要求更高了，要看的书很多，而且专业性更强了。但既然选择了，就只有"既来之则安之"。

第一天来学校报到之后，宿舍的条件，着实让我有点儿措手不及。大学时住的是 4 人间，上铺下桌，还有独立的卫生间。但是现在是上下铺的那种，一个宿舍放了 3 张上下铺床，4 个人住，卫生间和淋浴区是公用的。这比我大学时的住宿条件差多了。楼管阿姨开玩笑地说："同学，在华科，学历越高，住得越差，你看我们对面的博士楼，历史多悠久。"

我们宿舍的 4 位同学，2 位是湖北的，1 位是河南的，还有我，安徽的。来自不同地方，似乎并没有影响到我们的交流，我们总有说不完的话，我们好奇彼此的本科母校，好奇彼此的读研动机，好奇彼此的职业打算。经过大学 4 年的学习，现在的我们，要比以前成熟了许多，好像都很清楚自己要干什么，当然了，也只是"好像"，还没有详细考虑以后的事情。

研究生的课程没有那么多，也不用每天都上课，当然了，只要上课，那就是半天。我记得第一学期我们是 3 个半天的课，第二学期好像也是 3 个半天的课。让我觉得最难的课程，应该是"研究方法与统计"了，数学不好的我，每次上课，看到密密麻麻的数字和图表，头皮就发麻，所以每次课前，我都拼命地预习，争取把教材上的专业术语都存在脑子里。可是，等到上课时，老师的一通输出，仍然让我紧张无比，因为大概还有 40% 的内容我没怎么听懂，所以课后，我就会向听懂的同学请教。没想到，工作之后才发现，这门课程教授的如何收集数据、如何分析数据等内容，对需要做教科研的我来说太有用了，真是非常后悔当时没有再钻研得深一点，真是书到用时方恨少啊。

因为当时华中科技大学英语专业的研究生只要在校读两年，所以我们的学习安排还是挺紧凑的。第一年，在完成所有课程的同时，也要研读导师开的书单上的书，在导师的引导和指导下，确定自己毕业论文的研究话题。第二年，撰写毕业论文，找工作，完成毕业论文答辩，办理毕业离校手续。研究生期间，我很幸运自己能分到自己选择的导师门下，她脾气很好，对我们很宽容，每次跟她汇报近期读书心得的时候，她都很耐心地倾听，我觉得自己对研读的书的想法很不成熟，她会很温柔地鼓励我，让我再深挖深挖。研究生学习期间,我还有一个比较大的收获,那就是泡图书馆。大学时,看书学习主要在教室,大学时期的图书馆(当时新校区在建)在我的学习生活中所起的作用并不大。研究生期间,在寝室长的带领下,我爱上了图书馆的学习环境。在这里,我可以深挖导师开的必看的书目,我也可以从期刊阅览室里阅读到最新的期刊,我很享受这种自由阅读的感觉。

两年时间过得很快,转眼就到了找工作的时候了。大学毕业时,没有体验过的找工作经历,研究生毕业时,体验了好几次。我先是和同学们一起在武汉参加了几场招聘会,有个海南的高校,待遇等各方面还不错,但就是远了点。后来又去了北京,几次面试后,有个比较著名的英语培训机构,让我考虑两天就过去签约。在我考虑的两天里,我也打电话给父母了,和他们商量了一下。不出所料,我的父母还是希望我能回老家,他们觉得一个女孩子背井离乡,人生地不熟的,他们不放心。至于我自己,我觉得我可能确实不太适合大城市的生活,每天要乘地铁一两个小时才能到达上班地点,生活节奏也比较快。所以,尽管北京的发展机会可能比老家多,但是,这不是我想要的生活。我收拾好行李,果断地回到了我的家乡——安徽六安。后来的生活,也证明了我这次的选择是正确的。在之后的课堂上,学习到关于将来就业选择的话题时,我都会跟我的学生们分享我的就业选择经历,告诉他们,在做选择时,一定要遵从自己的内心,只要做出选择了,就要坚信,我的选择是最正确的,绝不后悔。

三、工作篇:教学上的成就鼓励着我前行

2010 年 7 月,我来到了皖西学院,成为一名光荣的高校外语教师,我的身份也实现了从学生到教师的转变。难道墨菲定律真的存在?越不想做什么,以后真的就会做什么?最不想当老师的我,现在要当老师了。当然了,随着年纪的增长,我的思想也比儿时成熟了许多,高校外语教师这个身份带给我的,不仅是对自己多年努力学习的一种肯定,更多的是一份挑战与责任。

工作的前几年,我每周基本上都在 20 节课以上,现在真不敢想象当时

是怎么坚持下来的，但那时候的我，浑身充满了干劲，就一个目标：我是老师了，我要把书教好。所以我每天的生活也很简单，不是在上课的路上，就是在备课的路上。因为同教研室的一位老师怀孕，所以学院让我接手了她的英语专业二年级的视听说课程，说实话，当时我内心无比慌张。英语听力是上大学时最让我胆战心惊的一门课程。当时给我们上课的是许炳坤老师，他是个非常博学多才的老师，而且口语非常流利，但是他在课堂上的"突然袭击"（点名回答问题），让我很是害怕，怕自己被点名，怕自己回答不出来。这些担心也让我在给学生上视听说课时，不敢有丝毫的懈怠。我的脑海里开始浮现他上课的步骤，先是导入（通常是新闻听力），然后上课，提问，总结，布置作业。我也学着许老师的样子，开始了我的听力教学。在实际教学过程中，我也会根据学生们的上课表现，不断地改进自己的教学方法。比如导入部分，有时我会用慢速的新闻听力，有时是一个英文小故事，有时是TED（Technology，Entertainment，Design，技术、娱乐、设计）演讲的一个片段，不同的导入方式在让学生们充满新鲜感的同时，也引起了他们的学习兴趣。课间10分钟，我没有采用常用的播放英文歌曲的放松方式，我给学生们播放了当时比较流行的一些英语短剧，没想到学生们非常喜欢。课下，还有学生主动找到我，告诉我他们很喜欢也很期待每周我上的视听说课。因为大二的学生要面临着英语专业的第一个重要的考试——英语专业四级考试（TEM4），所以在上课过程中，除了完成正常的教学内容，我会带着学生们做TEM4的听力真题和模拟题，一题一题地讲解解题思路和答题技巧。

我的付出也得到了回报，第一学年结束，我惊喜地收到了教学生涯里第一张教学质量考核优秀的证书，这是学生、同事和领导们对我的认可，这一荣誉对初为人师的我鼓励很大，鼓舞着我更加严格地要求自己，我要不断地学习，要进一步改进自己的教学方法，争取取得更好的教学效果。功夫不负有心人，工作快14个年头了，其中12年教学质量考核优秀。省级教坛新秀、校优秀女教职工等荣誉让我充满了自豪，同时也深感责任更加重大了。

时代在进步，作为高校教师的我也深刻地认识到，只有不断地充实和提升自己，才能跟得上日新月异的变化。这几年的"课程思政"和"人工智能"对我来说，无疑又是一个新的挑战。以前可能觉得只要教好书本知识，提高学生的语言水平就行了,但随着时代的进步和教育理念的发展,高校教师在教好书的同时,也要育好人。所以我在工作之余,也会抽出时间钻研这方面的知识,参加各类相关的会议和培训,不断地提高自己。

这几年,我觉得自己和学生的关系也发生了很大的变化。如果说之前我在与学生相处时,更多的是以"知心大姐姐"的身份出现,侧重于倾听他们的心声;那么如今,我或许更像是以"妈妈"的视角来关怀和看待学生们了。学生说我变"温柔"了,我知道他们想表达的意思。我能感觉到现在的我更多时候把学生当成了自己的"孩子",当然,这可能也跟年龄有关,当了妈妈之后的我处理问题时心态和以前不一样了。每次有学生来问问题,或者有困难找到我,我都会不自觉地用"母亲"的角色和语气与他们交流,当有学生听课不认真的时候,我也会用"母亲"的口吻劝诫他们,是啊,如果这是我的孩子,作为母亲,我一定会耐心地教导,那么我的学生们呢,他们也是孩子啊,也是需要被理解、被包容、被呵护、被引导的一群孩子。同样,老师的用心,学生们也是能感受到的,毕业后的学生们也会经常给我发信息,汇报他们的近况。这份信任,让我很开心,让我觉得当一名教师很幸福。

（一）教科研压力让我不敢懈怠

刚工作的时候,以为大学老师只要教好书就可以了,其实不然。教好书,只是大学老师工作的一部分,做好教科研,也是大学老师的重要工作之一。这么多年下来,我感觉自己在教科研方面仍然处于摸索阶段,也没有代表性的成果,这令我十分惭愧。但是感想确有一些。

第一次意识到自己要做教科研是要评职称的时候,现在回头想想,自己那时候真是幼稚,什么都不懂,听同事们说,我们入职两年后就可以评职称了,我才开始钻研职称评定的条件:原来需要申请项目,需要发表文章。然而这种醒悟距离我上次静下心来看文献、写文章已有两年之余。工作之后,课时比较多,真的很难有整块时间坐下来好好地看文献,但是为了评职称,又不得不做。于是我下定决心,从头再来。事实也证明,从头再来,说起来容易,做起来实属不易。我仍然记得第一次申请项目的情形,我花了一周写了个申请书,然后开心地交上去了,结果失败了。后来被告知失败的原因是,我要申请的是科学研究项目,但是我写的是教学研究的话题。从那时起，我明白了继续学习的重要性，我知道自己在做研究这方面要走的路还很长。

好在我是一个不会轻易认输的人，发现了自己有欠缺的地方，我就会想办法弥补。我开始向同事们和以前的导师们请教，开始搜集期刊论文，一篇一篇、一遍一遍地去阅读、记笔记，寻找我能做的且又有研究意义的研究话题。在摸索的过程中，我的脑海里闪现出读研时，徐锦芬老师跟我们分享的她的教科研之路。她喜欢看书，每次看书时，都会记笔记，把她觉得重要的观点、论述等都记在本子上，也会标上出处，这样，在以后用到的时候，直接翻出来，就可以节省很多时间。她还分享了她第一次写项目申请书的时候，内心很忐忑，递交完申请书，觉得自己希望不大，但是没想到最后成功了。这种幸福感给了她很大的鼓舞，让她后来的教科研之路越走越顺，也让她取得了很大的成就。她鼓励我们，一定要沉下心来，多看书，多尝试，肯定会有收获。

每次在我快坚持不下去时，徐老师的话就浮现在我脑海里，我也觉得可能逼一逼自己，还是能出点儿成果的。我也用我经常教育女儿的话来鼓励我自己：勤能补拙，只要努力，应该就能有收获。我的努力开始有点儿成果了。第一次收到录用通知，第一次成功申请项目，第一次成功结项，这些结果带给我的，除了开心，更多的是鼓舞。我很感谢给过我帮助的同事们，每次询问，他们不仅耐心解答，还手把手地教我，甚至毫无保留地将曾经成功申请的项目书发过来，供我参考；还有我的导师，我有问题咨询的时候，她给了我很多意见和建议；还有我的大学室友，她毕业后也选择在高校工作，这几年，我只要有问题，或是有点儿想法，就向她请教，她非常耐心，一直鼓励我，让我不要躺平、不要放弃、相信自己。是他们的鼓励让我在做好教学的同时，学习做教科研；是他们的鼓励，让我明白教学和教科研是不矛盾的，是相辅相成的。作为一名高校教师，在教书育人的过程中，把理论运用到教学中去，又从教学中总结经验，吸取教训，以研促教，以研促学，以研促改。

虽然在教科研方面自己刚刚起步，但是"千里之行，始于足下"的精神让我对自己未来的教科研之路充满了信心。

（二）继续深造、提升自己

第一次有继续深造的念头是 2016 年的时候。大学室友当时在上外访学，鼓励我趁孩子小，还没上小学，申请出去访学。遗憾的是，最后没去成。因为当时我们学院的教学秘书要去国外读博士了，需要一位老师接手他的工作，后来我就接手了他的工作，兼职了两年的教学秘书。第二次萌生继续深造的念头，其实是源于一个偶然的机会。2020 年初，我有几位同事在申请国外的博士，听说因为疫情，暂时不用出国，需要在线上完成课时和作业等任务。我听了之后，非常心动，这很适合我这种既想要深造，又需要带娃的学妈。于是我赶紧填了申请表，办理了相关手续。两个月后，录取通知书来了，当时很激动，这终于圆了我继续深造的梦想，于是我怀着对未来无比期待的心情，踏上了读博之路。

其实读博之前我已经有了心理建设，博士读起来不容易。但没想到，实际情况比我想象的艰难多了。一方面，因为我们不需要出国，所以原先的教学任务还要继续完成；另一方面，晚上自己要上课（博士课程），还要做作业，旁边还坐着个需要辅导作业的孩子。每天一睁眼，想的都是今天我要完成哪些事情，每天的安排都满满当当的，还要精打细算、合理安排，才能完成当天的任务。记得有一段时间，我白天上班，晚上上课，课后要准备评职称的材料，每天晚上，都要忙到夜里两三点才能睡觉。也不知道当时是怎么坚持下来的，估计是我太想要做点儿不一样的事情了吧，太想要挑战一下自己吧。

虽然过程很不容易，但结局还是很美好的。我于 2023 年 6 月顺利地博士毕业了。回头看看，我很庆幸当时把握住了这来之不易的机会，选择了继续深造。在完善大论文的过程中，我和两位同事顶着烈日，每天穿梭在家和图书馆的路上，虽然很辛苦，但是收获很大，每天都能码出字的那种充实感，让我终生难忘。继续深造，对我最大的影响，应该是让我不再那么浮躁，让我在工作多年之后，又重新爱上了安静地坐在图书馆里看书的感觉了。读博期间，周末和假期我都会到图书馆里看书和写作业，有时也会带上孩子，让她感受一下图书馆里浓厚的学习氛围。现在虽已毕业，但只要有空，我还是会去图书馆，处理处理手头上的事情，看看书，看看期刊好文，一天下来，觉得自己过得非常充实。我也会在课堂上，和学生们分享我的深造经历和感受，建议学生们多去图书馆，因为在图书馆浓厚的学习氛围的影响下，你会慢慢地放下手机，拾起书本，久而久之，你就会养成看书的好习惯。我在图书馆里，经常能碰到自己的学生，学生们也经常会问："老师，你都是大学老师了，还需要来图书馆学习吗？"每次被问，我都会开心地说："是啊，活到老，学到老嘛，老师也要不断学习，才能跟得上时代，才能教得了你们啊。"

（三）兼顾工作、孩子和家庭

盯着"兼顾"二字，我思绪万千，内心久久不能平静。前段时间看到主持人鲁健对航天员刘洋的访谈视频，主持人问刘洋是如何做到兼顾事业、学业和家庭的。刘洋的回答让我印象非常深刻，她说："等我成为两个孩子的母亲之后，我发现这是一个伪命题。"刘洋这么厉害的宇航员，这么成功的女性，都觉得兼顾事业和家庭很难，何况我们普通人呢？工作和孩子，二者若要兼得，实属不易。

我的女儿今年 11 岁，上 5 年级了，我跟她相处得非常愉快，她是我的"饭搭子""学习搭子""逛街搭子"……她还是个乖巧和善解人意的小姑娘。在她的成长过程中，总体来说，我觉得自己还算是个称职的好妈妈，当然，有时也需要取舍。

第一次和丫头长时间的分离，是 2015 年的暑假，我去美国马里兰州的索尔兹伯里大学学习交流一个月，那时她 3 岁，为了能每天和她视频，我特地买了个平板电脑放在家里，每天中午 12 点（因为 12 小时的时差，那会儿我是夜里 12 点），准时和她视频，听听她的声音。我不想错过她成长的每个阶段。

小孩在成长的过程中确实对妈妈很依赖，睡前要妈妈讲故事，要妈妈哄睡觉，早上一睁眼就是喊妈妈，要妈妈送上学，要妈妈接放学，晚上要妈妈辅导作业，等等。这看似再平常不过的事情，对需要外出工作的妈妈来说，都是挑战。有时候，我在想，社会对女性的要求还真不低呢，鼓励女性独立，独立女性就需要外出工作，又强调妈妈在孩子成长过程中的角色多么重要，需要花更多的时间来陪伴孩子成长。

但是现实是，我有工作，还是自己很喜爱的工作，这时候，就需要我做出选择了。怎么去平衡工作与孩子呢？孩子很小的时候，我感觉很难平衡，所以除了上班，剩下的时间都是孩子的，教她说话，教她养成好习惯，陪她各种启蒙，这样一来，我自己看书学习的时间就非常有限了。现在孩子大了，我觉得平衡起来没有那么困难了。白天孩子上学，中午在学校吃饭，晚上爷爷奶奶接去吃晚饭，我从学校回家，接回来辅导作业就行，不需要做饭，这让我省心不少，我就充分利用白天的时间，忙忙自己的事情。提到做饭，我突然想起来一件趣事，是我的舅舅曾经跟我分享的。他读博的时候，导师跟他们说："一个男人，如果需要做家务，做一日三餐，那是肯定做不了科研的，也不要想有什么成果。"当时的我还小，感受不深。后来我成家了，有了孩子后，我还和我舅舅讨论过这件事情，我觉得他的导师说"一个男人"，还是片面了些，应该是"所有人"。因为无论是谁，如果需要做一日三餐、做家务，必定是没有心思和时间坐下来看书学习的，人的精力都是有限的。偶有几次需要做饭，去市场买菜的时候，碰到隔壁小区的同事，同事都会跟我吐槽，她没有整块时间做自己的事情，因为她要负责家里的一日三餐，非常耗费精力，我们也会在一起为女性打抱不平，为什么在大众的认知里，一个家庭里需要做出牺牲的就是女性呢？

　　航天员刘洋在访谈里也提到了如何平衡工作、孩子和家庭："所谓的平衡，是整个家庭，与你一起平衡。"是的，在孩子成长过程中，在和谐的家庭关系里，只靠一个人的付出，肯定是行不通的，会失衡的。只有全家人一起，相互理解，相互包容，相互关爱，你懂我的辛苦，我懂你的付出，这样，夫妻双方，才能够平衡好工作、孩子和家庭。

　　回顾一下自己的前半生，快 40 岁的我，对自己的现状还是比较满意的，也觉得付出的一切努力都值得。在每一次面临选择的时候，很庆幸身边有一群有爱的朋友、同事，还有一直给予我各方面支持的家人们。我会带着他们的鼓励，不忘教师初心，牢记教育使命，勇敢地、大踏步地朝我的充满各种可能性的下半生走去。

道阻且长　行则将至

人物介绍：靳亚男，博士，安徽大学外语学院讲师，西安外国语大学德语语言文学硕士，德国柏林工业大学语言与交际学院普通语言学系哲学博士。安徽省翻译协会会员，安徽外文学会会员。研究领域为认知语言学、情感隐喻语料研究、中德对比语言学、媒体话语分析、语料库研究等。曾多次在 ICLC（世界认知语言学大会）、日耳曼学大会等国际会议上发表论文。主持安徽省高等学校科学研究项目（哲学社会科学）1 项、中国外语战略中心项目 1 项、安徽大学国别和区域研究院欧盟研究中心（教育部备案中心）项目 1 项，参与国家社科基金项目 1 项，其他国家各部委、各省、自治区、直辖市立项课题1 项。

Two roads diverged in a wood, and I—
I took the one less traveled by,
And that has made all the difference.
　　　　　　　　　——Robert Frost

两条路在树林里分岔，我——
我选择了人迹罕至的那条，
这让一切都不同了。

　　　　　　　　　——罗伯特·弗罗斯特

就像美国诗人罗伯特·弗罗斯特的 *The Road Not Taken*（《未选择的路》），也许我选择了人迹更少的一条路，因此走出了迥异的旅途。

二年级的女儿假期的一道作业是完成"我是小记者"调查表，题目要求女儿化身小记者，采访家长，主题是"身边人的职业"。其中已列举了一些题目：

（1）您的工作是什么？

（2）您为什么要做这份工作？

（3）您喜欢这份工作吗？

女儿思前想后选择了我做她的采访对象，我心里窃喜，终于找到机会让孩子了解一下我 30 多年的轨迹，同时也为我挽回一些专业/职业颜面了。家人总爱用我的博士头衔对女儿"血脉压制"，希望我变成她可以膜拜的对象，同时希望她做我的乖乖女。实话说，我不希望也没有资格成为她的偶像或者是敬畏的对象，只想让她耐心听我讲完我的故事，并且对我的工作以及过往人生抱有尊重。

于是，我们选择了安静的房间、舒适的座椅开始了我们的访谈。

访谈结束后，需要采访者记录个人感受。女儿提笔望向窗外，只说了一句话，那一刻，我的颜面赢回来了。她说："我的感受是，我觉得妈妈是一个不那么容易放弃的人！"

一瞬间很是感动：不愧是我既体贴又善解人意的女儿，8 岁就参透了妈妈。不容易放弃是我的标签，我还是长期主义忠实的践行者。我 8 岁时，就是一位"小老师"了。

细想下来，我的教师梦就好像一切是命中注定那样自然。孩童时期的我就喜欢当"老师"。当年父亲知道我喜欢这个游戏，专门用黑色油漆给我制作了一块小黑板。炎炎夏日，不顾似火骄阳，找到爱听我"讲课"的小伙伴们，拿起收集的各色粉笔头，学着老师或慈祥或严肃的样子，指着台下的"学生"，演绎着课堂上的一幕幕。就是这块小小的黑板，让我过足了老师瘾，也是这块黑板，开启了我真正的教师梦！这样的喜好一直持续到小学毕业。

中学时期，由于英语成绩不错，我的教师梦一度产生偏移。当时我对英语爱得疯狂，被外交官洒脱飒爽的样子迷住了双眼，一心想成为外交官。直至大学阶段，教师梦又回来了。本科毕业 10 年后成了一名真正的外语教师。从梦想变为现实，我花了 27 年。

一、执着追梦的女孩

中学一年级的我，是一个疯狂热爱英语的女孩。6 年中学，记忆中还未褪色的画面不多，除了班主任的幽默、为数不多的罚站经历，剩下的全部关于英语。

初二那年，英语考了 117 分（满分是 120），这个成绩换来了母亲合不拢嘴的笑容和满眼的欣慰，还有那一碗双份肉酱的打卤面。在 8 个班级的初二年级里，我成了"明星"，他们给我取了外号，纷纷叫我"英语天才"。

我记得，和同学一起坐 213 路公交车颠簸两个小时，去西安市图书大厦买美国流行乐队后街男孩（Backstreet Boys）的 CD 唱片，重复播放到会唱每一首歌的每一句。

我记得，每个月迈着欢快的步伐奔向邮局，怀揣着期待、热爱与 20 块钱，每期不落地和《疯狂英语》杂志"约会"。这个杂志就是我了解世界的窗口，第一次了解到英国 Faithless（无信仰乐队）主唱 Dido（蒂朵）的歌；第一次知道美剧《老友记》（*Friends*），听到 Ross（罗斯）追到机场请 Rachel（瑞秋）留下的片段，那句"Rachel, please get off the plane."（瑞秋，请你下飞机。）时，似懂非懂地为他们欢呼。

我记得初二那年的盛夏，上完"新概念英语"之后下了场暴雨，我和最好的朋友一起肆意奔跑，无惧风和雨。

我记得，周末会央求家人带我去西安书院门，那是外国友人最常光顾的地方，假装不经意地偶遇，制造机会与他们交流。

我记得，作为场外听众，参与了西安音乐广播电台 931 英语节目，激动的妈妈手拿广播在屋外收听电台，告诉邻居正在说英语的是她的女儿。

我还记得，高中英语老师李学弟老师挑选同学编排英语舞台剧——莫泊桑的《项链》，我饰演了其中的主角妻子马蒂尔德。他还挑选了包括我在内的几位同学一起去西安外国语大学参加英语辩论赛培训。第一次进入大学，心花怒放与怅然若失交织。激动的是，大学那样神圣，奋斗了 12 年的目标就在眼前；彷徨不安的是，在台上为我们培训的外教，语速非常快，我瞬间就被淹没在西安外国语大学硕大的报告厅内。那一刻，没有别人羡慕的眼光，未来的路上全是荆棘。

　　没错，我的中学几乎全是关于英语的故事，英语充盈了我整个中学生活。即便如此，谁又能想到，读大学的自己却又选择了德语，还是第一志愿。许是我适应能力慢，大学初始，竟有退学重新参加高考来更换专业的想法。那时的自己讨厌德语的发音，一句"Sprechen Sie Deutsch?"（您会讲德语吗?）就令我抓狂。看着同学们的进步，再对比自己的笨拙，巨大的失落感向我袭来。原本开口就可以表达的英语变成了第二外语，被放在了可有可无的境地，摊在自己面前的却是语言规则复杂、难以捉摸的另一种语言——德语。

　　随着时间流逝，我逐渐适应了大学生活。之后，慢慢开始思考和铺设未来之路。本科第一次由外教罗曼·哈尔夫曼博士（Dr. Roman Halfmann）上"德语语言学"课时，内心激动。这是一门和德语语言学习课程完全不同的课程。我当时恍然大悟，好像自己发现了新大陆：以前我学了语言表象，从语言学开始我就要认识语言本质。语言学很难，但却充满逻辑。就是这样一种内在充满规则、分析和证据的系统研究深深抓住了我，就算以后扮演的是"西西弗斯式的"角色也绝不后悔。探索语言结构、功能与规律，就这样成了我之后 10 年、20 年的工作，希望这也是我一生的工作任务。

　　博士和硕士研究生期间，对语言学的兴趣时而高涨，时而低迷。一个规律是，兴趣值和研究的深入程度呈现负相关，就像苏格拉底说过的："我知道，我一无所知。"（Ich weiß, dass ich nichts weiß）研究越深入就越清楚缺陷在哪里，而缺陷又总不易弥补。但无论如何，对语言学的热爱总体上展现了螺旋式上升的趋势。正是靠这样的内在驱动，才会不断追逐研究正解。就像博士论文《汉德情感隐喻对比研究》一样，选择该选题的理由纯朴简单，只是想继续研究来弥补硕士论文相关研究的缺憾。但这一次，我想走出舒适圈，想去德国继续追梦。

二、向心而行：德国留学体验

2012 年 10 月 14 日那天，我乘坐海南航空抵达德国首都柏林泰戈尔机场。飞机开始缓慢降落的时候，橙顶白墙的建筑物映入眼帘，那一刻我才意识到，自己真的来到了所谓的异国他乡。对未知的恐慌、期待和兴奋杂糅在一起，冲淡了身体的疲惫。

拖着两个大号行李箱奔波在柏林街头，辗转到了位于威兰（Wieland）大街的酒店（EnergieHotel Berlin City West）。威兰是欧洲启蒙运动的代表，这家酒店也被我看作自己"启蒙"的开端。

我既依赖收留我们落脚的酒店，又想彻底摆脱它。在这里窝了一周，每晚以泪洗面，时差随之，忧愁住所，质疑未来。

就这样，柏林求学旅程伴着泪水拉开序幕。

接下来，依次找房看房、签订住房合同、申请居留许可、办理居住证明、去银行开户、注册手机号、办理个人信用证明、向驻德使馆教育处报到、办理保险等等。终于，生活的衣食住行安排妥当，可以在柏林工业大学语言与交际学院办理入学手续了。一切捋顺的时候，距离抵达柏林已经过去了30 天。

大学一年级的德语课堂上老师就告诉我们德国的文科类课堂通常分为两种：Seminar（讨论式课堂）和 Vorlesung（参与人数较多的课堂，通常以教师教授、学生听讲的形式出现）。那时对此的理解只停留在字面含义。要不是亲身经历很难真正理解前者对于学生思维开拓和自主能力培养有多么重要。

这里的每一门课都是以 Seminar 的形式出现的，课堂参与人数不等，通常在 15～25 人左右，老师会在课程开始前分发阅读材料，并在课程前半段带领大家讨论，针对重要研究理论、难点以及最新研究成果进行梳理。之后会引入课堂报告与讨论，以小组为单位，每组选取/获取一个题目，组员相互紧密合作并据题展开研究，通过报告（referat）来呈现研究结果，准备的过程以及在课堂上均以讨论为主。有时，为了加深对某一主题的理解，老师会邀请这一方向的研究专家，现场讲述研究成果。

　　我所在的系全称是 Fachgebiet für Allgemeine Linguistik（普通语言学系），教席拥有者是我的导师莫妮卡·施瓦茨-弗里泽尔女士（Prof. Dr. Dr. h. c. Monika Schwarz-Friesel[①]）。在她的指引下，我参与了她开设的所有的 Seminar 课程，包括针对本科生、硕士研究生开设的十几门课程，例如 Semantik der Sinne（感官语义学）、Sprache und Emotion（语言与情感）、Text- und Diskursanalyse（篇章与话语分析）、Kognitive Medienlinguistik：Neueste Forschung und anwendungsorientierte Aspekte（认知媒体语言学：最新研究及应用方向）、Macht der Sprache（语言的力量）等等。当然也参加了每学期针对博士研究生和系里研究员的 Forschungskolloquium（研讨课），课上需要各位参与者就个人研究课题展开陈述。除此之外，也参加了其他老师的一些课程，例如：黑尔格·斯柯尔博士（Dr. Helge Skirl）的 Metapherntheorien（隐喻学理论）、马丁·蒂林博士（Dr. Martin Thiering）的 Raumkognition（空间认知）、西蒙·迈尔博士（Dr. Simon Meier）的 Deutsche Phraseologie（德语俗语学）、康斯坦策·马克思博士（Dr. Konstanze Marx）的 Internetlinguistik（网络语言学）、扬-亨宁·克罗明加（Jan-Henning Kromminga）老师的 Sprache und Gruppenidentitäten（语言与群体认知）等等。

　　Semantik der Sinne（感官语义学）这门课给我留下了最深刻的印象。一个以人类的感官与表达为主题的课程，光看题目就已经足够抓人眼球。新颖的课程内容令我欣喜万分，让我认识到原本“严肃”的语言学还可以变得这样精彩纷呈。题目包含 Sprache und Geruch：“blumig, zart, wie Rosen”—Eindrücke von Duft und Gestank kommunizieren（语言与嗅觉：花香、细腻、像玫瑰一样——论香味与气味的印象）；Visuelle Wahrnehmung：Gesichter bewerten（erste Eindrücke）（论视觉感知：以对面孔的第一印象为例）；Sprache und Geschmack：“süß, mild, sahnig”—Eindrücke der Zunge verbalisieren（论语言与味觉：甜味、淡味、奶油味——用语言表达舌头的印

---

① 第一个 Dr. 是教授自己的哲学博士学位，第二个 Dr. h. c. 是匈牙利大学颁给她的荣誉博士。

象）；等等。尤其是最后一个，小组呈现报告时，组员带来了几样特殊的食物，其中有土耳其超市买来的奇异水果，也就是释迦果（Cherimoya），大家现场搜集调查报告来分析。当时，我绞尽脑汁想尽词语来描述它，印象中只用了 süß（甜的）、cremig（乳脂状的）、wie Kuchen（像蛋糕一样）这几个词。课堂结论清楚地说明我们可以从词汇层面、句法层面、修辞层面去描述我们的感受质——夸利亚（Qualia）。

课程的具体考核方式分为 Kleine Leistung（小成绩）[①] 和 Große Leistung（大成绩）[②]，前者只需要在学期内和同组同学完成规定的 Referat（报告），后者则另需提供 Semesterarbeit（学期论文）。报告准备时间通常为一个月，而组内成员之间需要紧密讨论、制定研究方案、确定分组任务；小组每周向课程的 Tutor（课程辅导员）汇报研究进展，并在课程开始前将准备的文件（幻灯片与讲义）交予 Tutor 评阅修改。我参与的每一门课都和同学一起作报告，有时两人一组，有时三人一组。我记得和伊琳娜（Irina）一起在学校图书馆咖啡厅讨论网络中的隐喻表达如何体现情感强度，和来自俄罗斯的维多利亚（Victoria）一起去法国同学玛丽-特蕾泽（Marie-Therese）的家里讨论广告话语的情绪潜能，和说话幽默的詹卡（Janka）去街边咖啡馆一起探讨 Facebook（脸书）中的爱情和友情表达趋向，和来自波兰的卡罗利娜（Karolina）一起对比分析波兰语、汉语以及德语的俗语可译性问题，等等。

最初，不理解导师为何让我参与本科生的课程，我不是来做博士研究吗？带着疑惑与不解开始上课，第一个学期上完 3 门课程之后，终觉受益匪浅，即便是普通语言系的本科生课程，也让我收获颇多。老师授课的方式、深刻又广泛的课堂内容、开放的课堂讨论形式，甚至是作为课堂语言的德语，每一个层面都令人耳目一新。上完这些基础课程，我对普通语言学的基本理论，尤其是近些年的主体理论及其分支有了框架性的了解，同时对导师的理论出发点及其认知语言学理论体系（Critical Cognitive Linguistics）构建有了全新的认识与理解。清楚记得，上完 4 个学期的课程以后，我对自己的学术认知产生重大怀疑，竟还有想重新读一个硕士学位的想法。

---

① 只需要作报告，考核通过后得 3 学分。
② 只需要作报告和写学期论文，考核通过后得 6 学分。

当每一轮的疑惑被拆解、被揉碎，又一次次被我重塑起来的时候，知识便被内化了。一轮又一轮，认知语言学科的知识就这样被积攒起来。

来说说我的恩师吧。我的导师莫妮卡·施瓦茨-弗里泽尔女士是优雅与睿智的化身。从 20 世纪 90 年代至今，其学术成果不断深入，著作等身。她是德国知名认知语言学家和反犹太主义话语研究专家，是经常受德国及奥地利政府邀请作相关专题报告的学者，同时也是课程结束时给学生准备小饼干的大学教授。导师对我影响深远，从柏拉图的"洞穴寓言"到笛卡尔的"我思故我在"的哲学思想，从费格尔的感受质——夸利亚到概念表征的心理词典（mental lexikon），从语言加工的神经基础到布洛卡（Broca）失语症和韦尼克（Wernicke）失语症①……一点一点地，导师领我走入认知科学的世界。

"指导老师"在德语中是 Betreuer/in，词本身有多层含义："照管者、看护者""主管""导师"。而我的导师也经常在多方面给予我支持和关心。科研方面，她指引我认知语言学和话语分析的最新研究进路；她的研究理论严谨超前，总给人启发；她鼓励学生发散思维，做创新研究。生活上，她时刻关心我的生活：抵达柏林，赠送我茶几；邀我一起午餐，共同探讨学术问题；和我一起抱怨颈椎病带来的痛苦；得知我有了身孕，兴奋地为女儿准备手工礼物；每年邀请我们一起共度圣诞节。她就像灯塔一样矗立在科研黑夜中，照亮我，映亮前方的路，带我前行。

成为她的学生，我三生有幸。

三、梅花香自苦寒来：博士论文磨砺

I'm wanting to believe

I'm not too old

Don't want to make it up

---

① 布洛卡（Broca）失语症又名表达性失语症，是指患者能够理解他人表达，但个人言语表达功能受限，尤其在命名和复述方面。而韦尼克（Wernicke）失语症又名接受性失语症，是指患者无法理解他人言语，个人言语表达正常，但是表达内容和话题无关，他人无法理解，伴随明显阅读和书写障碍。

Don't want to let you down

I want to fly away

But I'm stuck on the ground

...

(SAVE YOU—Matthew Perryman Jones)

我想相信

我还不算太老

不想弥补

不想让你失望

我想飞走

却被困在地面

（《拯救你》——马修·佩里曼·琼斯）

    这是写博士论文期间单曲循环过一万遍的歌曲，日复一日的写作生活令人窒息，歌词里"I want to fly away，But I'm stuck on the ground."（我想飞走，却被困在地面。）这句，是我灰暗日子里的真实写照。支撑我走完这条路的一个信念是：无论如何，这是我自己选择的路，硬着头皮咬着牙也要走下去。

    读研究生三年期间，从未想过毕业后去工作，吸引我的只有继续深造。即便被推荐去西安最好的高中之一——西安交通大学附中教德语，也被我拒绝。那位接待我的主任在收到我的拒绝之后，还特意以轻蔑的口吻说："放弃多少人梦寐以求的职位，你会后悔一辈子的。"那位主任不知道的是，我大概率是个学习机器。研究生期间学了几十门关于语言学、文学理论、跨文化交际学的课程，仍觉不满，满腹赤诚要去德国继续读书。

    每天查信息、投简历、写 Motivationsschreiben（动机信），无限循环。2012 年 1 月 14 日，终于收到莫妮卡·施瓦茨-弗里泽尔教授的邀请函。邮件里她说：Aus Ihren Zeilen spricht soviel Interesse und Motivation, dass ich Ihnen gerne helfen will, bei mir an der TU zu promovieren. 大意是说，从我的信里她看见了我强烈的兴趣和动机，她非常愿意帮助我在柏林工业

大学继续读博。字里行间令人雀跃。那封信,改变了我的人生轨迹。更令人惊喜的是我的攻博计划获得了国家留学基金委的认可和资助,留德计划变得无限荣光。

到柏林前,博士论文题目已经和导师商议完成。出发前,在和导师沟通的第三封信件中导师特意提到"[...] müssen sich aber auf intensive arbeit einstellen [...]"。她提醒我,接下来博士论文需要全心投入才可以。我带着一腔热血和喜不自禁,低估了这里的 intensive(高强度)的含义,低估了博士论文的难度值。开始前,没人能想到,一篇博士论文会难度值高到花掉我6年半的时间。

由于我所在的系正是我导师的教席(Lehrstuhl),因此,研读导师的著作、透彻理解理论成了我的入门第一步。读博前两年大部分时间都在上课,全面系统熟悉导师的理论,如语义学、篇章语言学、认知语言学、语言与情感、话语分析等等。起初,全德语的课堂令我非常不适应(即便硕士研究生期间部分课堂已经是全德语讲授),常常明白了上一句,下一句已经漏听,带着沮丧过了一个学期。用时下流行的话说,那时的我觉得自己学了"假德语"。暗暗下决心,从听懂课堂开始。因此,课余时间我泡在图书馆里读大量全德语文献,并精读导师理论的文献。印象深刻的是,在导师的课上,她不断提到其中一种 Dichotomie,也就是 repräsentationl 和 prozedural,这一对概念在词典里都可以查到释义,分别表示"表征的"和"程序的",但研究如何将他们放在对 emotion(情绪;情感)的定义中来理解,花费了我很久时间。这样的事例还有很多很多。

慢慢地,两个学期后基本适应了课堂,除熟悉了课堂内容(语言学理论),也对 universitätsdeutsch(大学里的常用德语表达)更为熟悉了,可以较为自如地参与课堂活动。习惯了用另一种语言表达个人思想,并与其他人开展分析与讨论;甚至,开始享受每一次报告的展示。课堂参与者对汉语表达和中国文化乐此不疲,频频举手提出疑问,在我的报告里,他们也看到了不一样的东方世界。

摆在面前的第二道关卡是个人论文的框架。刚到德国的时候,导师就曾经对我的硕士论文提出了很多修改意见,由于理论根基不稳,几乎到了推翻重做的境地。因此，在博士论文的开端，我对自己的论文也提出了很高的标准。在确定第一版论文研究框架时，已是博士开始两年后，前期工作是搜集/清洗研究语料、参阅大量相关文献、每周参与系里的 Forschungskolloquium（研讨课）、每学期参加 Workshop（研讨会）、每隔三个月就去导师的 Sprechstunde（固定问询时间，需要提前与导师预约）。但也万万没想到，真正细化论文框架并确定方案的时候，还是被现实来了一记"大耳光"。

2014—2015 冬季学期是导师的 Forschungssemester（科研学期），这也就是说，她可以不参与系里事务。由于家庭原因，每当没有教学事务缠身时导师就会去以色列的耶路撒冷居住。那学期的研讨会由我向包括系里老师在内的相关研究人员展示了我的研究计划。受导师委托，这些研究学者会对我的报告提出评价意见。这是一次比较重要的展示活动，有些博士论文"中期检查"的意味。

展示前我大概提前了 30 分钟到现场，一手拿资料，一手不停地看手表。手里湿漉漉的，满是紧张的汗水。报告紧张开启，顺利展示，结束时收到了大家的反馈。理论根基在两年后的呈现没有问题，只是我的实证性分析没有立足点，有些不科学、不严谨。好在，在座的各位研究人员向我提供了具体的解决方案，他们坦诚的、有批判性的、充满建设性的意见令我又懊恼又欣慰。懊恼的是，对自己瞬时质疑，失望于个人表现，博士论文框架竟还存在这么严重的问题。欣慰的是，他们不光指出问题，还教会我具体的改进的办法（事实证明，他们的建议最终都被采纳）。向我提出改进方案与建议的两位老师，目前是德国两所知名高校的教授，也拥有了自己的教席，在此也再次奉上真诚的谢意。

作完报告 10 天之后，我发现自己怀孕了。当时不知是由于体内荷尔蒙有波动，还是心理压力过大，当天回到家里，待丈夫下班，抱头痛哭，自己像一只被遗弃的淋湿了全身的流浪狗蜷缩在床上。自我评价降到最低值，自我怀疑升至顶点。那时的自己以为天要塌下来，却不知后面还有更大的挑战迎接自己。当时对自己的严重不满和失望导致心情瞬间跌到谷底，痛哭流涕到抽泣。殊不知，这次探讨也仅仅是开启了我博士学习的至暗阶段。经过一轮又一轮的打磨，在导师和其他学者的帮助下，论文框架终于确定完毕。

　　紧接着,第三个难关即将到来。开始论文撰写前,身边已经多了一个咿呀学语的小婴儿。她那样可爱,肉嘟嘟、胖乎乎的小身体,像一个人形挂坠,日日希望在妈妈那里得到一个温暖的怀抱。待她能开始吃辅食时,我便开始规划论文撰写。

　　我大抵是个负责任的母亲,也或许是个有着过分强烈保护欲望的母亲,又或许是个过分焦虑和紧张的母亲,毕竟这是我第一次在国外养育后代,跟宝贝分开的每分每秒都会规划好她的饮食作息生活。可这不免令人压抑,孩子不是机器,不需要以分钟为单位安排她的生活。我被孩子的姥姥从家里的书房赶了出去。很感谢妈妈的"狠心",从第一天走出家门,我便开始认真撰写论文,这是一段"刻骨铭心"的日子。

　　每日早 8 晚 5,背负 10 多斤的电脑和资料,穿梭在柏林的街头巷尾,有时骑自行车,有时乘坐地铁,辗转于数不尽的图书馆和咖啡店。隔壁就是动物园的柏林工业大学的 Volkswagen(大众汽车)图书馆无疑是我停留最久的地方,因为这里离上课的地方最近。借过半年用来装参考书籍的小推车(lernbox),租过半年的单人工作间(carrel),还为每一楼层评选过最佳自习位置。每当进入图书馆站在更衣柜面前时,工作状态就会即刻就位。那份由书带给人的静谧和安全感,至今令我怀念。有书的地方就是天堂。

　　学校的图书馆待腻了,就又来到离家 8 公里的隶属于普鲁士文化资产基金会的德国国立图书馆。这里充斥着文化的气息:柏林爱乐音乐厅、柏林电影节举办地、波兹坦广场。第一次进入图书馆,我便震惊于这个图书馆的藏书量。转动书架上的滚轮,不管多么古老的资料都能随着滚轮缓缓转到手边。触摸那些泛黄的古老书籍,仿佛触摸着已经远去的时间与历史。

　　论文写到后半段,异常欣喜地发现原来离家最近的图书馆是柏林自由大学图书馆,骑自行车 15 分钟就可以到达。首次寻找自由大学主图书馆集群时,意外遇见以建筑设计闻名的柏林自由大学 Philologische Bibliothek(语言学/哲学图书馆)。图书馆不大,却最适合文科生,那一刻如获至宝。就是在这里,日落黄昏,日复一日,树叶枯黄掉落又重生。时光雕琢,博士论文初稿在这里完结。

当然撰写论文的过程从来都不会一帆风顺。和博士论文"殊死搏斗"的日子里，难免情绪会低落，万万没想到，因为撰写博士论文这巨大的心理压力，身体也频受攻击。这漫长的过程夹杂着两次德国医院急诊体验。有一天，从柏林自由大学图书馆回家的路上，突然感觉头很重，和感冒时头沉不同，像是用头背负了重物。起初没在意，以为是在图书馆里工作太久导致的大脑缺氧。凌晨 2 点，头晕到睡不着觉，头皮发麻，有些喘不上气，量了血压，110/170 mmHg。并未患有高血压的我吓坏了，即刻去了急诊。躺在急诊室的病床上，看着周围的电子设备和仪器，听着深夜急诊患者的呻吟，我才从书写博士论文的疯狂状态中走出来。值班医生不断询问我的状态，认为我是压力积蓄导致血压突升，给我开了降压药，让我白天在家继续观察。我知道我的身体没事了，是我的精神站出来反抗她所受到的不公待遇。

想起出发德国前，硕士研究生导师刘越莲恩师特意交代我，读博时必须要注意锻炼身体，身体是第一位的。当时不以为然，后来应验了。我从小身体强壮，发烧不超过 3 次，却在论文撰写的阶段不断生病：神经痛、先兆偏头痛（视觉障碍）、颈椎病、免疫力低下、失眠、焦虑、日光性皮炎，小小的感冒也会一个月无法痊愈。身体的不适和论文撰写携手同行，仿佛这一切不适就是衍生品，如影随形。

我的先生很是心疼我，帮我找了全柏林最好的中医。这是我身体和心理状态的转折点，救命的时候还得是博大精深的传统中医。医生姓张，在德国工作了近 30 年，在同我面诊的 10 分钟时间里，和我讨论了身体、博士论文、国外生活、家庭生活等等，认为我有些焦虑，之后给我做了人生第一次针灸。张医生下的每一根针都与我讲了中医理据，就在"疏通筋络"的那根针扎下去的同时，我感受到了中医的神奇，仿佛是有液体或者气体流动的感觉。结束治疗后，头皮发麻的感觉竟然神奇地消失了。

作为德语非母语者，论文完成后，我找了专门修改论文的机构为论文修改润色。之后，战战兢兢交到导师和二导手里。不到三周的时间，竟然快速收到导师对论文的认可，让我可以准备答辩。2019 年 5 月 8 日，天气阴雨，在柏林工业大学主楼，完成了我的博士论文答辩，答辩委员会给我的成绩是 summa cum laude，也就是优秀。很奇怪，那一刻拿着答辩委员会签发的答辩证明，竟心如止水。这可是我拼了命换来的证书啊！我不相信，就这样就可以在名字前冠上博士头衔，一时无法从博士论文的重负中走出来。直至2019年年底，参加了柏林工业大学为当年所有博士毕业生举办的毕业典礼，典礼上听了其他同学的咬牙奋斗的故事，和校长一起合影，听了乐队的演奏，慢慢地才敢相信，我，真的完成了博士研究。我，好棒啊！

柏林工业大学，江湖再见！

四、拨开云雾见天日

留德第三年，我第一次做妈妈，人生就此大不同，从发现怀孕那天起，生活由单线变成多线，日常喜悦感从低值到高值，但压力也随之翻倍：攻坚阶段的学业、孕育的新生命令我应接不暇。有了孩子后，总感觉身上背着两座大山：学业和孩子。博士论文就像我的另一个孩子，随时随地和我的女儿争宠。有一方照顾不周，就会令我十分自责。

博士论文完成前，我感觉自己时常陷入恐慌之中，时常面对自己的论文忧心忡忡：担心自己无法如期，甚至无法顺利完成论文；完成后又担心自己框架再出纰漏；确定无误后又担心论文交给导师批改后被全部推翻；等等。2019年3月8日，国际妇女节那天，我收到导师肯定论文的信件。快乐持续了几日，之后便开始继续担忧，怕自己无法通过答辩。

有段时间，我对自己披星戴月的付出产生了强烈的疑问。博士道路上的孤独与寂寞令人难以接受。失眠的夜里无法捋顺博士论文研究的意义，不知投入数月数年的工作为这个世界带来了什么。黯然神伤的背后，我意识到我有了研究的对抗情绪。

这一路，也是自我认识、自我救赎、自我成长的一路。疲惫的身体需要休息，焦虑的心灵需要抚慰，我开始向内发现问题，向外寻找答案。

这一路，如果没有另一半，可能无法到达终点。鼓励宽慰、拆解问题、出谋划策，他一步步开导我。先生说我是理想主义者，是典型的完美主义者。可是完美主义是成功路上的绊脚石，一味追求完美只会让人拖延，拖延症患者就会变成 thinker（思想者）而不是 doer（行动者）。想得太多，得不到正向回馈，自我认知就会受到阻碍，慢慢变得焦虑不堪。他带着我一步一步从偏离的跑道撤离。

为了对抗负面情绪，我开始刻意做出身心改变。先生拉着我运动，每周在 Grunewald（格鲁内瓦尔德）森林里跑步 5 公里、在城市里骑车探索、去健身房练习瑜伽；和朋友一起聚会，一起探讨人生；开车去柏林周边城堡旅行；在名人自传里经历体会人生低谷和强大意志。

慢慢地，那种对生活失去掌控感的担忧慢慢消退了，对未来可以期望，但不再执着。

五、当梦变成现实，前路依旧漫漫

冒充者综合征（impostor syndrome），第一次了解到这个概念是在社交媒体网站 Facebook（脸书）的首席运营官谢里尔·桑德伯格（Sheryl Sandberg）女士的自传 *Lean In for Graduates*（《向前一步》）中。她解释说，这是一种心理障碍，是指有能力的人因自我怀疑而苦恼，相较于男性，女性受影响更多。患者会"觉得自己是个骗子""是个冒充者"。阅读当下，隐约觉得我好像有如此症状。我不认为我有能力，我会自我怀疑。桑德伯格女士指出，女性很擅长苛待自己，她们会将自己的成功归咎于"运气不错""有他人帮助"等等。这，不就是我吗？他人说我谦虚时，我不理解，因为我是发自内心地认为我不值一提，我要改进的地方还有太多。

"冒充者综合征"这种否定自我能力的倾向，其实是一种具有严重的长期负面影响的心理模式。因为，碰到负面反馈时，这种模式往往会变本加厉地让受害者内心受挫。入职初期，这样的心理模式还在侵袭我。

2020 年 11 月，多年的教师梦即将变成现实。这一刻，不知等了多久。从小就梦想做老师，成年后希望这辈子做语言研究。不敢想，学生生涯结束时能以兴趣和梦想为职业，这是人生多么大的幸运！

在安徽大学外语学院的第一节课是"德语语言学"，其实两个月前我从德国飞抵上海时就随身携带了教材。在隔离酒店内，已经摩拳擦掌备好了课。课前，从衣柜里挑出最爱的衣服，化了淡妆，提前 20 分钟到达教师休息室,开始擦拭手心。即将踏入教室的那一瞬间心情十分复杂,既紧张又兴奋。因为担心自己课件不完善而紧张,因为期待看到一双双求知的眼睛而兴奋。

又一次回到大学校园里的时候已经更换了身份,从学生换作老师。"冒充者综合征"又一次拜访了我,为我制造紧张不安,向我发出"何以为老师"的疑问。学生的课堂提问、课下的招呼,那一声声"老师"的背后都站着手握刀枪的卫士,目露凶光向我问询"资格"这件事。这次,我仿佛找到了解决方案。面对课堂,面对学生,我会将课堂内容充分准备。面对科研任务,我会努力熟悉课题,只有越熟悉才能越深入,我与课题联结越紧密的时候,课题就会被研究得越透彻。

今年是我工作的第 4 年。4 年下来,我慢慢在对自我的观照中给自己贴上了教师的标签。慢慢地不再怀疑,开始信任自己,也信任自己的能力。也许未来的某个时刻,我可能还会觉得自己是个"骗子","不配拥有这样的好运气",但既然我已经走在了正确的道路上,哪管它前方依旧路漫漫。反正,"做个好老师"是我一辈子笃定的信念。

引用一句丹麦哲学家克尔凯郭尔的名言:"你怎样信仰,你就怎样生活。"

六、端好"家庭""事业"两碗水

我时常说,没有家人的支持和陪伴,我是无论如何都无法完成博士研究的,更无法开启我的职业生涯。与其说有资格进入安徽大学工作是我的成绩,还不如说是我的家人的成绩。

无比幸运,拥有这样的家庭。

我的父母和我先生的父母都是愿意给孩子自由的人,换句话说,他们愿意给予我们信任。我们做的决定,在沟通过后,他们总是无条件支持。支持我们恋爱、支持我们踏入婚姻、支持我们一起出国拼搏、支持我们有下一代、支持我们回国,一步又一步,没有迟疑和反对。他们始终秉持的理念就是"工作第一""孩子交给我们你们要放心""家里的事我们可以顾好"。他们帮我们解决后顾之忧，让我们能全情投入工作。

第一个孩子出生时，我们在德国。为了帮我们照看孩子，双方父母便办理了签证，每隔三个月（德国探亲签证的最长期限）过来一趟，保证我们在柏林的小家有人照应。就这样，18 趟中德航班把我们的姑娘养大了。

我私底下对父母充满了感恩。突然到了完全陌生的环境，他们都在拼命适应。他们都经常跟我说，在德国他们就像文盲一样，大字不识一个。我开玩笑说："不是好像，就是文盲。"谈笑间，心里却充满感激与愧疚。年过半百在异国他乡，还要和超市的收银员相互问候，学说德语 hallo（你好）、danke（谢谢）、tschüss（再见）。一遍又一遍，不知学了多少回才能大概发出类似的语音，真是可怜天下父母心！也是做了父母才知道父母愿意付出多少。

回国时，选择了陌生的城市——合肥来落脚，先生的父母更是提前来合肥打探情况，看我们主意已定，又再次来到合肥，帮我们租住合适的房子。第二个孩子降生前，我的父母也提前来到我身边，照顾我们的起居。二宝出生后，婆婆也搬到了合肥，帮我们一起分担家庭任务。无法想象，我们目前的生活如果没有几位长辈的协助会是怎样鸡飞狗跳的画面。

那么，还要感谢我的另一半，先生就是我的另一半。从 16 年前认定是他的那天起，就把他看成我的 Double S。第一个 S 是指 soulmate（灵魂伴侣），任何我的语音语调表情动作，他都深谙其中的 conversational implicature（暗含义），是不折不扣的灵魂伴侣，是我真正的"解读者"；另一个 S 是指 saver（拯救者），他总能在我最需要帮助的时候出现在我身边，宽慰我、保护我、为我出谋划策。

如果说职业生涯从本科算起的话，那我的先生参与了每个过程。没有组建家庭时，我们就学会了帮助对方分析现状、难题，然后商议解决方案。有了小家以后，先生更是在每一个节骨眼儿上鼎力相助。他会帮我一起规划科研目标和任务，将工作中的任务拆解，甚至会以计算机科学从业者的身份与我一起探讨语言学如何与计算机科学更好地结合在一起。他会在每一次我焦灼的时候挺身而出，为我分担家庭琐事和照料孩子的任务。

既然讲到平衡，一段良好的婚姻关系的基础便是相互支持，我也会在他需要我的时候挡在他的面前,为他打点生活琐事,帮他分析工作状况,支持他工作应酬。我俩很默契,默契到不提前约定就能在硕大的网络商场中买到同样物品。因此,处理生活琐事也颇为默契。我们之间一个不成文的规定是:对自己负责,为对方着想,为家庭付出。我们会时刻划分由这三个层面产生的轻重缓急,相互做对方的救兵,让生活的齿轮正常旋转。

事业和家庭之间不能说平衡得很好,因为我对目前的事业和家庭生活时间分配并不满意,要想达到理想的状态还需要再调整。但我和我的家人拥有共同的信仰,那就是让努力和优秀成为一种习惯,碰到挫折要积极阳光,碰到令人懊恼的事情要反向操作,碰到悬而未决之事要顺其自然。

老天待我不薄,未来更要驭风踏浪!道阻且长,行则将至!

我的逐梦人生

　　人物介绍：王存苗，安徽大学外语学院法语系讲师，毕业于巴黎高等翻译学院笔译硕士专业。发表论文《ESIT 笔译教学模式探究》《本科法语翻译课程思政建设的思考与实践》等；译著有《食物主权与生态女性主义》《海洋文明小史》《沙滩上的薛定谔——带着量子物理学去度假》《小刺猬阿奈家的 24 小时》和《出色表现的秘密》。

　　梦想，对我来说，是人生中最美妙的东西。它自带光芒，起初看来遥不可及，但当你真正触碰到它的时候，会惊讶地发现，原来那个渺小的自己也有着巨大的能量。

一、世界那么大，我想去看看

　　出国，是我踏入安徽大学校门，坐在窗明几净的教室里，上完夏秀峰老师的第一堂法语课后，心中萌生的第一个自己认为可以通过努力而实现的梦想。作为一名小语种学习者，这种梦想再普通不过了。

　　当时国内法语学习资料较为匮乏，随处都能看到英文书籍和音像制品，而法语的却寥寥无几。我记得，那时的我，最爱在合肥大小书店外语类书架上用急不可耐的目光搜寻关于法语的书籍，每每发现一本，都如获至宝。有一年假期去北京，我还在法盟图书馆里办了借阅卡，那时候的感觉就是如鱼得水。图书馆旁还有一家法语书店，琳琅满目的全是法语书。在那里，我第一次了解到原来法语词典每年都会出一版，词典封面上会像红酒瓶上一样标注年份，而且词典的种类相当多，多到令当时的我感觉不可思议的地步，那真叫一个大开眼界！我想，如果有一天能去法国，应该能看到更多吧！

于是，踏出国门去看看这世界的想法就在我心中扎了根。大三时，告诉父母想要出国，母亲总是左摇右摆，每当我能用言辞说服她时，她瞬时就偏向我这边，说这一定会是件大好事，可听了父亲的意见后又觉得他说得也有道理，随即告知我还是先等等。父亲的意见是让我先在国内考研，考不上再出国。于是，大四那年，我就裸考了北外，结果可想而知。

父亲无法第一时间做出决定，是因为他没有去过法国，不了解那边的情况，也不知道需要花多少钱、在不在他的能力范围之内。我曾经咨询过一个新东方的老师，他认为我父亲之所以没有那么爽快地答应，是因为在他眼里，我还是个孩子，所以如果我的表现让他足以认定我已成长，他就会支持我。于是，我找本系的老师询问法国的情况，并问是否可以去我家和我父母当面谈一谈。老师欣然答应。但在他们见面之后，父亲仍旧犹豫，因为他认为这位老师虽然在法国生活过一段时间，但她了解的只是曾经的法国。于是，我又找到了一位当时正在法国读博的老师，趁她假期回国，约她来和我父母见面。这一回，父亲心中的石头终于落了地，对我说："现在我可以放心地让你去了。不过，所有准备工作你都要自己去办。"我咧嘴一笑，说："没问题！"

签证下来之后，发现有效期的起始日期是法国大学开学一周后，这可让我觉得有些遗憾。为了不落下课程，我勇敢地拨打了法国驻上海总领事馆的电话。我的勇气源于上大学期间的一次经历。记得之前在学校举办的法语文化日活动期间，总领事得知我将要赴法留学，就和我说如需帮助，随时找他。想到这些，我立即在官网上搜索联系电话，打过去说要找总领事，但对方总是询问我是谁，找总领事什么事，问来问去也不给转接，困难重重。然而，我并没有气馁，而是急中生智想到了另一种方式，我尝试着用法语电话沟通，这一次，我说自己是总领事的朋友，因为想到曾在席间与其碰杯时好像说过"为友谊干杯"之类的话，自称是朋友，先生想必也不会怪罪于我。

这一回接线员的态度特别好，没有再继续详问，立刻就把电话转到总领事先生的助理陈老师那里。从陈老师的口中我才得知，原来总领事已经去了别的地方任职，但因为她曾与其共事多年，也很乐意替他兑现之前许给我的承诺。就这样，我的签证日期顺利提前了，不仅如此，那位老师还帮我订到了一张机票。父亲之前托人订的是从北京出发的，且价格非常昂贵。这一点，我在电话里跟陈老师提到过，她当时就说可以帮忙订一张从上海走的机票，价格很合理。父母之前完全不相信我几通电话事儿就办成了，更不相信没见过面的老师还能帮忙订机票，直到在上海见到陈老师的那一天。那晚，父亲摸了摸我的头，欣慰地说："孩子，你真的长大了！"

二、成长历练：我的法国留学之旅

2006 年的秋天，我独自一人踏上了赴法留学之路。位于法国东部邻近瑞士边境的贝桑松小城给我留下了童话般的美好回忆。我在这大文豪雨果的故乡学习了一年的对外法语教学，结交了许多有趣可爱又乐于助人的好同学好朋友，也轻松拿到了第二个本科文凭。

其实还未毕业，我就开始做下一步打算了。一年，很快就会过去。接下来，是继续攻读本专业的硕士学位，还是去试一试向往已久的巴黎高等翻译学院（以下简称"巴黎高翻"）？我几乎天天都在问自己这个问题。考虑许久后，最终还是决定倾听自己内心的声音，去追逐那个如若不追就会成为终生遗憾的梦想，走一条自己认为收获最大也最难走的路。曾经和国内本科时的外教老师提起过报考巴黎高翻的想法，当时她就说这所学校非常难考，成功率太低，说我考不上的。但高翻的光环无时无刻不在吸引着我。我心想，外教说我考不上，就真的考不上吗？我偏要去试一试！如果自己真不是这块料，再另做打算。

起初选择对外法语教学专业，是因为想回国当法语老师。继续读研，回国当老师一定不成问题。但如果高翻能读下来，回国执教的梦想不仅可以稳稳实现，还能锦上添花。

下定决心后，我就报了名。复试的那天早上，平生第一次遇到公交车抛锚事故。我要赶火车呀! 怎么办? 突然想到可以搭顺风车,于是在路边竖起了大拇指。没多久,一位大叔停下了车,摇下车窗询问,了解情况后立马让我上车,然后飞快地开往火车站,我这才赶上去巴黎的列车。复试结束后,地铁广播通知大家有可疑包裹,请所有乘客下车步行至下一站。好家伙,又是平生第一次! 好不容易走到了下一站地铁口,又在下台阶时把脚踝扭伤了,只能一瘸一拐跟跟跄跄回到贝桑松。当时就想,祸不单行,考试结果会不会也一样这么狼狈?

惊喜之所以叫惊喜,就是因为事实和预感的完全不同,却和内心的期许一致。收到录取通知书的时候,我激动得心都要跳出来了。巴黎高翻,世界上最负盛名的三大翻译学院之一,法语翻译的殿堂级学府,向我敞开了大门!

如果说法国公立大学课程少,文凭相对容易拿,那么精英学校则课业繁重且淘汰率高。巴黎高翻情况较为特殊,隶属公立大学,但又具备精英学校的特性,也就是说没有学费,只有注册费,标准高要求严。我印象中,在高翻的整整三年,时常都是马不停蹄,早上最早的课程 8 点开始,中午没有午休时间,下午 1 点就上课,一周还会有一天晚上快 9 点才能到家,周末不是写作业就是去图书馆查阅资料或去会展中心看展,向行业专家讨教,同时录音录像。当然,下午放学比较早,还是可以帮人家接接孩子打打零工。报酬虽然不高,但可以抵消房租,减轻父母的负担。

巴黎高翻现在的笔译硕士学制两年,我是最后一批学制三年的。那时,第一年是预科,课程成绩满分 20,每一个教学模块(由几门课程组成)的平均分需要达到 12 分(公立大学是所有课程放在一起算平均分,10 分即可及格),12 分以下需要参加补考,补考不通过,就得走人。当年,我们班有两位同学因补考未通过而永远地和高翻说再见了。第二年,班里就只剩下 11 名"幸存者",我是其中一员。原本想到补考,心里都无法接受,但后来认清了事实,了解到在法国含金量越高的学府通过率就越低,也就不去想太多了,毕竟能够参加补考证明学校还是想给我一次机会的,就看我能不能把握住了。

毕业实习,我做了两份。第一份是在巴黎九天翻译社。整个翻译社其实就只有陈旭老师一个人，她是巴黎上诉法院宣誓翻译，同时也是最大的华文报纸之一——《欧洲时报》的供稿者。我在她的翻译社里，从接待、翻译到收银的全流程都有接触，着实体会到了一个独立经营者的不易。一坐一整天，中午时常是一边吃饭一边接电话。每天下班回到家，满满的疲惫感，吃饭速战速决，倒头就睡。记得一天下午，译完一份文件后，想站起来比个胜利的手势，一起身就两眼冒金星。三个月里，我译过的文件不仅数量多，种类也多，除了笔译，也做口译。每一位登门而来的客户都有着不一样的身份背景和经历，每个人的故事都让我好奇，每一次不经意的分享都让我如临其境，仿佛自己刹那间变成了对方。这段实习让我深刻地认识到翻译对象、翻译服务对象、翻译服务对象的诉求和翻译受众之间的联系，明确地意识到我是在为人服务，用另一种语言替他们说出自己想说的话，而不是像在做作业时那样毫不清楚自己在为谁翻译，又要译给谁看。

实习收获可以说完全超乎预想，因为除了全面涉猎翻译社的工作外，还承蒙陈老师的关照，起草过《欧洲时报》的文章，做过巴黎中国电影节开幕电影《非诚勿扰》的字幕翻译工作。

第二份实习是在法国国立行政学院[①]——高级公务员的摇篮，也是出总统的地方。实习的具体部门是位于巴黎的国际关系部亚洲-大洋洲处。在那里，我负责接待中国代表团，处理行政公务，翻译讲座人课件。实习期间，我不仅见到了许多重要人物，如曾任法国总统的德斯坦先生、法国前农业部长，还有巴黎大众运输公司、法国赛峰集团及里昂信贷银行的代表，亲耳聆听了他们的精彩讲座，还跟随代表团游览了众多名胜古迹，包括法国国立行政学院总部所在地斯特拉斯堡、法国最大的工业城市之一里尔、东南部大城里昂以及位于巴黎市郊的赛夫勒国家陶瓷博物馆。

记得在陶瓷博物馆给中国代表团做口译的时候，行政学院外聘的翻译带一队，我带一队。那位翻译是法学博士，并非翻译专业毕业，在译前准备工作上有所疏漏，导致在 biscuit 这一专业词汇的翻译上出现了短时的卡壳，还好专业素养较高，知道不懂就问，而不是蒙混过关、模糊处理，最后妥

① 法国总统马克龙 2021 年 4 月 8 日宣布，将废除法国国立行政学院，新成立一所"公共服务学院"取代它。

善地完成了翻译。biscuit 最基本、最常用的意思大家都知道,是饼干。但在陶瓷专业上是"素坯"的意思,也就是没有上釉的作品。我在译前严格按照老师教授的方法进行准备,所以一切都在预料之中。翻译任务结束时,我内心雀跃,对老师和学校充满了由衷的感激。

高翻的教学安排非常紧凑,课程从始至终满满当当,实习期间可以请假免听,但从不早早停课给学生几个月的时间做实习。毕业考试、实习报告和毕业论文三方面全通过才能拿到文凭。在这样大的压力下,当年班里只有七八个人顺利毕业,我是其中之一。

高翻的学习虽苦,但毕业之后,无论面对何种笔译任务都知道该如何准备、如何进行,面对从未涉猎的领域也绝不会害怕,因为懂得方法,且已形成习惯。当然,问题总会层出不穷,但心里不害怕,就一定能找到解决办法。高翻教给我的方法至今受益无穷,而这种方法绝不是什么可以让人一辈子都能轻松百倍、一劳永逸的方法,而是一种很辛苦的方法,只不过辛苦惯了,就不觉得辛苦了,因为必定要这样做,才能有高质量的译文。或许在多年的努力下,在各方面的能力有所长进后,在完成一些难度适中或难度较低的翻译任务时,我们会觉得轻松无比,但这并不意味着在一段时间的努力过后就能一辈子躺平。老师们教我们要爱上付出,爱上努力,爱上一般人不爱注意的小细节,爱上冷门小知识……因为当你真正爱上了,就不会感觉辛苦了,高质量的译文给你带来的精神上的获得感远远大于疲惫感,这时,钢铁就算是炼成了。

三、教研结合:我的职业身份认同

毕业后,我很快就回到了国内,如愿当上了大学教师。青春岁月的所有梦想至此画上了圆满的句号。但作为青年教师,我的教学生涯才刚刚开始。

起初,我很难理解为什么要在教学的同时还要开展科研工作,因为单是教学就已经是一件需要花费很多时间和精力的难事了,也很不想出现最后教学科研两头都做不好的结果。的确,刚入职的教师,通常会把时间和精力一股脑儿都放在教学上。因为一切刚刚开始,对教学工作还不是很熟悉,慢慢才能把握好节奏、掌控好课堂，慢慢才能深入了解学生这一群体。尽管我们都是过来人，但今天的他们已不是昨日的我们。

后来，确切地说，是在工作13年后的今天，我才真正明白了教学科研同时开展的重要性和必要性。是的，我的确后知后觉。虽然在过去的10余年中我也陆续做过一些科研、教研工作，但在内心深处，并不像今天这般清楚底层的逻辑。

教师，除了传授知识技能、培养学生各方面的素养之外，还有一个表率的角色需要承担。这一表率的角色不光光体现在对知识的理解消化运用、技能素养的高水平上，还体现在对更高一层知识技能素养的追求上。这一表率的角色需要的是一种动态的呈现，而非端坐下来以相对静态的方式将以往所学倒灌给学生。这种"动"，是要自己动起来，继续求学，继续研究，继续思考，继续前行。不是自己"动"完之后再来要求学生或带着他们一起"动"，是要让学生知道老师也一直都在"动"，他们才更有前行的动力。

此外，一日不学便会有懈怠，知识技能素养一日不更新便会有脱节。教学，好比血液，需要不断循环；好比细胞，需要不断更新。教学，更像是大江大河，日日奔流不息，是源头活水，而非死水一潭。我们是否真的认为，仅凭自己拥有的一桶水，就足以给予学生满满一碗水的滋养呢？或许具体到某一节课里有限的教学内容，这桶水乍看之下似乎绰绰有余，但整个课程的教学高度并不是一节课一节课简单机械地累加就可以达到的，它一定是多方面作用的结果，而其中一方面一定是教师自己永不停歇的脚步。这一点，一定会在教学设计上体现出来，也一定会在教学成果上显现一二。

四、"养娃"与教学的相通之处

自从有了孩子，事业上的可支配时间就开始锐减。家庭生活在一定程度上对我的事业发展（包括时间、体力和精力）构成了阶段性的障碍。但教育是相通的，在养育孩子心力交瘁的同时我也有了不少心得，这些经验对于高等教育普及化时代来临之前的大学生来说或许并不重要，但对于现在正处于这个时代的大学生来说确实非常受用。

曾有一位刚入职的年轻教师在遇到"奇葩"学生难以面对的时候,问我为何能够如此泰然处之。我想了想说,因为我有孩子,而我的孩子也不是那种乖乖宝贝,不是特别聪明,有些方面还特别笨拙,说话做事想问题的方式我一开始也完全不能理解,但我是她的母亲,必须全然接纳他,还要在能力范围之内帮助他,用心用爱去陪伴他。我想,这就是我领悟到的教育的真谛,无论教育对象是自己的孩子,还是学生。

2023级法语系的学生除了带有高等教育普及化时代的烙印之外,绝大多数都有转专业的打算,所以课堂教学困难重重。不少代课教师都挺头痛,但我的课堂整体情况却是越来越好,这得益于我的孩子给我的几点启发。

(一)多彩教学,寓教于乐

去年暑假,我开始在家里教孩子法语。发现他不喜欢坐在桌前,不喜欢在小小的本子上写小小的字。于是,我就提议用画画的大开纸和他最喜欢的丙烯彩笔,也就是他同桌口中的"油漆笔"来写一写学到的单词和句子。他顿时兴趣大增,两眼放光,频频点头。我们要么在床上,要么在地垫上,反正只要不在桌上,他就开心无比,因为身体不受拘束,可以盘腿而坐,也可以随时趴下,跷跷小腿,动动小脚,悠然自得,更可以躺下来,四脚朝天。别看学习的地点和姿势这么随意,他可认真了!我每写一个单词或句子,他都要用自己挑选出来的两支彩笔各抄一遍。有一次,句子特别多,他整整抄了七八张纸,一点儿也不觉得累,更多的是意犹未尽的感觉,而且写得特别好看。平时作业本上的字可难看了,每个字都像是在挣扎,挣扎着要跳出那个米字格。

我想,通过丰富教具开展多彩教学,多一些形式上的变化,寓教于乐,或许也可以让我们大一零起点的学生在课堂上进入更轻松也更开心的学习状态。老师在课堂上教授的东西总归是有限的,但如若能够通过有限的课堂教学适时地给到他们轻松有趣的体验,让他们对自己的专业越来越感兴趣,激发其探索欲、求知欲和主动性,那他们身上的小宇宙将是不可估量的。于是,我根据课程内容有主题地设计课堂活动,形式多样,让大家在课堂上、在游戏中就能记住所学的词汇和语句表达,而不是课上一股脑儿地灌知识,课下要他们死记硬背自己消化。就这样,课堂气氛越来越活跃,同学们也一改之前闷不吭声、说话声音细小到需走到身边才能听见的状态，课下的小组作业准备得也很充分、很投入。

（二）给予顶级的尊重和有浓度的陪伴

孩子通常不会对颐指气使的家长妥协，但如果你蹲下来，让自己的头部位于孩子眼睛的下方，拉着他的小手，仰视着他，轻声细语地询问他内心的真实想法，不出意外，他都会卸下一切包袱，心中的敌对情绪烟消云散，不久便把自己心里的话和盘托出，而且会认真考虑你给他的中肯建议。我家孩子每每出现让人难懂的行为或话语时，只要我按捺住不满的情绪，以这样的态度和方式询问他，他都会给我一个我最终能够理解的理由。

课堂上，有不少学生出于各种原因不主动表达自己的观点，气氛沉闷。很多教师选择一言堂，而不去花时间启发思考，又或者是有学生更加希望老师满堂灌，获得干货满满的浅层心理感受。如果课堂上全是知识灌输，而没有了思考、交流、对话、讨论、质疑、批判、辩论的空间，想要培养出有创新思维的人才恐怕是天方夜谭。所以，在课上，哪怕是一个小小的问题，我也想听听学生对此的了解和看法。在23级法语班的课堂上，以前每抛出一个问题，基本都是无人举手、个个低头、缄默不语，然后老师就只能点名，点到的同学要么说不知道，要么给出一个点到为止、毫无论证的简单猜测。

我把在孩子身上奏效的方法用在了他们身上，当他们给不出回答的时候，我就轻声细语地告诉他们不要着急，慢慢想，想到什么跟这个有关，哪怕只有一点点关系，都可以讲出来，大家一起讨论。我还告诉他们："思考有时是一个漫长的过程，急中生智并非人人都能做到，但我们要去培养自己从无到有、从零到一的创想能力。不是之前没学过或没听说过的观点我们就一定想不到，也不是老师给的答案就是唯一的或是最好的答案，你们一定能开创一个比现在更美好的世界。那么从今天起，就请相信自己可以想到别人想到的，有一天也能想到别人想不到的。大学不是一年就读完的，能力也不是一天就能培养出来的，只要从今天开始真正地思考而非简单地记忆，所有之前困扰你们的难题都将不再是真正的难题。"

听了这一番话，大家很快就你一言我一语地说开了，课下还有学生跟我私信讨论。再后来，看到有人主动举手了。那一刻，我心里别提有多欣慰了。

（三）根据兴趣爱好给足创作空间和实践机会

儿子小的时候在课外机构上过很长一段时间的绘画课。针对小童，这家教育机构的理念就是让孩子在绘画中释放天性。当时，孩子的状态特别好，每幅作品都充满灵性，因为老师只是给到一个主题，提供各种绘画和装饰工具，孩子可以任意选择，自由创作，无拘无束地表达自我。可后来，随着年龄的增长进入了中级班，教育理念一下子就变成了培养绘画技能了，各种照葫芦画瓢的要求让我家娃浑身不自在，不断地被否定被强迫，作品也越来越失去光彩，最后不得不选择退出。孩子跟我说不喜欢画画了，我说不是你不喜欢画画，而是你不喜欢别人强迫你画你不喜欢的东西，是你不喜欢那个画画老师。他听了似懂非懂。我于是买来画板、画笔、颜料，和孩子相约每周日下午一起创作。

创作的过程中，他画什么我都说好，他也画得越来越起劲儿。我那段时间问他最喜欢做什么，他说最喜欢的就是每周日下午和我一起画画。虽然现在周日下午有了别的安排，他也渐渐有了别的兴趣，但至少在内心深处，我想他不再会对自己说不喜欢画画了。

现在，他最喜欢的是地铁，从合肥地铁到上海地铁，再到深圳地铁，每一条线路的每一个站名都能依次报出。出门坐地铁带上他，可以闭着眼睛享受"七星级"服务。他通过网络了解了许多关于地铁的奇闻逸事，我也给他买来全网能搜索到的所有关于地铁的书籍。自此，他不仅对中国的地铁有所了解，还对外国的地铁略知一二。闲暇时，我提议录制视频，让他把自己知道的关于地铁的方方面面都说出来，等攒够了高质量的视频后在网上发布。同样，讲述自己爱看的成语故事，我也给他录下来。每次我们都相约要无稿录制，从不先写稿子背下来，而是跟随自己内心的框架直接口头表述，错了没关系。一开始会有些小紧张，目光都无所适从，到处乱撞，后来很快便一次比一次沉着，一次比一次流畅。

我想，我的学生们也一定有着各自不同的爱好，所以尽可能地让他们根据自己的兴趣展开实践活动。比如，对于大一新生，我就让他们选择自己喜欢的国家和城市用法语做介绍；对于大三上翻译课的学生，我会在自选文本翻译环节请他们选择自己喜欢的一部作品进行翻译。当时，每个学生选的都不一样，最难的是《追忆似水年华》片段和一部哲学专著节选。我非常乐意看他们自己选的文本，因为这背后都是他们心灵深处那份深深的热爱，我不能辜负每一颗滚烫的心。

记得当时花了很长时间修改他们的译文，然后课上一一说出我个人的修改建议。每位学生都毫无例外地跟我说了好几遍"谢谢老师"。想想平时的翻译课上，我同样会指出他们的问题并提出修改建议，然而好像从来都没怎么听到过感谢的话语。我想，这次翻译，他们真的用了心，教学效果也远超预期。

五、像天空之于飞鸟：我的翻译实践

我觉得自己最幸运的，就是一直都在做真正喜欢的事。教师和翻译，是我梦寐以求的职业。把教书育人和翻译这两件事在我个人能力范围内做到最好，就是我的奋斗目标。

到目前为止，我已出版 5 本译作，涉及生态环境、历史、物理、成功心理学和儿童心理学等领域。但如若把尚未出版的译作及尝试过的口译任务也加进来，涉足过的领域还包括军工、电力工程、手工艺制作、法律、外贸、汉语言文字、艺术、旅游等。如果说一个电影演员以能尝试不同角色、体验不同人生为豪，那我这个翻译也以能涉足不同领域、扮演各领域专家的角色为乐，因为我们需要翻译的文字或话语基本都出自专家。

翻译，是我认识世界、丰富人生的一种途径。许多真实的故事或许就静静地躺在某本书里，如果没有受到哪位导演的赏识，可能很久都不会出现在众人的视线里。我的翻译处女作《食物主权与生态女性主义》中，就满是可口可乐公司、美国农化集团、游说集团等进行的各种令人揪心的操作。全书就是对转基因及其背后阴谋的控诉和对全球知名生态女性主义者范达娜·席娃（Vandana Shiva）抵抗运动的支持与赞扬。

翻译，也是我提升认知、提高自身综合能力的一个捷径。因为一个普通的读者，在阅读过程中对文中内容的领会往往没有翻译这么深刻。《出色表现的秘密》是拖延症患者的救星，以前的我多少也会有些拖延，但自从译完这本书后，无论是工作还是带娃，效率都节节攀升。

翻译的经历告诉我，以往一切有意无意的积累都不是白费工夫。《海洋文明小史》原作者的文字可以说是相当直白，但又不失大气。如若机械地直译，字对字带下来，不做任何层面上的调整，就会无法彰显其宏大叙事的文风，中文表达的流畅性也会大打折扣，无法达到出版的标准。在整个翻译过程中，我几乎没有为了无法还原原作文风而苦恼过，许多词语和语句仿佛从天而降。从小至今看过的所有文案超绝的纪录片片段都顺着时空穿越的隐形大道流入我的脑海，耳边忽而会响起当年赵忠祥老师那经典的旁白声。

翻译家通过亲身经历告诉我，其实能够一遍成文不用改的人很少，成就越大的人往往深耕的力度越大。著名的翻译家傅雷一直都是我的灯塔。大家知道他的翻译传神绝妙，但很少有人知道他曾经修改过多少遍。他是一个对作品极度负责的人，不达到心中设定的高度绝不罢休。我也一直都在效仿他，记得在提交完《食物主权与生态女性主义》译文后的几年间，我陆续与编辑老师联系过多次，因为每隔一段时间重读译文，都会发现有必要修改。最后一次，编辑老师直接建议我不要再重读了，因为每次重读都会发现问题，这一点编辑的体会是最深的。后来，我都尽量在译文提交前多看几遍。

记得在巴黎读书的时候，教授法译汉的一位老师说过，她许久以来都未能译过自己真正喜欢的作品，平时译的都是不喜欢的作品。她说这话时，眉眼低垂，一副无生可恋的样子，仿佛为了生存就只能翻译那些一般女孩子不感兴趣的商业或法律文本，而要想译上自己喜欢的文学文化类图书，或许接下来要面对的，就是吃不饱穿不暖的生活了。

的确，图书翻译费用通常会在书籍出版后三个月内付清，而一部译著在翻译工作结束后一般需要等待一年左右的时间才能出版，最快的也要几个月，较慢的要等三四年，还有的可能因为种种原因最终不了了之。最坏的结果就是翻译了大部头的书籍，结果一没出版，二没拿到翻译稿酬。既然如此，为什么还要做下去？父亲不太理解我的坚持。我想，支撑我从事翻译实践的动力就是学习精神：把每一次翻译当作看书学习，我看好书不用花钱，还能拿到酬劳，这是多好的事啊！同时，我把翻译仅仅看作跟大家发自内心毫无索取的一种分享。我需要控制的是，翻译不能过多地占用原本计划和家人在一起的时间，不能占用锻炼身体和睡眠的时间。这事实上是对我的翻译水平和时间安排能力提出了更高的要求，我愿意接受这样的挑战，因为这就是我想要的事业和生活。

孩子4岁那年我翻译第一本书时的一个场景，想必一辈子都不会忘。那天，他轻轻推开书房的门，吧嗒吧嗒地走进来，小手先是落在我书桌的边角上，然后就贴着桌边滑过来，像在平面上体验到了一次滑滑梯的快感，嘿嘿一笑，脑袋一歪，两只眼睛萌萌地看着我，奶声奶气地说："妈妈，可以陪我玩一会儿吗？"当时，我的心都化了，但想着交稿时间已经往后延了，不能再拖下去了，无奈之下只能拒绝。于是，从他4岁起到10岁之前，我的生活一直都像个跷跷板，一头是孩子，一头是翻译，时常觉得分身乏术，整个人有种被撕裂的感觉。但我一直告诫自己，不能在陪娃的时候想着耽误了翻译，也不能在翻译的时候想着对不起娃。现实生活中已经找不到平衡了，至少在心态上要找到。因为我知道，孩子需要长时间陪伴的阶段总会过去，这种失衡总有一天会淡出。我和翻译共度的时光，最终会超过和孩子在一起的时间。翻译之于我，就像天空之于飞鸟。儿时艺术家的梦想未能实现，但这些遗憾都在每次翻译的过程中得到了弥补，因为翻译也是一门艺术。

从当初学习法语到今天教授法语课程、翻译法语书籍、研究法语教学，一路上都是倾听自己的内心跟着直觉前行，因为我坚信只有把兴趣发展成事业，才算是一种完满。接下来有很多计划，比如翻译更多的书籍（包括英文）、去法国继续深造、用法语写书……很开心能有新的梦想不断萌生，因为追梦的人生定会精彩。

第四篇
永不停歇的成长之路

　　成长是一条路,它能带领幼稚走向成熟;成长是一条路,它能带领困惑走向沉着;成长是一条路,它能历经风雨,也能看见彩虹。高校女性外语教师从未停下的求学脚步是成长路上的一座座里程碑,"碾碎""挣扎""绝望""痛苦"是成长路上的一次次拦路虎,"拓展""平衡""建构""重构"是成长路上的一声声冲锋号。她们用自己的实践诠释了只有通过自己的努力,才能掌控自己的人生,拥有更多的选择;她们用自己的热爱见证着英语专业的蓬勃和困境,她们用磨砺与蜕变的恒心讲述着大学英语教师身份认同的割裂、冲突、蛰伏和升华。放眼未来,不论变与不变,她们一直在路上。

成长：我一直在路上

人物介绍：谷婷婷，安徽宿州人，汉族，1977年生人，博士，安徽大学外语学院副教授。研究领域包括英国现代主义文学、空间批评等。主要科研成果包括英文专著 *The Politics and Poetics of Space in Virginia Woolf's Novels*（2015）；译著《怎样做理论》（2008，第二译者）、《文化的政治及其他》（2019）以及《一间自己的房间》（2023）。曾主持国家社会科学基金项目一项，现已结项。

2020年2月20日，天刚蒙蒙亮，我就从家出发去新桥机场，从那里飞往上海浦东机场，再从浦东机场飞往伦敦希思罗机场，然后从伦敦坐车去牛津大学，从而开启为期一年的访学之旅。平时热闹非凡而此时却显得无比冷清的浦东机场，似乎在提醒着我：这或许不是一个出远门的好时机。对日期比较敏感的人可能已经发现，这个颇富戏剧性的日期背后涌动着的是汹涌的新冠疫情。在这个时候出行不仅让我充满了内疚感，也让我感到焦虑不安。我的内心万般犹豫，但是似乎这趟行程又已经是箭在弦上，早在疫情开始之前的11月份，我已经办理好了所有访学手续、签证，买好了机票，在疫情开始之后的那段时间，我一直在等待航空公司的停飞通知或者是访问学者的缓派通知。在这一切不确定之中，在经历了犹疑、不安、焦虑、挣扎之后，我最终选择了出发。然而，我也深知在这个充满未知的时刻，我的决定多少显得有些鲁莽，甚至愚蠢，尤其是我还要带着5岁的女儿同去。当飞机升空,地面离得越来越远,我也陷入了深深的思考之中,过往的经历如电影场景般一幕幕呈现在脑海中,而将近 9 个小时的飞行也让我有足够的时间来回顾自己的成长经历,回顾我如何成为"我"的漫长过程。

一、英语是我的不二选择

我,20 世纪 70 年代出生在一个小村子,贫穷、落后是它的本色,我见证了从没有电、没有电话、没有自来水、没有网络到现在物质充裕、智能手机主宰日常生活、高度现代化的整个过程。我在这个小乡村完成了小学和初中的学习,高中时开始在一所市重点中学住校。初中时我们这些农村孩子才开始接触、学习英语,除了一本英语教材,我们没有什么其他条件可以与这门听起来"洋气"的语言产生纠缠,教我们的老师也并不是专业出身,所以看起来我应该并不会与英语产生太多"瓜葛",但改变这一切的或许就是热爱,当然还有我的父亲。他是一名乡村医生,也是最早通过进修拿到正式医师资格证的那批乡村医生之一,是他在学英语、考大学这条道路上推了我一下。在当时农村普遍的读书无用、重男轻女的氛围中,父亲显然具有远见卓识,他坚持让我们姐弟三人都接受教育。然而,他并不是一个说教的父亲,相反他擅长用讲故事的方式来激发我们的内驱力,他会跟我们讲他在接受医师培训和进修期间的事:大学里灯火通明的教室,冬天的暖气,夏天教室里的风扇,等等。这对当时刚刚见识过通上电之后的明亮屋子的农村孩子来说,是多么令人向往啊! 父亲喜欢读报纸,他把读报纸当成自我教育的一部分,他也喜欢把报纸上的故事说与我们听。到现在我还记得,有一天他绘声绘色地讲了某一个家庭中出了三个博士的"励志"故事,虽然当时还不懂博士是什么,但它足以代表那种让我心生向往的美好人生,极大地激励了我,因此自始至终,我的学习是根本不用督促和监管的。从初中开始,英语对我来说是最不费力但却能学得很好的科目,尽管当时家境并不富裕,父亲颇有先见之明地买来了一台录音机和英语磁带(现在这些早已过时了),我会反反复复地听教材的课文录音,背下所有内容,并且掌握了词的正确发音方式。后来,高中时离开家,在一所市重点学校开始了寄宿学习,在以考试为中心的学习中，在各种竞争压力之下，英语依然是让我感到最自信的科目，因而在高考的各种不确定性之中，唯有一个方向让我无比坚定，那就是我的志愿是英语专业。

1995年，我进入安徽农业大学英语系学习，它向我敞开了新天地的大门。当然，我在英语学习中也面临着巨大的挑战：听力和口语。记得刚进校报到时，辅导员就强调每人都必须买一台收音机，后来才知道它对于训练听力有多么重要。从强调背单词和语法的"哑巴"英语，到学会"听"和"说"，是一个艰难的过程，不过在没有网络的时代，我们所能依赖的自我训练的资源实在有限。每天6点多，我就会准时起床，开始在校园的某个角落里早读，并且会带着收音机收听美国之音半点播报的慢速英语新闻。至今我都还清楚地记得第一次收听之前那种生怕错过节目的紧张，终于接收到信号后又发现自己一个单词也听不懂的挫败感，以及在第一次能听懂几个单词之后，那种欢喜雀跃的心情。反观现在，网络资源太丰富了，可以随时听随时看，各种手机App上的资料唾手可得，只要插上耳机就可以进入英语的世界，然而或许正因如此，人们才更容易失去聚焦点，如果稍微懒散一点，就会对这些材料视而不见、不加珍惜了。相比之下，在那些日子里，我们必须在固定的时间守候在收音机旁，否则就得再等上半个小时。正是在这种紧张和焦虑的等待中，我们才懂得珍惜每一个学习的机会。

口语是我要攻克的另一个难关，但练习口语的过程却要快乐得多。一开始入学时，教我们口语的是一位个子不高、满头银发的英国老太太，她的脸上一直挂着和蔼可亲的微笑，这对当时需要克服一定的心理障碍才能不害怕自己被听见的我来说，是一个很大的鼓励。课堂上，她教我们唱了许多英语歌谣，包括那些耳熟能详的 Row, Row, Row Your Boat(《划小船》), If You Are Happy(《如果你快乐》), Jingle Bells(《铃儿响叮当》), 等等。她还把我们分成小组，每周末到她的住处去包饺子。虽然劳动的场面一团糟，并不太擅长烹饪的我们包出来的饺子形态各异，质量也是参差不齐，有的还没出锅就已经散在水里，但整个过程快乐极了，这种快乐氛围无形中帮助我克服了心理障碍，开始尝试用英语表达自己的想法，好在默尔女士总是非常耐心地听着我们挣扎着从嘴里蹦出的单词或支离破碎的句子。一学期之后，我们又迎来了另一位英国外教海伦，她个子高高的，非常年轻，比我们大不了几岁，刚拿到英国文学硕士学位，后来在看《哈利·波特》系列电影时，我们觉得她非常像长大成人之后的赫敏的样子。海伦的到来让我们得到了更多说英语的机会。跟默尔一样，她也喜欢在周末的时候邀请我们去她的住处做饭，或者在学校附近的餐馆里聚餐，边吃边交流，十分放松。英语系的活动也丰富起来，除了英语角之外，在有一年的圣诞节，两位外教组织我们自己改写一出戏剧，并在英语系里举办的圣诞晚会上公开演出。我们当时所选择的故事就是著名的童话《灰姑娘》。至今还记得我们写作小组在一起构想故事情节、琢磨台词、反复修改的情景，不过也有一件让我现在都感到有点后悔的事情，那就是当时我没有报名参加演出，因为要画上看起来很夸张的妆容、尖着嗓子来演一个邪恶的姐姐，我当时还没有准备好接受挑战。我们的戏剧演出获得了巨大的成功，剧中两位邪恶的姐姐由我的两位室友出演，演得出彩极了。后来我一直用自己这个例子来鼓励选修我的英美戏剧课的本科生们，要大胆尝试，敢于突破自我，这样才能不断为自己的人生添加精彩的故事。

海伦的到来也让我们的英语课程更丰富起来，她教我们英文写作和英国文学，她的课不仅让我的英语水平不断提高，还不断拓宽我的眼界。第一次意识到我的口语有了很大的进步，是在大学二年级的一次精读课上回答问题的时候，我记得自己甚至用了 advocate（提倡）这个词，课后一位同学惊讶地问我："你的口语怎么突然变这么好了？"当然，没有什么突然地变好，语言学习尤其如此，除了不断地、持之以恒地练习，没有捷径。我尤其喜欢英国文学课，常常把那本上课用的教材翻来覆去地看，熟悉到几乎能背诵的地步，对英国文学发展的各个阶段、每个阶段的历史背景、每个文学流派的特点、每个作家的风格都了如指掌。第一次尝试写论文就是在英国文学课上，当时我选择的文本就是至今仍然非常喜欢的《傲慢与偏见》，虽然当时写得毫无章法，也不懂怎么合理地、完整地阐述一个核心观点，但写得很是卖力。得益于对文学课的兴趣，我在大学期间就读完了英国作家查尔斯·狄更斯、简·奥斯汀、托马斯·哈代几乎全部的小说，虽然囫囵吞枣，但至少对故事情节、人物、主题大致有所了解，更重要的是，通过长时间浸泡于这门语言之中，我获得了对语言的感知能力和审美能力，隐约记得 the wind blew through me(风直吹向我)这种表述就是从狄更斯那里学来的。这些积累为我以后选择英美文学作为硕士和博士的学习、研究领域打下了基础。

到了大学三年级的时候，默尔和海伦都合约期满，先后离开了，不过我们又迎来了两位英国外教莎拉和凯伦，她们也都非常年轻，比我们大不了几岁。莎拉教我们美国文学，凯伦教视听说，这些课程都进一步打开了文学和文化的世界，让我的视野不断开阔起来，对文化之间的差异越来越感兴趣。我记得当时带着极浓厚的兴趣读完了一本有关英语谚语的书，以至于到后来上词汇学课的时候，老师每提及一个英语谚语，我几乎都能准确地翻译出与它对应的中文来。在写毕业论文时，我的选题就是《英语学习中的文化因素》，该论文也被评为那一届的优秀论文。当然，从这些课上受益的远非这一点，它们打开了一扇大大的窗户，让我了解到世界上各种不同的人和文化的存在，并且让我学会不带偏见地去欣赏这些个体差异、文化差异。

与现在的大学生活相比，我的大学生活显得单调，几乎就是穿梭于宿舍、教室、图书馆、操场之间，没有手机、网络的干扰，我有了更多的时间运动、看书、学习、思考。我不满足于仅仅习得语言技巧，我想更深入地了解文化、文学、文明，因此在毕业时我报考了研究生，可惜因为准备不足，第一次并没有通过考试。于是，毕业后我去了一所地方院校教书，事实证明，塞翁失马，焉知非福，我因为年轻力壮又住在校内宿舍，所以被安排做外教的合作教师，协助他们处理生活和工作上的事务，小到换罐装煤气，大到充当翻译，带他们与校长沟通，都需要我从中联系、协调，这对当时的我来说不仅是继续学习的机会，更是较为难得的成长机会。在教书两年后，我考上了研究生，离开了这所高校，开启了另外一段学习之旅。

二、从"学习者"到"研究者"：硕士、博士的"苦读"及美国访学

2001 年 9 月，我进入安徽大学外语学院，开始硕士阶段的学习。如果说本科学习的重心是像海绵一样，不断获得语言技能、吸收知识，那么从硕士开始，学习的重心就逐渐进入了研究阶段，也就是要知其然，更要知其所

以然。这就意味着要对阅读的文本进行反思，并且形成自己的观点和见解，然而要做到这一点，往往需要一种"理论"视角的辅助，而这是我此前从未涉足的领域。因此，读硕士并不是一个轻松的过程，尤其是当时正是西方文学理论盛行的时候，不管你愿不愿意，喜不喜欢，总会卷入理论的漩涡之中。为了使我们与当时的文学研究动态不脱节，学院安排了一位刚从上海外国语大学毕业的博士给我们上西方文论课程，我算是对当时流行的各种理论流派的核心概念和思想有了一些基本的认知，包括新批评、精神分析、结构主义、女性主义、性别研究、解构主义等等，但也不过是浅显的认知而已，并没有深入、系统地与其中某一个理论产生纠缠，因而并未彻底改变我的思维模式。在这期间，反而是我硕士导师在上课时使用的文本细读的方法深深地影响了我，我在阅读的过程中开始在语言的结构与意义之间建立关联，学会追问为什么要这样写，甚至为什么要用这个词，为什么要这样描述，等等。这个方法至今有效，是开启一本文学作品阅读之旅的最基本的敲门砖，而且在我这么多年教基础英语的过程中，在想要启发学生思考时，屡试不爽。的确，提出一个好问题比解决一个问题更加能激起思想的火花。

在读硕期间，我加入了导师主持的一个课题，围绕"美国文学与宗教"之间的关系展开，这段经历让我在学术研究上受益匪浅。我的研究对象是美国当代作家约翰·厄普代克，在阅读了当时能穷尽的研究资料之后，我试着提出了厄普代克的"兔子三部曲"中的"世俗化宗教"这一概念，在获得导师认可后，开始阅读与宗教相关的资料，包括克尔凯郭尔、保罗·蒂利希等人的著作，不断思考着厄普代克作品中死亡的意义、宗教的功能等等。在这些阅读、思考的基础上，我开始在导师的指导下撰写一篇学术论文。这是个让我内心无比"煎熬"的过程，每次拿着新修改的稿子去导师的办公室汇报，他都会让我把思路和论证过程说给他听，而不是阅读我的稿子。在说的过程中，他会不断追问我没有说清楚的地方，其实有的时候，我一边说一边就已经意识到了自己思路不连贯或者前后矛盾的地方，回去后再接着修改。就这样，在反复修改了十几稿之后，才终于定稿，后来在《当代外国文学》上发表出来。如今，我在指导自己的学生写论文时，也常常用到这种方法，的确，能说得明白，才说明真正地想明白了。

硕士毕业后，我留校任教，主要教授基础英语课，同时也继续参与着课题的研究。在写完有关厄普代克作品中的宗教思想一章后，我开始承担其他一些章节的撰写任务，包括赫尔曼·梅尔维尔、约翰·斯坦贝克以及F.斯科特·菲茨杰拉德等人的宗教思想，经过整个课题组的努力，代表项目成果的著作《美国文学中上帝形象的演变》终于在2009年出版。也正是在参与这个项目研究的过程中，我意识到了自己文学批评和文学理论知识储备的不足。在一个师姐的鼓励之下，我萌生了要读博的念头。于是，经过准备、考试，在教书两年之后，我于2006年9月进入南京大学，开始了漫漫读博之路。前三年，我仿佛又回到了纯粹的校园生活，不用承担教学任务，不用兼职，每天往返于教室、宿舍、图书馆之间，可以全身心地投入学习之中。文学理论不再是一个选择，而是必须要理解并掌握的"工具"。更何况，我的博士导师就是研究西方文论的，他编写的《二十世纪西方文论》就是我们上课用的教材。读博期间，我花了大量的时间和精力来补理论知识的不足，而在这个过程中起到重要推动作用的是翻译德国理论家沃尔夫冈·伊泽尔的《怎样做理论》这本书。在正式开始博士课程学习的那个暑假，导师就把这个翻译任务分配给了我和一个师姐。翻译这本书对几乎是零理论基础的我来说是个巨大的挑战，但也是一个绝佳的学习机会。这本书涵盖了当时几乎所有热门的文学理论流派，更重要的是，伊泽尔往往能对理论的特点和弱点做鞭辟入里的评论和解读，而且在每一个理论章节的最后都会有一个实例，即运用相关理论对一个具体的文本进行解读、分析，这点对我尤为实用。我也借着翻译的机会，阅读了相关的理论家的著作，比如萨义德、拉康、福柯等等。

读博期间最大的挑战之一在于确定博士论文的选题。导师时常鼓励我们要选自己真心想做的选题，因为一旦选定，自己就不得不在两年、三年甚至更多年的时间里面对它，如果没有热爱，是无法坚持下去的。因此，对他而言，做什么不重要，怎么做才重要。只要我们能说服他自己想要做的选题有创新性和可行性就可以，当然这也绝非易事。在读博期间，我已经把研究的重心从美国文学转移到了英国文学，一是因为我对研究美国文学的认知一直摆脱不了"宗教"视角，很难有创见；二是因为我发现自己更喜欢英国文学的传统和表达方式。我对选题的最初想法来自英国文学课。在这门课上，教授指定"剑桥文学指南"系列丛书作为我们的阅读材料，每次上课之前我们要选定其中的一章进行准备，在课堂上作分享，阐明自己对相关主题的思考和见解，并接受大家的质询。在讲到现代主义作家弗吉尼亚·伍尔夫时，我选择了《到灯塔去》作为阅读的文本。这是我第一次正儿八经地阅读伍尔夫的作品，以前只读过她的意识流特点非常浓厚的短篇故事《墙上的斑点》，读的时候感觉似懂非懂，而且当时对伍尔夫的认知也是局限于一种刻板的、僵化的、片面化的解读，即她是一位疯癫、不关心政治和外部世界、把自己封闭在象牙塔内、一心只想着进行文学实验的意识流作家。然而，阅读《到灯塔去》改变了这一切。我不仅迷上了她的文字，更惊讶于她在作品中应对外部世界的方式，颇类似于那种于无声处听惊雷的感觉，这让我意识到我对伍尔夫的了解是多么肤浅。于是，我本能地想要去阅读她更多的作品，想要更多地了解她的创作思想与社会现实之间究竟是以什么方式关联起来的。

然而，喜欢伍尔夫是一回事，想要把她作为研究对象又是另外一回事。首先，她是一位非常多产的作家，除小说外，她还有短篇故事，以及大量的书信、日记、散文、评论等等，光是读完这些都不知道要花多少时间；此外，有关她的研究著作、文章、论文不计其数，而且无论国内外，每年都还不断地有新的著作出版、新的博士论文诞生、新的学术文章发表，单是梳理国内外研究现状都是一项十分艰巨的任务，更遑论要找到一个创新点。因而，我在一段时间内都非常纠结，经常会跟博士同学聊聊选题的事情，结果发现有人准备写乔伊斯，有人要研究福克纳，是啊，为什么不能做伍尔夫研究呢？或许，热情本身足以支撑我们在学术上的"野心"。最后说服我的一个理由是，做经典小说家研究的一个优势在于毕业后可以继续研究，甚至可以终身研究这一领域。事实也证明的确如此，我博士毕业已经12年了，目前还依旧在研究伍尔夫。在确定了选题之后，接下来就是要思考从什么视角来研究伍尔夫才能有所突破，这个几乎要把我难倒了，也让我产生了一种前所未有的焦虑。我记得中期考核前，失眠成了常态，有时会深夜在宿舍楼10楼的一个大大的露台上来回踱步，望着黑暗的、虚无的夜空，苦苦思索选题的视角，心里都会有点绝望地问自己，什么时候才能找到我要的视角呢？幸运的是，这一天我并没有等太久。有一天，我一反常态没去图书馆，而是躺在床上苦思冥想了一整天，脑子里像放电影一般，从伍尔夫的第一本小说一直想到她的最后一本小说，我想捋一捋作品中有没有什么一以贯之的元素。所有小说在头脑中过了几遍之后，我突然想到了几乎在所有作品中都有派对场景，大大小小，规模不一，或正式，或随意，因此接下来要追问的是，伍尔夫为什么对派对这么感兴趣？她通过这些派对引入了什么主题？派对与她小说中的其他元素之间形成了一种怎样的张力？这一发现让我觉得异常兴奋，循着这些问题，我找到了派对与伍尔夫的文学实验、与其处理外部世界的现实问题之间所具有的内在关联，后来在导师的引导下，我进一步找到了空间理论视角，可以更加深入地探索举办这些派对的不同空间所具有的社会政治意义，从而将伍尔夫的政治关怀与现代主义叙事革新建立关联。后来，虽然花了接近 4 年的时间才完成博士毕业论文，让我读博的期限接近 6 年，但我觉得非常值得，其间我阅读了大量的关于英国社会 19 世纪至 20 世纪的历史、政治、文化的资料，以及关于空间理论的著作，并且把对文学的阅读扩展至维多利亚时期。2012 年 3 月，在论文答辩时，我说的第一句话就是："我几乎花了 6 年的时间才最终站到了这里！"一位参加我答辩的教授在提问环节时，首先回应了我的这句话，他说："我认为你的 6 年花得很值得！"这是我听到过的最好的赞美之词。我的毕业论文被评为当年的校级优秀毕业论文，这应该是我人生中最有成就感的瞬间之一。它不仅成了我继续进行科研的基础，也成了我此后申请国家社会科学基金项目的基础。

不过，我的"成为研究者"的求学过程还没有结束。在拿到博士学位之后，我申请到了去美国弗吉尼亚大学英文系访学的机会。选择这所大学，就是奔着迈克尔·利文森（Michael Levenson）教授去的，他是现代主义研究领域的知名学者，也是《剑桥现代主义指南》（*The Cambridge Companion to Modernism*）一书的编者，在写博士论文的时候，我就引用过他写的书和文章。我发邮件联系他，介绍了自己的个人状况和研究状况，询问他是否可以接收我访学并请他作为我的导师。没想到，他很快回复了我，说他即将到来的学期刚好有伍尔夫的研讨课，欢迎我加入。一切都好像是最好的安排。

于是，2012年7月底，我独自一人，中转了两次、坐了20多个小时的飞机终于到达弗吉尼亚大学所在的夏洛茨维尔市（Charlottesville）。因为到达的时候还在暑假里，我正好可以先休整一下，适应一下环境。夏洛茨维尔改变了我对城市的认知，此前我所熟悉的城市的符号——高楼大厦、大规模的购物中心、商场等等——在这里统统不见了，取而代之的是低矮的建筑和住宅区，到处是树林、绿地、公园，难怪它会被戏称为"夏村"。我一有机会就出门去散步、快走，写博士论文期间被"摧残"的身体也慢慢地恢复了气力。开学之后，我选择了两门课旁听：一门是利文森教授的伍尔夫研讨课，另一门是女性主义理论课。在旁听这些课时，我切身体验了什么是阅读量大。记得有一次我熬到凌晨4点钟才完成第二天要上的课程的阅读任务。两门课都以讨论为主，如果没有完成阅读任务而赶去上课，就无法加入课堂的讨论之中，上课也自然就没有多少效果。利文森教授要求学生在上课前，先从阅读的伍尔夫的作品中找到自己认为的关键词或者句子，发到课程群里，在课堂上，教授就根据这些来串联起整个讨论。我十分佩服利文森教授的课堂组织能力，看似散漫的关键词和句子，在他的串联下，形成了相互关联的话题，而学生踊跃发言的态度，也让我印象深刻。虽然在南大读博期间，我对这种研讨形式已经很熟悉了，但要在一群美国博士生中表达自己的观点和理解，还是有心理上的压力的，记得第一次举手发言时，我的声音都在颤抖，后来才慢慢习惯。在女性主义理论课堂上，氛围大概要活跃轻松一些，选择这门课的学生来自不同专业，硕士、博士都有，教授把学生分成两人一组，围绕阅读材料准备问题，每次课要能用这些问题引领班级的讨论。我被安排跟一个博士生一组，我们要读的是《孤独之井》，在组织班级讨论之前，我们先约在图书馆碰面，讨论了一下要准备的问题及提出问题的顺序。也正是通过旁听这门课，我才有机会与教授进行更进一步的交流，有时间的时候，我会在她的办公时间里去她的办公室向她请教问题。这些对我而言都是很宝贵的学习经历，是博士学习阶段的一个延伸，也为我的读书生涯画上了一个较为完满的句号。

2013年8月，我结束了美国访学，回到国内，进入了相对平稳的生活和工作的节奏，上课、做研究、申请项目、准备评职称等等，然而到了2014年

10月,我的生活方式发生了翻天覆地的改变,我突然被"抛入"了家庭和生活之中,因为那一年,女儿出生了。

三、在家庭和职业之间：职业女性难以打破的"魔咒"

从美国访学回来之后,家庭问题很快就成为一个迫切要解决的问题。实际上,这个问题在读博期间就屡屡浮出水面,时不时形成一个个危险的小漩涡。29 岁去读博时,我并没有预料到会需要 6 年的时间才毕业,因而生育年龄就成了一个潜在的风险因素。记得在我如火如荼地利用所有可能的时间写毕业论文的时候,父母们开始不断催促,让我内心也产生了巨大的焦虑,好在先生还算支持我。但总体来说,这是一个十分煎熬的过程,有时我都开始怀疑自己的能力,怀疑自己究竟能不能写得出论文来。这是我第一次如此深切地感受到只有女性才会面临的在家庭与职业之间平衡,甚至有时候不得不进行选择的困境。不过,在职女性读博期间所付出的艰辛、所感受到的焦虑远比男性要多,记得当时流传着一个挺真实的笑话,说读着读着,家就没了。

2014 年 10 月,在女儿出生之后,我的生活方式发生了天翻地覆的变化。我再也无法有整块的时间安坐于书房,内心平静地对着电脑或者是书和资料,相反,大部分时间我都必须"沉沦"于生活,应对各种各样与育儿相关的事情。在这段时间里,挣扎于工作、孩子之间已经消耗了我几乎全部的精力,每天都在面对睡眠不足的问题,能不被打扰地连续睡上 5 个小时已经是很奢侈的事情,工作时间里要依赖咖啡因才能保持相对正常的工作状态。不仅如此,因为要处理的琐事繁多,时间变得越来越碎片化,在这种状况下,我在工作上的重心只能放在教学上面,至少保证正常的教学秩序和教学质量,而需要整块时间连贯思考、构思、写作的学术研究,就只能被暂时搁置起来。

假如是在 4 年前,甚至是两年以前来写这段经历,我一定会把满腔愤懑、抱怨诉诸笔端,毕竟长达四五年没有充足睡眠的日子,谁也不会这么轻易忘记;当然还有这个过程中最令人感到无助的孤独感,那种被称为"丧偶式"育儿的苦涩体验和痛苦挣扎，也没那么容易被消解。然而，当我站在当下，在女儿已经快 10 岁的这个时刻再回望过往的那段时光，虽然苦涩的味道并不能尽除，但毕竟产生了一种"轻舟已过万重山"的心境，当你以一种较为平静的心态审视过去的时候，才能看到更多原本被愤怒、不甘等情绪遮掩起来的方面。

我从不后悔生养孩子，相反，我为一个新的生命的出现感到欣喜，并且时常带着一种好奇，观察她在每一个成长阶段表现出来的变化，我知道，我要扮演的角色中又多了一个"妈妈"的角色，而且我很快地投入到这个角色中，陪伴孩子的成长成了我生活中一个很重要的部分，现在依然是如此。然而，对一个女性来说，在孩子、生活、工作之间的挣扎和平衡是非常艰难的，或者，更准确地说，在这几者之间并没有什么平衡可言，只是在不同阶段的不同取舍而已。这些巨大的改变所带来的痛苦，有时甚至让你无法再相信这世间还有什么美好。不过，在经历过抱怨、反抗、争吵、冷战之后，你还必须找到一种方式与现实和解，并重新构建一种新的秩序感，否则只能在自我消耗中度日。挣扎于育儿和职业之间的我，开始重新思考以前答案似乎清晰无比的问题：什么是真正的独立女性？以前总认为，平衡好家庭和事业是当代职业女性身份独立的最基本标志，而选择退出职场、充当全职妈妈的女性缺乏一些坚持的勇气和精神。因此，在一开始，我是下定决心一定要一边坚持做自己，一边全力以赴地履行身为母亲的职责与使命的。记得孩子刚出生没多久，我就开始修改此前已经跟出版社联系好要出的书稿，我把摇篮斜着放在书桌旁，与椅子一起形成一个三角形地带，这样既方便我随时查看孩子的状况，也方便我在书房里工作。为了记住这个时刻，我当时还特意拍了一张照片，取名为"生活的角度"，现在翻看起来依然唏嘘不已。我还利用一些能找到的闲暇时间备课、阅读、翻译，记得当时居然利用零碎的时间读完了一本《深入北方的小路》（*The Narrow Road to the Deep North*）。

然而，只消发生一点点事件，就能让这种看似达到了平衡的生活瞬间失衡，比如孩子生病、教学任务增多，又或者出现了新的科研任务，无论哪一件事情发生，都会让我的生活陷入混乱之中。而在 2016 年，就出现了这么一个戏剧性的事件，让我的生活开始出现深层次的变化。此前申请了三次都未果的国家社会科学基金项目,在 2016 年终于成功立项了。我一开始十分兴奋,潜意识里觉得它会是我科研生涯中的一个转折点。然而随着时间一点点流逝,我的焦虑与日俱增,因为完成这个项目需要投入很多的时间和精力,而我却无法做到,在比较长的时间里,这个项目几乎没有任何进展。焦虑中,我只能做到的一点是,在碎片化的时间里阅读、做笔记,在阅读过程中,脑子里也会冒出一些新的、有趣的想法,但却无法对其进行系统的、细致的梳理。立项后的前三年里,虽然积累了不少材料,但我却迟迟无法动手开始写书稿,躺在我电脑里的是一堆断章残句和支离破碎的笔记。在这几年,焦虑成为我生活中的关键词,每一天都要跟自己较着劲儿,但除了感到疲惫,仿佛一切都是徒劳。

正是在纠结、挣扎的过程中,我更看清楚了性别所造成的社会差别。男性的职业发展几乎不受家庭角色变化的影响,不需要思考如何平衡职业和家庭,而但凡想要在职场上有所建树的职业女性,一定会比男性付出更多的努力,而且有时会被苛责为忽略家庭或者不尽母职。换言之,在我们的社会,女性面临的问题是"结构性的",它不是依赖某些个体能够在家庭和事业之间获得平衡而解决的,而是需要整个社会结构、性别结构发生重大的调整,让女性和男性在养育、教育后代的过程中能够共同发挥作用。我曾经遇到过好几个全职妈妈,在跟她们聊天的过程中,我发现她们放弃自己原来的工作大多是因为形势所迫,比如没有人帮忙带孩子,她们的语气中有深深的遗憾,而且对几年后当孩子不再那么需要自己时出去找工作心怀焦虑,毕竟那时她们已经与社会脱节好几年,时移势易,不知道还能不能跟得上社会的节奏。当然也有倍感温暖的时刻,当妈妈们相见,不管认不认识,熟不熟悉,都会聚在一块火热地聊起来,抱怨家长里短,毫无保留地交流带娃经验,在聊起来之后才发现很多人都经历过情绪崩溃阶段。经年的学术训练在带娃的过程中,也逐渐显现出一些好处,比如面对孩子的各种状况,我会参阅较为权威的现代育儿书籍,在遇到问题时相对比较冷静,可以较为理性地分析、判断,因此少跑了几次医院。当然也有判断失准的时候,那就要多添上一些懊恼和后怕了。

我想强调的是,让我陷入挣扎和痛苦的,并不是养育孩子本身,而是让女性在生育之后陷入职业与家庭两难困境的社会结构和性别结构。养育女儿的过程中，我时常会感受到传统性别规约的顽固存在。在学院派女性主义思想已经开始讨论性别的建构性和表演性的时候，在现实的日常生活中依然随时可以听到这样的话："你这样做一点不像个女孩子。""女孩就得穿粉色。""女孩子要有女孩子样。"幼儿园发物品也依旧是女孩给粉色，男孩给蓝色，不论你真正喜欢的是什么颜色。对这种僵化的性别规约，我越来越不耐烦，而养育女儿给了我一个机会去挑战和"纠正"。我会给她买各种不同颜色的衣服，或者让她挑自己喜欢的颜色，我鼓励她尝试任何她想尝试的事情，包括爬上爬下，尽管有时会弄得浑身是泥土，但我从不因为这个批评她。我用她能听懂的语言告诉她，性别不应该成为任何人在追求自己梦想的过程中的障碍。我觉得自己越来越像一个真正的女性主义者，愿意为了实现真正的平权而努力。

养育孩子让我重新认知、重新探索这个原本觉得已经熟悉的世界，更重要的是，它让我的人生不再扁平，而是变得充盈、丰满起来，让我更加以悲悯之心来看待世界，这在无形之中也影响了我对文学的解读方式，看到了此前被忽略的一些情感。我之前在课上讲过很多遍威廉·布莱克（William Blake）的诗歌 *The Chimney Sweeper*（《扫烟囱的小男孩》），但只有在有了自己的孩子之后，才深刻意识到这首诗所蕴含的强大的情感力量。记得有一次在课堂上再讲起这首诗时，虽然我极力控制，但我的声音却还是抑制不住地发抖，眼角还是有泪不受控制地流下来，在湿润的目光中，我看到一个学生在偷偷地擦眼泪，这是一次非常独特、令人终生难忘的体验。从女儿出生之后到现在，我的学术研究或许陷于停顿，但成长却没有停止，我开始重新审视生活的意义、生命的意义。然而，我不否认，这是一个充满矛盾、挣扎的艰辛过程，我不时被焦虑、失眠、挫败感所困扰，时常会感叹，甚至抱怨再也没有完整的时间做自己的事情。最迫在眉睫的一个问题就是，我将如何完成自己的结项书稿？我必须得"找到"时间。于是，2019 年，我再次申请了国家留基委的访学，目的就是想利用访学的一年时间，专心把项目完成。我顺利地拿到了牛津大学英文系的邀请函，接下来的申请和英国签证都办理得非常顺利，机票也顺利订好了，一切都准备就绪，我急切地盼望着这一天的到来。

四、重塑自我：疫情中的英伦访学

写到这里，我又回到了故事的开头，回到了疫情中的浦东机场。9 个小时之后，我和女儿顺利到达了伦敦机场，又坐了一个多小时的车辗转到了牛津市。由于来之前租房的事情无法最终落实，我们不得不先在宾馆中住了一个多星期，再慢慢处理相关事宜。除了在英文系里办理了必要的报到手续之外，我大部分时间都在牛津探索：古老的植物园，自然历史博物馆，美术馆，书店，等等。古老的街道、古老的建筑、古老的历史，都让我慢慢沉静下来，让我对这儿的生活开始充满期待。

到了一个陌生国度最难的部分莫过于安顿下来，单就租房一事就很耗神，好在我事先联系了中介。看了几处房子之后，好不容易确定了搬进去的日期，接着又去二手家具店里淘到了所需要的家具、确定送货时间等等，最后还要拿着签订的租房合同去办理手机和银行卡、到警察局注册等等。在搬进去之后，又陆续搞定了网络、房屋税、各种费用缴纳、注册 GP（General Practitioner，即普通科医生）、办理孩子上学登记等一系列事宜。不得不说，多年来的英语学习在此时完全派上了用场，让我可以无障碍地与各类人打交道，遇到问题时，可以大胆地去求助。差不多快安顿好的时候，我心情大好，内心期待着把孩子送去学校上学，这样我整个白天就可以去图书馆里做自己的事情了。然而，计划赶不上变化，三月中旬的时候，英国疫情已经开始严重了起来，以至于英国政府决定采取封控措施，鼓励大家除了购买日常必需品和运动，尽量待在家里不要出门，保持社交距离。在接下来将近三个月的封控中，我一直庆幸自己当初决定租住的是个带有前后两个小花园的半独立的小型住宅，否则在这么长时间的封控里一定会见证不少情绪崩溃的瞬间。在这样的一个房子里，我们的活动空间可以分开：女儿可以在花园里玩耍，或者自己一个人边听故事边搭积木，而我也终于可以有些时间展开自己的研修计划。在第一次封控期间，我利用牛津大学的图书馆资源收集资料，边阅读边整理笔记，终于在 2020 年 4 月 3 日这一天开始动手写书稿。此时距离项目立项已经过去了三年有余，留给我完成书稿、提交结项申请的时间并不宽裕，因此我每天都会被这种紧迫感驱使着。不过最难的是开头，接下来的进展就顺利很多，每天接触的新鲜资料也不断刺激着我思考或者重新思考在研的课题。

与专注于上课、学术交流的美国访学相比，这次英国访学可谓完全不同的体验。除了尽量地为自己多争取一点科研时间，我竟意外地发现封控所带来的某些"好处"。按照牛津大学英文系的规定，访问学者每学期大约可以旁听一至两门课，然而因为疫情，所有课程都转为线上，而且大部分都是录播课，这就意味着我可以不受限制地"旁听"英文系的课程。粗略算一下，在一年半的时间里我大约听了 20 门课，涵盖英国文学的各个时期，尤其是浪漫主义和现代主义，也涵盖了诗歌、戏剧、小说等各个文类，以及文艺复兴时期的思想和一些文学理论课程，这些让我对英国文学传统和思想的了解更加深入、系统，也让我对英国文学的教学以及文学研究有了新的想法。

封控时期的生活虽然不乏让我感到崩溃的瞬间[比如 5 岁多的女儿非得拉着我一起 cosplay（角色扮演）她喜欢的《海底小纵队》的一些片段]，但总的来说，我过着一种极为简单的生活，体验到了梭罗笔下那种满足最基本生活需求的简单快乐，我甚至和女儿一起自学了国际象棋。虽然回国后我没有时间再延续这个爱好，但女儿还在继续学习着、热爱着。在写书稿、听课之外，为了缓解焦虑不安的情绪，我几乎每天都会带着女儿在空旷的大草地上转悠一个多小时，很难得遇见一个人，偶尔遇到一位也会自动保持社交距离，礼貌地跟我们打招呼，有时还会热心地向我们推荐更美的大草地去散步。

就是在这种闲逛或者散步中，我开始体会到风景在英国人生活中的分量。对花园的讨论是封控期间讨论的一个焦点问题，有花园的人家在这个时期的生活会好过很多，因为他们可以把时间放在打理他们的花园上。对于风景的喜爱，与英国人喜欢户外运动具有内在的关联，无论在一天中的什么时间，从家里的窗户望去，都可以看到慢跑的人，更多的是牵着狗去散步的人。此前，我在读伍尔夫日记的时候就已经感受到了她对散步的热爱。无论是在伦敦，还是在她乡村的住宅，无论是在什么样的天气下，散步都是她的乐趣，也是让她的思维保持活跃的一种方式。她笔下的人物如达洛卫夫人，也往往把都市漫步与建构自我身份认同密切关联起来。当时的报纸和杂志对英国人对花园和户外运动的喜爱都有专栏讨论，比如剑桥大学的教授玛丽·比尔德（Mary Beard）就在 TLS（*Times Literary Supplement*，《泰晤士文学增刊》）撰文"Lockdown Pursuits：Gardening?"（《封控期间的追求：园艺?》）。在英国疫情封控期间，销售量不降反增的就是与花园相关的各种工具、材料。记得当时为了要整理花园里疯长的草，我在当地一个专卖花园用品的平台上订购了一台割草机，结果等了将近一个月都还没有开始送货，于是不得不取消订单，重新在亚马逊上订了一台同样的，但价格却高了不少，好在送货比较快。在疫情期间，花园成了英国人消磨时间、获得内心平静、保持精神和身体健康的一个重要途径，看似消闲和个人爱好的一个活动在此时变成了一种精神慰藉。

在有些漫长的封控期间，我发展出了一种强大的在异国生存的能力，而这种能力既扎根于中国文化传统中的思辨精神和乐观态度，即"福兮祸之所倚，祸兮福之所伏"，再简单说，就是凡事都有两面性，同时也来自对一门语言的精通以及对其文化和文明的了解，它让我掌握了与英国人进行有效沟通的密码，让我少了一些惧怕、胆怯，多了一些从容。记得有一次在跟女儿班里一位同学的妈妈聊天时，我们提到了英国历史，当我可以准确地说出诺曼征服的开始时间时，她感到非常吃惊，说她自己都记不得，此后因为孩子们经常在一起玩，我们也成了朋友。我对伍尔夫的研究也成了很多时候打开话题的"破冰者"。记得在解封后有一次跟邻居的交谈中，她很好奇地问我为什么会想要研究伍尔夫这么个难懂的英国作家，我把我读博时候的经历以及感受细细说与她听，并且同时也聊了当时那个时代中国作家与英国作家、学者之间的交集，她大概也没料到那个时期会有那么多有趣的故事。

也正是这位热心的邻居和她的丈夫在我最需要帮助的时候，不吝提供帮助。我仍然记得第一次见到他们时的情景。那是我们搬进住处大约一个月之后的一个傍晚，当时英国正在倡导向 NHS（National Health System，国家医疗服务体系）、社会护理人员以及其他工作在一线的关键工作人员致敬的"鼓掌"行动。从 3 月 26 日起，每个周四晚上 8 点大家都会站在自家门前的街道边鼓掌一分钟。第一次见到邻居是在 4 月初的一个星期四，我当时带着女儿站在路边，鼓掌结束后，他们主动上前介绍自己，我们就攀谈了一会儿。了解我们的状况后，他们再三强调有事情一定要找他们帮忙。当时举目无亲的我，顿时感到了一丝人间的温暖。后来，我第一次使用割草机时因为缺乏经验，不慎把电线割断了，我果断隔着篱笆向他们求助。再后来，也就是快要回国的前夕，也是他们帮着我收拾整理屋子，处理善后事宜，并把我和女儿及时地送到了伦敦希思罗机场。回国之后，满怀感激的我寄了一幅中国的风景画给他们，聊表谢意。这些亲身的、实地的体验和观察，使我对英国社会、英国人有了新的认知，因而在书稿中，我调整了原本几乎被忽略的英国（乡村）风景在 20 世纪早期英格兰民族身份认同中的比重。这一点在访学一年快要期满，但因为疫情回不了国而不得不坐火车到雷丁去办理签证续签手续的时候，再次加以印证。当火车行驶在乡间时，我第一次真切地感受到了英国乡村的魅力——整齐的田野、起伏的丘陵、小树林、羊群、马群，仿佛是闯入了英国诗歌中所歌颂的田园风景，它们无声又强有力地提醒着我英国乡村风景所具有的政治和文化意义。

2020 年 6 月初，英国学校逐步解封之后，我觉得自己真的就像出笼的鸟儿一样自由，把女儿送去学校之后，我就开始泡图书馆，虽然这个时期仍然需要预约才能进馆，但幸运的是几乎每天都能预约到进馆的号码。因为从住处到那座著名的博德莱安（Bodleian）图书馆大约需要步行 30 分钟左右，所以中午一般不回住处。女儿也是在学校吃午饭，原本是 3 点多放学，但我都会把她放在课后活动班（after-school club）里待到 5 点，这样我从图书馆走回家之后再去接她。这是我访学期间最充实的一个阶段，仿佛又回到了在南京大学读博期间每天泡图书馆的日子。牛津大学图书馆对一个英国文学的研究者来说简直就是天堂，我还记得第一次入馆时又好奇又期待的心情，宽敞而同时又兼具私密性的空间让人很容易忘却时间的流逝，忘却外面纷纷扰扰的世界。我最喜欢的是三楼靠近窗户的一排位置，窗户是彩绘玻璃的，上面绘制的大多是《圣经》里的故事，追溯一下牛津大学的建校历史，这一点显得合情合理。天气好的时候，阳光洒在玻璃上，显得如此通透、神秘，足以驱散心理的阴霾。我喜欢这个位置还因为有一个书架上放满了伍尔夫的作品，找起来十分方便，不远处有个放最新杂志的架子，方便浏览最新文学研究的期刊。学校的电子期刊非常丰富，闭架书库里的书需要预约才能借到，而且只能在馆里阅读。当然，面对如此丰富的资料库，在寻找项目资料时，我也意外发现了一些有趣的材料，比如 20 世纪早期英国的帝国露天剧中对各个殖民地国家的表现，这些表现就非常值得人深思。此外还有这一时期英国学者对中国京剧的翻译等，这些都让我进一步拓宽研究的视野，使我意识到中英文化之间的交集是双向的、复杂的，而绝非单向的。那么，作为一个中国的英国文学研究者，如何能让自己的研究更具有意义呢？就这样，我学术研究生涯中出现了一个具有转折性的"顿悟"时刻，我开始思考研究者的主体性问题以及研究的社会效应问题。此前做学术研究大多是凭着个人兴趣和热情，而在牛津的图书馆里，我开始思考科研的本质是什么，它如何产生社会影响力，研究者又该如何充分利用自己的文化主体性推动两种文化之间的深入交流，等等。这些思考为我以后的科研和课题选择提供了基础和方向。

疫情期间的英伦访学之路虽然坎坷，先后经历了三次全国性的和地方性的封控，甚至还因为没有航班回国而被迫延长了访学时间，但也正因如此，我才得以窥见了英国社会在平时很难被见到的那些维面，体会到人与人之间的友善和互助实际上是不分国别、不分种族的。这一经历是我成长历程中浓墨重彩的一笔，它是我此前研究所带我来到的一个顶点，但同时也是此后研究转向的一个开端。

五、未竟的结局：用行动拥抱"危机"

时间飞逝，从英国访学归来已经将近三年的时间了，我的项目书稿也终于 2022 年 8 月底完成，并顺利结项。此后，我翻译了伍尔夫的《一间自己的房间》。在翻译的过程中，我发现在牛津大学的经历对理解伍尔夫在书中描写的细节有非常重要的作用，如果没有去过、观察过、体验过，就无法准确捕捉书中的细节描写所具有的意义。同时，我也在继续思考着在英国已经开始的思考，不断追问：什么样的研究才具有意义？怎样在自己喜欢的研究领域贡献"中国视角"？

　　当前，英语专业经过了 20 世纪 90 年代及其之后的很长时间内的蓬勃发展之后，逐渐进入收缩和衰落时期。我曾经是专业大发展的受益者，正亲身经历着它的危机和挑战，曾经有段时间，我也因看不到专业发展的未来而一度陷入深深的苦恼和怀疑之中。然而，在所有这些不确定之中，有一个确定性一直存在，那就是我从来没有后悔过学英语。英语学习不仅让我掌握了一门语言技巧，还不断在我的生活中打开一扇扇的窗户——文学、文化、历史、文明、哲学、宗教，它带我见识过美好的事物、有趣的人，带我去了我想去的地方，让我以不同的视角领略人生的风景，成为一个更包容、更开明的人。

　　毫不夸张地说，学习英语改变了我的命运，让我触摸到时代的脉搏，随着它的发展，我感受到的是当代中国一直在发生着的重大变迁，而通过文学研究和文学批评，我更加深入地认识了这个世界。在学术研究的过程中，我的思想也不断地发生着变化，完成了一次次的自我建构和重构，然而这一切都还没有结束，变化依旧在快速地发生，未来充满未知和不确定性，所幸，我也一直在成长的路上。

日拱一卒　功不唐捐

　　人物介绍：李彦，博士，云南师范大学外国语学院副教授，硕士生导师。厦门大学英语语言文学硕士，上海外国语大学英语语言文学博士。博士期间获得"国家博士生奖学金"和"上海市优秀毕业生"等荣誉。主要研究领域为翻译理论与实践。在《外语教学与研究》《外语教学》《上海翻译》《外语学刊》等 CSSCI 期刊及各类普刊发表论文30 余篇。主持教育部项目 1 项、云南省哲学社会科学项目 1 项，参与国家社科等项目共 5 项。2023 年获得 CATTI 一级笔译职称，2018 年和 2019 年获得韩素音国际翻译大赛二等奖和优秀奖，现为中国翻译协会专家会员。近 5 年来，在国外的施普林格出版社，国内的新华出版社、上海社会科学院出版社等出版译著 5 部，累计出版字数 80 万。

　　学业、事业与家庭，是女性学者普遍面临的三重抉择。学业，是知识的追寻，是梦想的起点；事业，是才华的舞台，是价值的体现；家庭，是情感的寄托，是责任的担当。但是，这绝非一场非此即彼的较量，而是一次基于和谐共生的探索。我们可以在学业中追求卓越，在事业中实现自我，在家庭中传递温暖。我想用行动证明，通过努力和智慧，女性学者可以在不同的角色中游刃有余，在不同的舞台上绽放光彩，在学业、事业与家庭的三重奏中，奏出和谐而美妙的乐章。

一、从内陆到海滨，读书改变人生轨迹

我出生在鲁西南一个小城市，家乡尊师重教，父母们一心让孩子努力读书，期待以后能出人头地。无奈山东作为一个高考大省，每年升学人数甚众，因此高考成为千军万马过独木桥的激烈角逐。1999 年是我高考的第一年，我被济南一所大专的法律专业录取，当时懵懵懂懂的我根本无法做出判断，对这个机会到底是取还是舍。父亲特地放下所有繁杂事务，赶赴济南，进行了实地考察，回来以后又和全家商议，最终决定放弃录取，重回高中复读。第二年也就是 2000 年，正好赶上高考扩招，我很幸运地被烟台大学录取，而且是我很喜欢的英语专业。开学的时候，父亲带着我坐着绿皮火车哐当哐当晃悠了一夜，从鲁西南一直晃悠到了鲁东北，从此我也从山东的内陆小城来到了烟台这座海滨城市。

来到烟台大学以后我才得知，在我们班一半的山东籍学生中，我的高考分数几乎垫底。听力对我来说尤成问题，因为高中的时候我们英语几乎都是读写训练，很少有听力练习，这导致我刚进来的时候，听不懂课本的内容，也听不懂外教的授课。为了训练听力，我买了一台收音机，每天早晨早早起床，到湖边去听英语广播。冬天的时候最为难熬，烟台室外温度零下十几度，海风凛冽，吹在人脸上刀割一般，但是在室内听信号又不好，经常呲呲啦啦听不清楚，所以每天早晨只能找个避风的角落，一边咬着牙跺着脚来回走动，一边听英语广播，经常冻得手脚冰冷。经过不断的努力，我的成绩逐渐赶了上来，到了大三大四，基本稳居全班前两名。

到了大三，面临着是考研还是工作的抉择。我的想法是先考研，等到考研结束后，正好是开春，到时候找工作也不迟。只因为我熟悉的一位学姐去了厦门大学，我从她那里获取了一些零星的考研经验，便也把厦门大学作为考研目标。至于厦门大学是"985"，是"南方之强"，我当时完全没有概念。确立了目标，我便和三位要好的同学组成了考研小分队，每天结伴去泡图书馆，去食堂吃饭，累的时候也一起出去放松，互相打气，互相鼓励，考研生活倒是也乐在其中。在图书馆，我还偶遇了一位男生，他是工作几年后又考

研,巧的是他和我都是在备考厦大的外文学院。后来我们双双考上,而他也从我的朋友成了我的男朋友,后来又成了我的先生,当然这是后话了。

我就这么"稀里糊涂"考上了厦大,开始了三年的研究生生活。在厦大,我如愿以偿地被分到了"口笔译与英汉语言对比"方向,实现了自己的翻译梦。我接触到了笔译实践、翻译理论、交替传译、同声传译等于我而言全新的课程,大大增强了我的实践能力,拓宽了我的学术视野。在厦门也有很多社会实践的机会,如去培训学校做老师、去做陪同口译、去市政府外事办实习等。研究生三年,我觉得自己有了全新的面貌,见识多了,能力强了,甚至性格也变得外向了很多,不再是大学时那只只会闷头读书的"丑小鸭"了。

二、从福建到云南,开始了第一份工作

2007 年从厦门大学毕业时,我和男朋友有两种选择,要么留在厦门,要么回去烟台。我们都很喜欢厦门的自然环境,但是厦门的房价比较高,生活压力有些大。烟台有一家军事院校经过层层选拔也录用了我,但是我对山东的一些官僚化的做法还有复杂的人际关系实在有些排斥。犹豫之时恰好我和男友去云南大理旅游,大理犹如世外桃源,优美的湖光山色让我们折服,于是就有了定居云南之意。后来机缘巧合,正好云南的一家民办院校来厦大开宣讲会,我们就同时入职了这所民办高校,成了那里的英语教师。没想到,就是这么一个决定,让我开始了人生第一份工作,也让云南成了我们的第二故乡。

在这所民办高校工作了六七年之后,我提交了副教授的评审材料,后来也顺利拿到了副教授职称。但我并未有太多欣喜,一是明显感到自己的知识体系已经陈旧,亟须更新,二是工作的"七年之痒",感觉职业发展已经到了瓶颈期。民办高校待遇不高,但是教学工作繁重,形式主义严重,日常除了课堂教学,还要应付各种琐碎的规章制度和审查,让人疲惫不堪。学校对科研并不重视,所以没有什么科研压力,但是这让我有一种专业被荒废的失落感。为了努力跟上学术圈的发展,我自己主动订阅了一些学术杂志,也坚持在各类学报上发表一些教育教学类的小论文,努力保持对科研的热情。

但是，由于缺少系统的知识储备，又完全没有科研团队的传帮带，对学术的追求只是原地打转，并没有太多突破。重教学、轻科研、从事大量重复工作，这种"温水煮青蛙"的学校环境会让人在不知不觉中丧失斗志，又会在庸庸碌碌之余产生强烈的危机感。虽然不知道未来该何去何从，但我迫不及待地想要有所改变。

三、从云南到北京，访学成为职业道路的转折点

恰逢 2014 年春天，得知有"国内访学"这一进修渠道，我便查阅了下招收访问学者的学校和导师名录，选择了北京外国语大学的马会娟教授。她当时主要做"翻译教学"研究，正好和我的研究兴趣比较契合。邮件联系了马老师，她也爽快答应了我的访学请求。于是 2014 年 5 月，通过西部教师访学计划，我如愿以偿被北京外国语大学接收为访问学者。

那时候我的儿子还不到两岁半，没有进幼儿园，仍需要人悉心地照顾。得知我要去访学的消息，几位同事就问我："那你孩子怎么办？"我想这的确是很多女老师在职业发展的道路上经常要应对的一个"家庭还是事业"的经典难题。于我而言，我没有过多犹豫，只要有机会，我会选择在个人事业上努力打拼。孩子的养育，有整个大家庭替我分担，但是事业，则要靠我一个人单打独斗，没有人能真正替我负重前行。而且，我想用自己的实际行动为孩子做出示范，告诉他只有通过自己的努力，才能掌控自己的人生，拥有更多的选择权。

后来我的父母也来到了昆明，和公婆一起轮流帮我照看孩子。免除了后顾之忧，金秋时节我便兴致勃勃地来到了北京外国语大学，开始了自己的访学之旅。每天走在北外校园里，我满心都是憧憬和希望，感觉像重回学生时代，渴望知识的滋养。于是，我选修了所有自己感兴趣的课程，接触到了刘润清、文秋芳、王克非、韩宝成等外语界的大家，他们的课堂颠覆了我很多原有的陈旧认知，让人耳目一新、醍醐灌顶。除了课堂学习，我还经常到附近的北师大、北航、北语、北大等名校去听各种主题的讲座。那时候除了翻译，我对外语教学、二语习得、文学等研究领域都非常感兴趣，尤其是韩宝成

老师的外语测试，真的是让我听得如痴如醉，我第一次体会到，原来外语测试也可以这么有趣，这直接引发了我对翻译测试的兴趣。我当时一心琢磨着，怎么把翻译和测试结合起来。北外的图书馆也是我最喜欢去的地方，我在里面待了很长时间，哪个角落有什么主题的书，我都摸得清清楚楚。北外图书馆有很多国外最新的翻译类专著，每次看到新书上架，我总是迫不及待地拿过来一饱眼福。北外图书馆的一大特点是"黑"，里面基本上很少有自然光线，自习室进去更是昏暗一片，一眼望不到头，只有联排的桌子上自带灯管，落座后打开开关，离开后关闭开关，在灯光下形成自己的一个小世界。好多次我就沉浸在这样的小世界中，在书海里遨游，在论文写作中沉迷，一抬头只能望见黑色的玻璃，把图书馆和外面世界隔绝开来，一时间不知道自己身在何处，几点几刻，只觉得偌大的世界似乎只剩下自己。我很喜欢这种与书为伴、刻苦钻研的感觉，所以来北外没多久，就萌生了考博的念头，希望在北外再多待上几年的时间。当时我的访学导师是马会娟教授，她的"翻译研究论文与写作"课堂让我受益匪浅，也启发我形成了几篇小论文，发表在一些学报上。这种小小的成就感大大激发了我对科研的兴趣。马老师认真负责的教学态度，还有严谨细致的科研作风，都让我颇为崇敬。我一开始认定了考马老师的博士，但是当我和马老师坦白了自己的想法之后，马老师也很坦诚地告诉我，她心中已经有新一级博士的候选人了。我听了颇为失落，在网上查询了下翻译学博士的招生信息，发现在上海外国语大学有另一位做翻译教学研究的女博导肖维青教授。我又燃起了一丝希望，给肖老师发了一封邮件，表达了自己的意愿。肖老师表示欢迎，于是我的考博目标从北外转到了上外，虽然当时我对上外几乎一无所知，对肖老师除了能查到的科研成果之外，也几乎一无所知。确定了目标，接下来我就开始在北外的图书馆里努力奋斗，准备全力以赴备考上外。翻译理论和翻译实践对我来说并不算太大的问题，毕竟是一直接触到的内容，在北外也有了一些新的积累。让我最头疼的科目反而是二外，我的二外是德语，从本科毕业之后几乎就没有再接触过。我花了很多工夫想把德语再次"捡"起来，无奈荒废的时间太久，再加上德语极为复杂的语法，一直到进考场我心里都很忐忑。

去上外参加了博士考试和面试，那时候稀里糊涂，也不知道自己发挥得怎么样，但考完后还挺放松，感觉终于完成了一件大事。不管结果如何，都是突破自己舒适区的一次尝试。从上海回到北京以后，我又趁热打铁，参加了 CATTI［China Accreditation Test for Translators and Interpreters，全国翻译专业资格（水平）考试］一级笔译考试，后来一次性通过，也算是在考博过程中的另一收获吧。

考博结果出来了，很遗憾我的德语差了几分，没有及格。由于二外不及格会被一票否决，没有资格被录取，所以我就先放下了考博的事儿，回到了昆明。后来想想不太死心，不能就这么轻易地放弃读博的梦想，于是又给肖老师写了一封邮件，肖老师很快给了我回复，鼓励我第二年再战。我暗下决心，那就明年继续。

2015 年 7 月，我回到了原单位，一边按部就班地工作，一边默默地备考。除了专业知识和翻译实践，这次加大了二外的学习力度，集中精力补短板。那段时间，父母公婆都回了老家，但是孩子上了幼儿园，于是我白天便有了一些空闲的时间。孩子入睡后，也是我学习效率比较高的时候。当时没有任何人指导我考博，全靠自己摸索，看专业书籍、读学术杂志，日子倒是也过得非常充实。

第二次考博的日子很快就到来了，请了几天假偷偷跑去上海参加了笔试和面试。幸运的是，这次二外顺利过线，其他科目考的也不错，总成绩排名第一，终于被录取了。录取之后，我便干净利索地办理了离职手续。对于离职我没有丝毫犹豫，我知道自己应该不会再回来了。

四、从北京到上海，博士生活的酸甜苦辣

2016 年 9 月，博一生活开始。怀着强烈的求知欲，热情高涨，恨不得把课程排得满满当当，课堂上见到了很多大家名师，也的确涨了不少见识。可是，这种打了鸡血一样的状态也就维持了一年。博二不用再上课，开始把所有时间放在小论文写作和大论文选题上，到处摸索，不断选择，放弃，再选择，再放弃……整个 2017 年，情绪一直在走下坡路，到了年底，博士三年已经过了一半，我的小论文没有发，译著没有出，11 月又临时更换博士论文选

题,转向一个从未涉足的研究领域,思路仍未成形,一团乱麻。眼看着周围同学的成果纷纷出炉,我的自信心也在一点点磨蚀。从年初的踌躇满志,到年底的灰头土脸,经历了上海最热情的夏,也见识了上海最冷的冬。感觉自己渺小得像一只蝼蚁,不断忙碌奔波又一无所获。曾经觉得自己无所不能,可是在经历了很多次心有余而力不足之后,不得不开始渴望依靠。挫败感越积越多,只靠自己,感觉快要撑不下去了。

2018 年初到 2019 年,我终于熬过了 2017 年颗粒无收带来的自卑和压力,慢慢从谷底爬了出来。2017 年投出去的论文渐渐有了回音,发表录用了 4 篇 C 刊(CSSCI),5 篇普刊,出了 5 本译著、2 本教材,以全院第一的成绩拿了国家奖学金和上海市优秀毕业生,幸运地获得了韩素音翻译大赛二等奖。20 万字的博士论文也终于定稿,通过了预答辩和盲审,所有这些,算是用这两年多来的奋斗换取的一点回报吧。播种和收获从来不在一个季节——还好我没有放弃,努力播种,耐心等待,终会有所得。

其实一直以来,我的生活并未经历过太多挫折,读博也并非一个人生必选项。先生把我当女儿一样养着,儿子贴心懂事,公婆通情达理,导师和我亦师亦友,从未批评过我半句,只是不停地为我鼓劲加油。可是,那些为博士毕业奋斗的日子,依然让我感到压力巨大。这些压力其实主要来源于我自己——从来称不上雄心勃勃,但也绝不甘于平庸。家人替我承担了本应我承担的所有责任,让我可以专注地只做"读博"一件事,如果做不好,我会很内疚很自责。而且,坦白讲,轻松躺赢和成功逆袭这种事儿很少发生在我身上。别人花五分力气能做好的事儿,我得花十分。如果再花五分力气,可能比别人好那么一点点。天资愚钝,只好以勤补拙。好在老天眷顾,没有辜负我在图书馆修炼的大把时间。把压力变成动力,再加上努力,应该是我完成博士学业的一点点经验吧。

总结下来,读博期间的心态历程,就像画了一个 U 型抛物线,把你的自信心一点点碾碎,再让你自己挣扎着,一点点拼起来。过程不易,可是没有经历过绝望的痛苦,又怎能体会结果带来的欣慰呢?因为害怕失败而不去尝试,又怎么能遇见下一站的好风景呢?

一路走来,我想我最要感谢的是我敬爱的导师肖维青教授,感谢她的知遇之恩和谆谆教诲。她干练优雅，沉稳低调，聪慧过人，年轻有为。入师门之前，肖老师与我素未谋面，不嫌我才疏学浅，将我纳入麾下。生活中她对我嘘寒问暖，关怀备至，学术上则尽己所能，不厌其烦地引导指点。选题时我几经犹豫，最终放弃了原有的已积累数年的研究主题，转而选择了"网络文学译介"这一冷门领域，但肖老师并未因此否定我的选题，而是鼓励我坚持己见，大胆创新，沿着这条"少有人走的路"走下去。在论文写作过程中，肖老师帮我邀请了我所研究网站的创始人来参加上外举办的现当代文学外译的国际研讨会，并亲自担任其发言的主持人，为我提供了与研究对象面对面访谈的宝贵机会。在博士论文的开题、预答辩、答辩等环节，肖老师事事亲力亲为，邀请评审专家，安排准备事宜，尽心尽责，考虑周到。除了博士论文方面的指导，在小论文投稿前，肖老师都会和我一起逐字逐句进行修改润色。我本愚钝，常感心有余而力不足，博士期间数次遭遇低谷，怀疑自己的学术能力，担心自己能否完成学业，而肖老师对我从未有过半点的否定和批评，总是像对待朋友一样不断用言语鼓励，用行动抚慰，让我有动力坚持到底，不至于半途而废。能遇此亦师亦友的导师，人生何其有幸！我还要感谢课堂上对我们谆谆教导过的各位老师：谦逊睿智的冯庆华教授、温润如玉的查明建教授、风趣幽默的张健教授等。他们学识渊博，平易近人，乐于分享，为我们拓宽理论视野、掌握研究方法打下了坚实的基础。尤其是孙会军教授和章艳教授，她们在我开题的时候为我提出了诸多宝贵的意见，在我后期的博士论文写作过程中也进行了多次指导。两位女教授温文尔雅、谦和友善，不仅在学术上颇有建树，生活中也是家庭美满，母慈子孝，堪称学术圈成功女性的典范，也是值得我终生学习的楷模。此外，上外研究生部和英语学院的各位老师，用认真负责的态度完成了各项琐碎但重要的工作，为我们完成学业保驾护航，周到全面地为我们解答各类生活和学业中的问题。还有我在博士期间结识的并肩战斗的各位"战友"，在我迷茫时给予我方向，在我痛苦时和我一起分担，图书馆是我们的战场，战友之间的情谊伴我一路前行。我的同门也是我的力量源泉，无私地与我分享各类学术资料，坦诚地交流各种学术问题。能够三年顺利毕业，更离不开家人和朋友三年来对我全力的支持和充分的理解，他们替我负重前行，让我可以全身心地投入到学业中去。我的先生帮我承担了本该我承担的家庭责任，繁忙的工作之余，一边攻读博士学位，一边照顾老人和孩子，还要不时地做我的心灵导师，为我进行心理疏导和精神减压。他是我心目中无可挑剔的全能型"模范先生"。我的公婆帮我分担家务，我的父母为我提供经济支持。我的好友不仅给予我精神鼓励，在我不在的日子里也帮忙照顾我的家人。还有我的孩子，从他出生到现在，我有一半的时间都不在他身边，无法尽到母亲的责任，未能给予他应得的母爱，但是，对我这个不称职的母亲，他从无抱怨，反而一直用他天生的细腻与温柔，表达着一个小男孩对妈妈最深情的思念与最无私的爱意，一次次感动得我热泪盈眶。

五、从上海到云南，开启了新的职业生涯

时间在忙碌中飞逝，转眼到了快要毕业的日子，又面临着找工作的抉择。我一共面试了三家学校，全部通过了——一家是上海的政法大学，一家是西安的外国语院校，还有一所云南的师范类院校。上海的这所学校以法律为特色，学校平台较好，而且位于上海，是我一直想留下来的城市，可是也正因为在上海，也成了它的劣势，那就是安家的成本较高。西安的院校和我专业最契合，平台也不错，还可以解决家属工作，把我先生安排在另一个学院做专职教师。昆明是我比较熟悉的地方，气候舒适，生活节奏慢，学校附属的教育资源很好，可以解决孩子的小学和初中读书的问题。先生和孩子都喜欢昆明，都希望能够继续留在这个第二故乡。经过商量，我还是回到了昆明工作，入职了这所师范类大学。

入职后，我搬家到了学校门口的小区，又把孩子转到了小区门口的附属小学，算是再次安顿下来。到了新单位，我被安排了比较繁重的教学任务；而入职两年后，又成为翻译方向负责人，肩负起了翻译硕士专业的一些管理工作。

虽然没有非升即走的压力，但是在入校的时候还是签订了一份 5 年期的工作合同，包括科研、比赛获奖、指导学生等方面的要求，例如要拿到一个国家级项目或者两个省级项目，要拿到省级比赛的奖项，或者指导学生获得

省级奖项等。除了常规的教学工作，和以前就职的民办高校相比，我感觉这里最大的不同就在于学校不断激励老师们做科研。

因此，入职后我首先面临的就是学术道路规划问题。博士毕业后的三年，是博士最有科研活力的三年，我一再告诫自己，千万不要荒废了这几年的时间。学术圈里的热点话题基本上三年就要更新一轮，就算不追热点，深耕于自己的领域，也要不断更新自己的知识结构，从别人的最新研究中汲取养分，丰富自己的研究内容或者更新自己的理论框架、研究方法，否则三年后就很难和学术圈开展平等的对话和交流了。我看到身边也有一些博士，毕业后一开始还能"仰卧起坐"，但后来就完全"躺平"了，基本上告别了学术研究。一方面是客观原因，比如教学任务繁重，行政事务烦琐。像我们这种应用型大学的老师，每学期基本上都是三到四门课，新进的博士，都要担任教学秘书、科研秘书等职务。还有些结婚生子，陷入家庭琐碎的小幸福中，无法专心学术。另一方面可能也有主观原因，比如没有确定自己独特的可持续的研究方向，未能建立自己的学术口碑，做了很多无用功，学术精力分散且低效，项目论文纷纷夭折，导致心态逐渐失衡，从雄心勃勃到心灰意冷，也就慢慢放弃了学术研究。

那么如何保持科研活力呢？我认为有几条线可以同时推进。

一是基于博士论文的学术深化，尽量将自己的博士论文效用最大化。博士论文可能是我们耗时最长、精力投入最多、经由多位专家层层把关的一份成果，哪怕写得不是那么成熟，但是还是有不少可取之处的。那么怎么效用最大化呢？这里有几条思路。首先，可以把博士论文拆成小论文去发表。以前我有个疑惑的问题是，大论文已经发在了知网上，那么小论文查重怎么办？现在据我了解，有些期刊是允许自我重复的，所以拆出来以后依然可以发表。但是，有些期刊可能更严格一些，那么拆出来小论文后就要进行较大幅度的修订，甚至重写，或者基于我们现有的知识结构，进行扩充和深化，这就是大论文拆小论文。其次，可以利用博士论文的研究框架去申报各类科研项目。比如，基于博士论文，我申报了校级的博士启动项目、省哲学社会科学项目、教育部人文社会科学研究青年项目等。当然，在申报的时候最好不要完全套用原来毕业论文的内容和框架，而是要根据不同的项目侧重点做一些调整。申报校级博士项目的时候，我没有做太多变动。但是在申报云南省哲学社会科学项目的时候，由于云南的学术圈更偏重边疆、民族、东南亚等领域的研究，所以我就申报了一个中国文学在东南亚的译介的研究项目。博士论文其实还有一个很好的去向，就是申报国社科的后期资助项目，这个项目属于国社科的子项目，其立项率比国社科要高，资助力度比国社科要大，要求博士论文完成日期应为三年以上，也就是在毕业三年后就可以申报，且修改内容篇幅达到原论文字数的 30％ 以上。最后，博士论文还有一个用途，就是出版成专著，也可以成为个人的代表性成果。以上所说的拆论文、报项目、出专著三条路径，都是博士论文可以再利用的方式。

二是超越博士论文的学术拓展。我也很清楚，不能一直依赖博士论文，要想方设法去拓展自己的第二研究领域。我记得我在刚刚确定网络文学译介作为博士论文选题的时候，就去参加了全国性的一个翻译学博士论坛，汇报完自己的题目，有教授就提醒我说，要注意选题的可持续性。当时我还有点不服气，这是个新领域，你怎么就知道不可持续呢。但是现在发现，这位教授说的还是有道理的。我的选题从我开始写博士论文，一直到写完后的那几年，的确是一个新兴热点，不少学者也发了相关的 C 刊论文，但是这两年这一话题的热度直线下降，以前发论文的那些学者现在基本上都转向了其他研究方向。国社科如果再像前几年一样，报这一选题，中的可能性就微乎其微了。我们每年都要求中青年教师，尤其是有博士学位的教师申报国社科，如果拿博士论文选题申报了几年都不中的话，就面临一个难题：报原来的选题吧，过时了，报个新课题吧，不熟悉，而且没前期成果。所以就需要我们有学术的预见性，尽早开拓自己的第二研究领域或研究特长，尽快脱离学术瓶颈期。我是摸索了好几年，还是以自己的博士论文为基础，转向了另一个方向，交叉了翻译学、哲学、社会学等学科。新的选题超越了博士论文，但是又和博士论文紧密相关。这样既能够对这一主题很快上手，也能继续将原来的论文等作为前期成果使用。

三就是要保持持久稳定的学术关系网。在北外的一年和上外的三年，最幸运的是遇到了很多志同道合的同门和同学。毕业后我们依然保持着比较密切的联系。我的导师有一个博士群，在读的和毕业的博士都在里面，大家有什么成果，导师都会在群里分享，大家会一致向其道贺。同门们会在群里分享各类学术信息，共同学习，有时候也会开诚布公地讨论目前的一些热点话题，分享自己了解的学术现状。总之，同门群就像一个大家庭，彼此提携，共同前进。毕业后，我和导师也保持着密切联系。导师人脉广、资源多，经常会帮我"牵线搭桥"，甚至我的几位师妹开题答辩、毕业答辩等，我导师也会找我过去参与一下，这都为我提供了很好的学术交流机会，也让我不断提醒自己：不能躺平，必须要不断奋进才能跟得上大家的步伐。另外，与博士同学也会经常交流，不管是工作情况，还是科研进展，我们都会时不时地交换一下信息，或者寻求一些心理安慰。我们学院也有翻译方向团队，作为团队负责人，我负责鼓励大家进行学术交流，开展学术研究，邀请国内外知名专家进校交流等，这些也会反过来促进我个人的学术发展。有了几个稳固的学术共同体，大家互相督促着做科研，我认为比个人单打独斗要更有动力。

四是在高校工作，还有一个绕不开的话题就是评职称。每个学校都有一套评职称的标准，清楚地了解这套标准，并将其作为奋斗目标，其实也有助于保持科研活力。破五唯之后，老师评职称的条件更均衡了，也就是说，除了科研成果，还要看课堂教学、学生工作、奖项、社会服务等等，要走"全面发展"的道路。评职称要提早准备，不光要申报科研项目、发论文、出专著、编教材，还要积极地去申报课程思政、一流课程、优质课程等教学项目，申报各类哲社优秀成果奖，参加各类教学比赛、翻译竞赛，指导学生参赛并争取拿到优秀指导教师，等等。所以，每年的上半年都是我们最忙的时候，申报国社科、教育部还有省级各类研究项目，申报各类教研项目，提交各种结题材料，指导本科生和研究生论文开题和答辩，指导本科生的模拟教学和实习，还要指导学生参加各类竞赛，等等。一天到晚像陀螺一样忙个不停。但是，通过这些努力，我们也会逐渐积累一些成果，逐渐向自己的目标职称靠近。

我想很多女老师依然面临着家庭、事业和健康的平衡问题。由于先生在离家较远的地方上班，经常早出晚归，孩子的学习和生活基本上都由我来负责。日子久了，我也会有些怨言，但是既然承担了工作和家庭双重的角色,那么就这么坚持下去吧,毕竟,在我读博的日子里,先生也给予了我全力的支持。另外值得一提的是健康问题,入职没两年,体检就发现了甲状腺结节,血糖也开始偏高,所以我们还是要注意个人健康,毕竟身体是革命的本钱啊!

　　一路走来,从山东到福建,从福建到云南,从云南到北京,从北京到上海,从上海又回到云南,我的人生轨迹就是在中国地图上画了一个圆。日拱一卒,功不唐捐,虽然走得慢,走得并不圆满,但是我走的每一步都算数。

我的英语教师成长之路

　　人物介绍：赵双花，上海外国语大学博士，谢菲尔德大学访问学者，现就职于山东政法学院外国语学院。主要研究方向为语言政策与外语教育，主讲大学英语，曾开设精读、口语、语言景观与公共标识写译、中国法制史、创新创业思维训练与案例分析等课程。发表CSSCI来源期刊论文5篇、普刊论文3篇、报刊文章3篇，参编书籍2部，参编教材3部，出版译著1部。主持厅局级项目1项，参与课题10余项。

　　幼年时期我们一家人辗转多处，我有机会领略到语言的多样性，这在无形中培养了我对语言的好奇心。回想过去，人生中很多重大的决定都源于自己对英语的热爱。专科毕业，无法继续学习英语的恐惧促使我以最短的时间完成自考、攻读硕士学位研究生；高校工作多年，出于对专业知识匮乏的担忧，人到中年又鼓起勇气去申请博士学位。笃行致远，多年的热爱与执着，让我跨过了一个又一个的至暗时刻，得以在人生和专业发展的道路上砥砺前行，不负韶华。

　　目前，外语专业面临诸多挑战，高校关停外语专业的现象也频频出现，但我相信这是学科发展和成长的必经之路。我相信，未来外语学科经过不断地调整、发展，必能更好地服务于个体需求和国家发展。作为一名外语专业从业者，我们这一代算是享受了外语专业高速发展的"红利"；我们也将在外语专业深化改革的洪流中顺势而为,为外语学科转型和发展贡献自己的力量。

一、萌芽:发现语言之美

1985 年,因父亲工作变动,我们举家从西北大山深处迁至沂蒙腹地。一个光着脚丫子无拘无束满山跑的小丫头,突然闯入了一个完全陌生的世界。一个只会讲纯正西北方言的小孩子,突然掉进了五彩斑斓的语言万花筒。每个人都讲着自己听不太懂的语言,或字正腔圆的普通话,或掺杂山东方言、四川方言、河南方言、安徽方言、江苏方言、湖北方言的南腔北调。语言虽有不通,但也并没有影响到正常的学习和交往。语言难以表达的时候,可以"手脚并用",甚至用文字传达。当然,偶尔也会遭到周围小伙伴的质疑:"你讲的话好奇怪,我听不懂。""你怎么这么说话?"在懵懵懂懂、无忧无虑的成长中,我惊喜地发现,自己居然掌握了两套语言系统:一套是普通话,在外面使用,与老师、小伙伴交流以及同陌生人打交道;一套是西北方言,在家里使用,与父母和哥哥妹妹以及来自西北的同乡交流。而且,这两套系统可以切换自如,保持各自的独立性。

我的语言系统再次受到挑战是在初中阶段。小学阶段是在部队大院读的子弟小学,学习和生活相对独立于外部世界。初中阶段升入地方中学,发现自己又进入了另一个语言世界:一个纯粹的地方方言世界。当发现自己的语言和老师、同学不一样的时候,我很想做一个改变,以方便自己更好地融入班集体。但由于这个时候进入了青春期,开始有了清晰的自我意识,我想使用方言的尝试一次又一次受挫。一方面,需要尝试使用方言,但每次发现自己讲得并不地道的时候,便很不好意思继续下去,也就是自己没法"容错";另一方面,在使用方言表达的时候,总是没法顺畅地表达自我。综合这两个方面下来,由普通话转入地方方言体系的尝试被彻底放弃了。但很有趣的是,中学毕业多年以后,同学聚会的时候,依然有同学很惊讶地质疑:"你怎么说普通话?怎么不说方言?"他们完全不记得我当年是在讲普通话的。另外,值得一提的是,我的 30 多名小学同学升入地方中学后,很少有人在日常交流中使用地方方言，一直都在使用普通话。而且，我们的普通话都比较纯正，基本没有地方方言和自身方言的口音。多年以后，当我接触到二语习得，看到关于儿童语言学习最佳年龄的探讨时，尤其是关于二语习得临界期与最佳年龄研究[①]时，我感受到了学术的魅力。

另一个让我感受到语言魅力的事情是初中阶段开始的英语学习。从接触英语的那一刻，内心就感觉很神奇：这是一套完全不同的语言体系，由一群我们完全不了解的人在世界的另外一个角落使用它（20世纪90年代的信息相对封闭一些）。英语对我而言是一把钥匙，为我打开了一扇神奇之门。因此，在初中阶段，我投入了大量的时间、精力和热情学习英语。幸运的是，初中遇到了一位特别优秀、负责的英语老师。她将自己大量的时间和精力投入英语教学和班级管理中。因此，整个班级的英语学习氛围浓厚。我也很荣幸地成为英语学习委员，日常除了自己的学习外，还肩负着检查全班课文背诵和英语学习情况的任务。定期将班级的学习情况汇报给老师，成了连接老师和同学之间英语学习的桥梁。记得曾经经常跟同学们讨论问题，向老师请教疑问和不解之处。也曾因为某一个知识点掌握得差强人意而要求老师多讲解，多补充相关的练习题。高中阶段的英语老师也是一位教学名师，上课风趣幽默。深入浅出的讲解和宽严有度的管理，极大地提高了同学们的学习热情。两位英语老师的专业能力和职业操守给我留下了深刻的印象。因此，带着对英语的热爱和对英语老师这一职业的憧憬，我高考第一志愿选择了英语专业。作为基于师徒制的师傅带领徒弟学习某项技能的培养方式，"传帮带"是新手教师在职业生涯初期最直接、最有效的学习方式。除了工作单位经验丰富的老教师的教学方法，学生时代那些优秀教师的授课方式也潜移默化地传给了新手教师们。

二、冲突：英语学习中断

由于发挥失常，或者，更多的是因为能力有限，高考仅仅升入了一所地

---

① 杨连瑞.第二语言习得的临界期及最佳年龄研究[J].外语学刊,2004(5)：101-106+112.

方师范类专科院校。进入大学，我欣喜地发现，几乎所有的课程都与英语有关，甚至还有了外教做口语老师——一位可爱的美国女教师伊丽莎白和一位胖胖的美国男老师奥尔森，真正见到了在"世界的另外一个角落使用英语"的人。我从此一头扎进了英语学习的热浪中。每天早起去教室大声读课文、背单词，至今仍清晰地记得听写单词出错时的沮丧心情。每周的英语角是一周中最期待的时刻，迫不及待地展示自己新学到的单词和表达方式，也会默默记住从别人那里学到的发音、单词和表达方式。就是在这个时候，第一次看了好莱坞大片《飘》，被女主人公斯佳丽的美貌、智慧和坚毅所折服，也再次感受到了英语世界的美好。第二部看到的好莱坞大片是《泰坦尼克号》，也因此爱上了加拿大歌手席琳·迪翁，买了她的每一盒卡带。在我一个人默默奋斗的日子里，这些歌曲给了我莫大的力量和陪伴。

两年的专科学习加深了我对英语的喜爱，我于是加入了专升本的队伍。但是命运再次跟我开了一个玩笑，进省城赶考失利。带着对进入本科阶段学习的同学的羡慕和不得不踏入工作岗位的无奈，我开始了一名中学英语教师的职业生涯。我的人生陷入了绝望和沮丧中，不甘心自己的学业就这么终止了，不甘心自己的英语学习之路就这么中断了。

我想我是幸运的，大学阶段再次遇到了一位特别好的老师。她告诉我，专科生可以考研，也跟我分享了很多专科学历考研成功的案例。当时专升本的最佳选择是山东师范大学（以下简称"山师大"），所以我去查了山师大的硕士研究生招生简章。当时的要求是专科学历需有 4 门主干课程的成绩。于是，在繁重的初中教学任务之下，我毅然开始了我的英语专业本科自考之路（主考学校是山东大学）。中学英语教师的前两年，我的生活只有工作、学习、吃饭和睡觉。功夫不负有心人，在两年的时间内，我完成了本科学段的 8 门课程（包括第二外语日语）的学习，并且专业课成绩都在 90 分以上。自学考试培养了我强大的自学能力和专注力。我开始信心满满地着手准备山师大的硕士研究生考试。

这个时候我又做了一个大胆的决定，向工作的中学申请了停薪留职，前往山师大学习，准备当年的研究生考试。2000 年下半年，在旁听山师大大四专业课的同时，紧锣密鼓地复习考研。当时就被山师大外国语学院的学风和老师们的学识以及风度所吸引。周围的同学都是认真、刻苦、勤奋、善良的人。大家互相鼓励、互相帮助，努力朝着自己的目标前进。还有一点印象特别深刻的是，周围同学素质很高，每个人都是轻声细语、彬彬有礼、善于为别人着想的。第二年成绩公布的时候，我如愿以偿地考上了山师大的硕士研究生。不知道自己下了多少功夫，只知道从济南回到家里，碰到熟悉的长辈，有人感叹："这姑娘咋瘦成这样了！"当年要好的同学也都成绩不俗，有的考上浙江大学、北京师范大学的英语语言文学硕士研究生；也有的跨专业考上北京大学法学硕士研究生、兰州大学政治学硕士研究生。其他同学有进高校、进中学从事英语教学的，也有考上公务员的。总之，大家都开启了新的学习或工作生涯。我想，相较当下的英语专业不景气，当年的我们是享受了英专生的红利的。

三、小高潮：我的"山师大"

经过三年的沉淀与努力，我终于重新起航，开始了我作为英语语言文学师范专业生的学习。

在正式进入山师大学习之前，还有一个小插曲需要交代一下。当我手持硕士研究生录取通知书去当时的教委档案室拿档案的时候，事情并没有想象中那么顺利，当时主管档案的工作人员坚决不放我的档案。我通过各种途径，做了各种工作，都没有结果。在提交档案的最后几天里，有一位前同事帮我找了当时的教委主任做工作。但当我再次进入档案室时，那位工作人员仍然坚持不放档案。不得已，我又打电话给教委主任，亲耳听到了教委主任对这位管理档案老师的训斥。我在最后一刻拿到了档案，在档案提交的最后期限完成了个人档案的交接。入学之后发现我遇到的档案问题不是个案，也有同学因为拿不到档案，不得不放弃入学机会。甚至还有人因为原单位不放档案而闹到对簿公堂。多年以后，我再次工作调动，看到人事合同中对考公、入伍、升学等情况有了人性化的规定，即档案可凭借相关证明自行提走。这应该是行政管理制度的进步吧。也可以理解为随着时代的进步，教师职业发展的上升通道越来越宽松了吧。

进入山师大,我深入学习了包括语音学、词汇学、句法学、语用学、语言测试等在内的语言学主要课程;也听到了高水平的日语课(考研之前的日语是完全靠个人自学的),在读时研究生的二外日语课是由学院院长授课的。我最终将研究兴趣聚焦在了语用学上。我的硕士导师是一位德高望重的教授,她博学、优雅、睿智,对我的生活和专业发展都给了长足的指导。我从她身上学到了很多人生的道理和处世态度,获益匪浅。

除了专业学习外,我还积极参加教学实践。外院当时开设有夜大的二学历课程和寒暑假的函授课程,我都通过学院统一筛选获得了授课资格。寒暑假的函授课程是跟山东各地级市合作开展的,授课老师需到当地集中授课。我当时担任了精读课的授课任务。在授课过程中,我分享了自己的考研经历。这给参加我课程的学员带来了很多启发。他们都是在职中学英语教师,渴望学习,渴望提升学历,如同我考研之前的情况。课程结束以后,很多人受我影响,也参加了硕士研究生考试,并取得了很好的成绩。跟我联系比较多的一位老师,后来考上了大连外国语大学的硕士研究生。这个时候的我,无论是在专业学习上,还是在作为英语教师的身份认同上,都获得了前所未有的满足感。通过自身努力,不仅实现了学业追求,还用自己微弱的光,照亮了他人。

四、再次冲突:大学英语教师身份认同的割裂感

山师大硕士研究生毕业后,我顺利进入了位于济南的一所省属高校任职,承担大学英语的授课任务。人生实现了一个飞跃,完成了从中学英语教师向大学英语教师的身份转变。

作为一名新手高校英语教师,入职初的授课能力和教学管理能力就受到了极大挑战。我所承担教学任务的两个班级班风迥异:一个班是学校的王牌专业,学生经常会提出出乎意料的问题,甚至质疑老师的讲课方式;另一个班是学校的末流专业,每年的就业率几乎垫底,学生们都很迷茫,学习没有动力和热情。在教学工作的备课环节,备教材、备学生、备学情是基本任务。王牌专业的学生,英语水平高,但他们经常需要熬夜绘图,无法保证

上课效果；末流专业的学生语言水平一般，上课积极主动性差。在认真进行学情分析以后，我总是根据学生的情况不断调整教学内容和教学方式，既有成功的喜悦，也有失败的沮丧。此外，我还让两个班的学生（共 150 名左右）写英语周记，做到全部批改，针对其出现的问题一对一辅导。一个学期下来，跟这两个班的同学建立了良好的关系和深厚的感情。在其后的几年里，上课和教学工作也逐步得心应手。但这个时候思想上有个错误的认知。每每领导开会强调要做科研的时候，我都会认为：老师不就是上课的吗？上好课就可以了，为什么要做科研？当时的我没有认识到高校教师的职业能力是由教学能力和科研能力构成的。认知上的错误直接导致了我在新手教师期没有明确的职业发展规划。

工作近 10 年，我在日复一日的重复中，发现自己已经没有新的东西注入教学工作中了。课堂讲授干巴巴的，自己也觉得课上得很无趣。职业进入了瓶颈期。这时，女儿也从呱呱坠地成长到了上幼儿园的阶段，我的生活重心也再次回到了工作上。这么多年工作没有起色，个人在能力上没有长进。我开始审视自我：工作的意义是什么？恰逢此时学校进行了改革，第四个学期的英语考核以四级考试为准。这在一定意义上导致了教学与评价的严重脱节。对实际教学的影响就是，学生认为没有必要上英语课，自己独立复习备考大学英语四级就可以。临近四级考试时，大学英语课堂的学生数量屈指可数。另外一个对教学效果影响较大的因素是互联网的迅猛发展，学生有了网络自由。很多同学的注意力转向了手机，课堂时间沉浸在上网冲浪的快乐和网络游戏的刺激中。由于个人的无力感加上现实的残酷，我开始寻求改变。

这时候才发现身边有同事陆陆续续在山东大学读博士了，专业以历史、文学、教育为主。我第一次改变的尝试是准备山东大学文化产业方向的博士，但是考到第三年，发现自己离入门还有十万八千里，根本没有考取的希望。内心产生了疑问：或许这个方向并不合适我？或许该换个思路？我决定走出山东，去外面看看。去北京还是上海？我选择了从未去过的上海，向学校申请了去上海外国语大学访学，并顺利获批。特别感谢当时的分管校长和学院领导，给了这样一个难得而宝贵的学习机会。

五、蛰伏：上外访学

我有幸申请到了王雪梅教授的访学资格。在这一年里，我系统学习了教师专业发展，对教师信念、教师情感、教师知识、教师能力、教师教学专长、教师学习、教师反思、教师合作、教师领导力、教师生涯发展、教师倦怠、教师赋权增能、教师性别理论等同教师，尤其是同女性教师息息相关的知识和理论有了一定程度的学习。重新审视自己过去十几年的职业生涯，也对一名女性教师在职业发展中所面临的困境有了深入的了解。教师专业内涵由"教会学生学习""育人"和"服务"三个方面构成。因此，教师专业的完整性包括教的属性、学的属性和学科内容的属性。[①] 我个人过去对教师这个职业的认识是有片面性的，认为教师的工作只有教书（上课）这一个方面，这导致了自身职业发展的滞后性。教师职业本身要融合教、学和学科内容，而且这一融合过程是一个动态演进的过程，以保证教师的教、学生的学和教学内容与时俱进，满足社会发展、学生个体成长以及教师职业发展的需求。换而言之，教师的职业发展是一个教学和科研融为一体的动态发展过程。教师要根据社会政治、经济的发展现状，对自己的教学内容和教学对象展开研究，不断调整自己的教学内容和教学方式，才能在自身职业发展的基础上，培养出社会需要的人才。

我还对自己从一名新手教师转向熟手教师这一过程进行了思考，也对自己所处的共同体、自身的发展以及所出现的教师倦怠进行了深层次反思。就自己所处的教研共同体而言，教研活动只是简单的、常规的工作通知，听课、评课流于形式。教研共同体在促进教师职业发展方面几乎没有发挥作用。此外，也对职业倦怠有了一定的认识。职业发展在经历了刚入职的压力阶段、日复一日重复的疲劳阶段后进入第三阶段，即防御性应对阶段，我的态度和行为的改变倾向于积极的方面，也就是希望通过访学提升自己的专业能力。

---

① 朱旭东.论教师专业发展的理论模型建构[J].教育研究，2014(6)：81-89.

在访学期间，我还系统学习了二语习得，认真研读了罗德·埃利斯（Rod Ellis）的《第二语言习得研究》(*The Study of Second Language Acquisition*)，掌握了二语学习基本理论，对于二语学习者以及教师的教和学生的学都有了一定程度的了解。同时，在学习的过程中，对自己过去十几年中学和大学的教学进行了反思，认识了过去教学工作中的很多不足之处。没有一定的理论知识作为基础，教学反思的深度和意义就会受到影响。因此，我认识到，教学和科研是相辅相成的，只关注教学而不做研究的老师，教学的高度会受到限制；而只注重科研不关注教学的老师，其科研成果也无法落到实处。

除了专业学习之外，我在访学期间也认识、接触了特别优秀的老师、同学。他们的学养、人品和人生态度，都深深地吸引着我。于是，在访学期间，我做了一个大胆的决定，要继续在上海外国语大学攻读博士学位。做这个决定的时候，女儿已经进入了幼儿园大班，面临着由幼儿园升入小学的一个关键阶段。她能否适应小学的生活节奏，能否养成良好的学习习惯，是我作为母亲需要考虑的问题。

访学一年再次回到工作岗位，对教学工作有了新的认识，在课堂教学内容和方法上思路开阔了，当然也有了进步。从学生的反馈和自己上课的体验来讲，感觉自己的教学进入了一个新的阶段。在完成日常教学工作的同时，开始重视科研工作，一方面关注自己感兴趣的领域，如文献阅读和讲座学习；另一方面，认真准备博士考试。生活方面，每天都要承担照顾女儿的责任。除了照顾女儿的饮食外，每晚要辅导功课、复习预习、完成老师布置的各项亲子作业。女儿睡了以后，才开始自己的学习和备课。日子忙碌而充实，一切都在有条不紊地朝着既定的方向发展。2017年5月，经过紧张的初试、复试，我顺利拿到了上海外国语大学的博士研究生录取通知书。人到中年，再次回到校园，开启了新的人生阶段。

六、升华：攻读博士学位

2017年9月，我告别了步入小学二年级的女儿，带着无比喜悦而又志忐不安的心情来到了上海外国语大学报到，进入语言研究院，正式开启了博士之旅。喜悦的是，奋斗了四五年，攻读博士学位的愿望终于达成；忐忑不安的是，跻身外语类名校，是否能跟上学习节奏，是否能完成学业，心里完全没底。9月12日，学校为2017级新生举行了盛大的开学典礼。记得当天自己还身着学校统一发的带有上外标识的蓝色T恤，意气风发地发了朋友圈。我想，那一刻，除了自豪，还有对新生活的无限憧憬。

开学典礼之后就开始了忙碌的选课、上课。课程基本是理论、方法和通识课程相结合。第一学期选修了导师的"语言教育研究"、赵蓉晖教授的"社会语言学"、沈骑教授的"语言政策与语言规划研究"、郑新民教授的"应用语言学博士论文写作""教育语言学"、罗雪梅教授的"统计学"、张炜炜博士的"定量研究方法"和余华博士的"质性研究方法"，以及大咖云集的通识课程"人文社会科学前沿问题与研究方法"，还有复旦大学郑召利教授的"认识与方法"。这些课程的学习，不仅为我们打开了研究视野，还从理论和方法上为我们开展后续研究做好了准备。回想过去，参加个学术会议，见到大咖们也只能远远观望，脑子里有这样那样的问题，都会犹豫能不能跟这些专家学者们交流；现在，每天都有机会跟学界优秀的前辈们交流。周围的同学品质优秀、幽默风趣、才华横溢。学业之余，我还收获了满满的友情。在每天不舍昼夜的努力学习中，我汲取了学业和人生的养分——生活忙碌、充实而美好。也许说起来有些矫情，但是偶尔睡觉前也会问自己：今天比昨天精进了吗？

除了课程学习之外，导师还会每周组织组会，对我们的日常学习和写作进行详细的指导。一年下来，感觉自己这个学术的"井底之蛙"终于跳出井底，拨云见日了。了解了学术界的发展动向，每一个研究方向的发展现状以及该方向的领军人物。这完全得益于上海外国语大学雄厚的学术资源和开放的学术态度。

博士第二年，我有幸参加国家语委第三期"语言文字中青年学者出国研修项目"，作为随行翻译前往英国谢菲尔德大学学习3个月。3个月的强化学习拓宽了我的专业知识，提升了我的研究能力，让我终身受益。

该研修的主题是"语言规划与语言政策"，课程体系以语言政策与语言规划为主体，重点突出，精深广博。双语教育类课程，不仅有对双语政策、双语认知、双语加工、双语学习多维角度的调查研究，还有三语、多语教育研究的最新进展；语言习得类课程，不仅梳理二语习得从经典到当代的理论演进，还介绍最新的祖裔语习得、母语习得等；话语分析类课程不仅有英国自成一派的批评话语分析，有对新闻媒体话语的历史梳理，也有利用语料库方法对广告、医疗话语等进行的剖析，还有面向自然语言场景的话语分析；语言政策类课程既有国别，也有区域语言政策解析，还聚焦了语言教育政策、家庭语言政策等热点领域。研修课程还介绍了应用语言学研究流行的双语实验、民族志、偏误语料分析、祖裔语案例、批评话语案例、多模态话语分析、语料库方法、国别语言政策案例讨论、形式句法演绎、语义逻辑推导等多种方法，还涉及应用语言学的访谈、问卷、实验、统计、观察等多种具体研究方法。这使我在研究方法和研究能力上获益匪浅。

作为随同翻译，我与名校的名师还建立了良好的互动关系。参与授课的老师包括来自剑桥大学、爱丁堡大学、伦敦大学、约克大学、南安普顿大学等 10 多所国际知名大学的 30 余位语言学家。既有国际上享有盛誉的华裔学者，如袁博平老师、张新生老师，也有弗格森、托马斯·巴克、斯巴拉科娃等西方学界名师。另外，一起参与此次培训的 28 名学员，来自国内 27 所高校和科研机构，学科背景多样，且均为已在各自领域内做出卓越贡献的青年学者。

此外，研修课程还涉及英国茶文化以及谢菲尔德作为"钢铁之城"的城市污染治理历程。我们还有幸参观了达西庄园，了解英国的庄园文化和贵族文化；踏上简·爱之旅，探寻英国文学和电影元素。在语言保护方面，重点调查了威尔士语保护和双语使用情况，参观了威尔士最长名字小镇，领略了苏格兰盖尔语的保护传承和文化样态。在教育方面，我们还实地调研了谢菲尔德当地的两所学校——King Edward VII（爱德华七世国王中学）和 Birkdale（伯克戴尔学校），对英国中小学教育制度、中学外语教育有了初步的认知。这些都是我人生的宝贵财富，也丰富和提升了我作为高校英语教师的职业素养。我想，这些也在一定程度上回应了我辞职读博士的初衷。

七、未完待续：再次步入高校教职

囿于原单位的人事政策，我在收到博士录取通知书的时候，选择了全日制攻读博士学位。因此，在博士毕业时便面临二次就业的压力。就业的第一选择是希望能在江浙沪一带选择一个合适的教职。但由于疫情这一突发因素对整个就业大环境的影响，想在上海及周边得到教职的难度相对较大。经过大半年的面试与挫败，我最终在毕业的时候选择了杭州的一所三本院校。一方面，由于对学校政策的理解偏误，入职以后我发现没有办法给女儿联系到理想的学校，女儿也面临升入中学的关键时刻；另一方面，这所院校英语教师的工作量过大，导致我没有时间继续我的科研工作。基于以上因素，我又开始在济南求职。

我联系了包括原单位在内的 4 所重点大学。需要先声明的是，我自身的科研成果有限，仅仅满足了毕业要求。这样的成绩在高校就业市场上并没有优势。第一所院校在性别和年龄方面受限。第二所院校在第一学历方面受限。第三所院校面试结束经过两轮上会落选。第四所院校在简历筛选阶段就被刷了下来。于是我将目光转向了位于市区离家较近的一所政法院校，很快就得到了回复，走完了所有的流程。经过大半年的折腾，我顺利回到济南并入职新的单位。回到济南的第一时间我就参加了女儿学校的"家长一日进校园"活动，全程跟踪了女儿一天的学习情况。因为女儿进入初中以后，在学习适应和集体融入方面都遇到了问题。我回来以后，女儿的学习和人际交往也开始朝着积极的方向发展了。这一点让我很欣慰，自我感觉我的工作调动是值得的。

到目前为止，我已在新的工作岗位工作两年多，也逐渐适应了新单位的工作和管理机制。众所周知，随着时代的发展，尤其是人工智能技术的发展，外语作为一个工具性较强的专业，受到了诸多的挑战和质疑。当然，目前的外语学科建设本身也存在问题，如同质化严重、"千校一面"等。在此背景下，我所就职的这所院校基于学校的整体发展思路和外语学科所面临的困境，要求外语发展要具有"融法"特色。因此，整个学院的教学要逐步转向法律英语方向。作为一名没有任何法律基础的英语教师，这种转型对我来说是耗时费力的。以本学期教授的"中国法制史"课程为例，备课、查资料以及学习中国政法大学和华东政法大学的相关课程，就已经挤占了我几乎所有的课堂外时间。作为一名重点院校毕业的博士，还要努力申请法律相关的课题。博士刚毕业就面临如此大的挑战，在压力倍增的情况下，我对自己今后的发展前景产生了疑问。但上外的培养、导师和同门的支持，都是支撑我积极应对挑战、努力前进的动力。路漫漫其修远兮，吾将上下而求索。愿自己在新的岗位上挖到属于自己的学术"富矿"！

驰而不息　行稳致远：在学习中成长

　　人物介绍：阮晓蕾，安徽肥西人，博士，安徽大学外语学院副教授，硕士生导师，安徽省高校优秀青年。已在 SSCI、CSSCI 及其他核心期刊发表学术论文 20 余篇，如 *Teaching and Teacher Education*、*Learning, Culture and Social Interaction*、*Humanities and Social Sciences Communications*、《外语电化教学》《外语与外语教学》《外语界》《外语学刊》《山东外语教学》《北京第二外国语学院学报》等。担任 *Teaching and Teacher Education*、*Learning, Culture and Social Interaction*、*Sage Open*、*The Asia-Pacific Education Researcher*、*Cambridge Journal of Education* 等 SSCI 期刊匿名评审。个人学术专著 *Understanding the Professional Agency of Female Language Teachers in a Chinese University* 在国际学术出版社劳特利奇出版社（Routledge）出版。主持国家社会科学基金项目一项，省级项目多项。

　　学习不仅是源源不断的实践，或一种可迁移的能力，更是不断向上的精神状态。学习让成长变得充盈、笃定和厚重。还记得几年前我已经博士毕业，母亲见我早起在电脑前伏案，很是心疼，语重心长地对我说："不要压力太大，我看你总是关在书房学习。"当时的我觉得自己是大学老师，有自己的职业光环，有满意的生活，怎么能和学生一样是"学习"呢？于是我立马纠正："那不是学习，那是我的工作。"而现在，我已习惯在备课上课、写作发表、柴米油盐、养育孩子之余继续用各式各样的任务把时间填满，心安理得地成为学生眼中的"J"人①。如今，我会大大方方地说："我去学会儿习！"因为我已经意识到学习不局限于学生时代，学习让我变成更好的人，学习已经渗透到我生命中的每分每秒。伴随着我的学习和成长，我发现"选择"是一个重要的关键词。

一、快乐的家庭学习氛围，父母参与的重要选择

上大学之前，我和很多人一样，没有做过什么"惊天动地"的选择。虽然我的父母还算开明，但轮到我完全自主选择的机会还是少之又少。印象中第一次影响我人生轨迹的选择发生在高中一年级结束，面临高二分文理科，周围有不少同学纷纷离开我们所在的学校，去外地借读，原因是母校的升学率逐年下降，升学前景暗淡。和我要好的同学想和我一起去县城的一所示范高中借读。因为父母都要工作，这就意味着如果决定去借读，我们两个女生就要在学校附近合租，一起学习和生活，周末才可以回到家里。我们两家还去实地考察了学校和准备租的房子。我的父母没有给我太多主导的意见，让我自己选择。看到陌生的学校和简陋的租房环境，我还是打了退堂鼓，决定留在高中母校完成剩下两年的学业。

分科之后由于部分优质生源的外流，之前成绩不算拔尖的我在文科班成了"凤毛麟角"，这大大鼓舞了我努力的决心。我每天都给自己制定任务清单，在待完成事项后"打钩儿"给我带来无限的成就感。就这样，我保持着自己在语文、数学、英语三门主科上的优势，同时也尽力弥补自己在文科综合方面的不足。每次模考之后，班主任老师都会给表现优异的同学发一本精致的硬壳笔记本。每次叫到我的名字的时候，班主任都会说："这次模考，阮晓蕾同学又是一枝独秀。""一枝独秀"这个成语我记得非常清楚，也是鼓励我不断前进的力量源泉。经常会有亲戚好友评价我"能吃苦""下了狠劲儿"。其实，学习对我来说，根本就不苦。课上我紧跟老师的节奏，课下完成

---

① J 人是指 MBTI 人格测试中的"判断型"人格（Judging），这类人喜欢计划和组织，注重结果导向，不喜欢意外和不确定性。

自己的任务清单。高三的时候，好几次我的父亲看到我的头不听使唤得往下沉，知道我已经犯困了，他总会说："去睡吧！"那时候也就是晚上 10 点而已。所以，在我的记忆里，学习没有熬夜、没有头悬梁锥刺股，只有按部就班完成分内的事情。值得一提的是我的家庭氛围，我总是能在幽默的对话中获得学习的趣味，并带着问题不断去探索新知。我的父亲总是在饭桌上和我谈论文学、历史和数学，当我们对某一知识点产生分歧时，我们又以"打赌"的形式去查看答案。现在想来，这段经历成为我"快乐学习"的一个重要驱动力。

作为一名英语专业从业者，就不得不说一说我和这门语言之间的不解之缘。初中一年级才开始英语学习的我并不算什么"赢在起跑线"。初一英语的第一课，老师问我："What's your name?"我不敢回答。就这样我好像还被罚站了几分钟。所以，英语给我的第一印象是 intimidating（令人生畏的）。初中三年，英语成绩一直保持在"过得去"的水平，谈不上兴趣爱好。如果有，那可能是对英语语言的一些敏感。我对英语产生兴趣并渐入佳境要感谢我高一的英语老师。那时候，施伟老师刚刚大学毕业，充满干劲，教学方式新颖，最重要的是善于鼓励学生。经常被点名回答问题，于是我敢于张开嘴说英语了。另外，老师还鼓励我们用英语写日记，这成为我英语学习中的一个重要仪式感。我总是挑选精致的笔记本，认真用英语记录，遇到不会的单词也主动打开词典去查。老师每周收走我们的英语日记，并在日记本上留言鼓励。记得有一次我的日记内容是把闲置的随身听送给同桌学习英语，老师给我留言："It is kind of you to . . ."就这样，我渐渐养成了学习英语的好习惯，除完成老师布置的任务，还自己买了参考书巩固练习，英语学科渐渐成为我的强项。后来施老师考上市里的教师编制，去更好的学校发展，我虽然很失望，但对英语学习的兴趣和养成的学习习惯没有改变。在高考填报志愿时，我也毫不犹豫地把英语专业作为我的第一选择。

人生中的第二次选择是和父母共同完成的。2004 年高考后是"估分填志愿"，根据预估的分数，我们在安徽大学和安徽师范大学（以下分别简称"安大"和"安师大"）之间进行选择。我和父亲倾向于稳妥，保证自己可以被喜欢的英语专业录取；母亲认为应当"冲一冲"，安大英语系远近闻名，且学校就在合肥，回家要方便得多。最后，我们选择了安师大英语系并被顺利录取，这在当时升学率连续阴霾的高中母校是轰动一时的好消息。安师大成为我的大学，英语专业成为我一生学习和工作的专业。

二、我的"安师大"，我的"英专生"

和很多其他高中就有过住校经历的同学不一样，大学才算我第一次离开父母、离开家乡。自然在一开始，我有些许的不适应。但8个来自不同地方、性格迥异的小姑娘凑在一起，每天都是新鲜热闹的。每当想起当年住在赭山校区的8人间上下铺，都有点不可思议。"外院"和音乐学院一样，在学校的"山上"。每次"上山"，都能听见音乐学院的同学们在唱美声，十分有趣。大二我们搬到花津校区，原先的8人寝室也一分为二。4人生活步调还算整齐划一，每天拎着水瓶，手拿当时英专生的标配：《牛津高阶英汉双解词典》和收音机（收听短波英语节目，如 VOA 和 BBC）。

进入高年级，同学们分成了两大阵营：考研和就业。也许是出于对找工作的畏惧，也许是因为室友都选择了考研，我也自然而然地加入了考研大军。备考过程中有几件印象深刻的事情。一是师范生教育实习，我们4人一起给辅导员写信，申请4人都留在芜湖的学校实习，方便考研。后来，我们如愿来到芜湖师范学校实习。二是考研前的那个暑假，我们跟风报名了考研政治辅导班。我和室友专门来到合肥参加辅导课程。现在只记得主讲老师非常幽默，嗓门很大，至于辅导内容和答题技巧，已经忘得一干二净。三是2007年冬天，备考进入"白热化"阶段，我和室友每天都在安师大7号楼的考研教室里学习。那个时候，我每到晚上10点钟就坐不住了，抬头看看分布在教室不同位置的室友，她们还纹丝不动，我又不好意思先走。只得无聊地拿起笔来练字，直到听到教学楼内响起《回家》的萨克斯音乐，我才跟随大家的脚步收拾书包结束一天的学习。还有一天中午，我们吃完午饭回到寝室，我刚准备爬到上铺的床上，却看到室友已经准备收拾书包出门了，原来是大家决定放弃午休，尽快回到教室学习。就这样，我也"不情愿"地下了床，一同前往教室。提及这几件趣事，是想说明学习氛围的重要性，出于

"同伴压力"，在考研的道路上我坚持了下来。就这样，我们如愿"上岸"，准备下一阶段的求学深造。

对于"安师大"这个名称，我有着复杂的情愫。来安师大之前，周围的亲戚老师都告诉我这是省内的知名高校，能够到那里上大学，尤其还是当时热门的英语专业，是一件非常光荣的事情。来安师大之后，我时不时抱怨有些人把"安师大"称为"师范学校"。每当节假日回家，遇见开小卖部的阿姨，她总是很热情地对我说："你从芜湖师范回来了呀？"开始我总是尴尬地笑一笑，后来直接变为靠近小卖部时便加快脚步，趁阿姨没看见我赶紧"逃离现场"。虽然安师大是一所"双非"院校，但她优良的学风和扎实的学科力量还是赢得了不少赞誉。进入硕士和博士研究生阶段以及后来的工作单位，我的第一学历"安师大"总是给我足够的底气。印象比较深刻的是我的硕士生导师让我们撰写教案，我按照当年教育实习的规范写了出来，导师对比了我和其他几位本科非师范院校的同学的教案，对我赞不绝口，称："师范生就是不一样！"

三、"花城"读研，拓宽视野

在考研择校时我依然进行了艰难的选择。首先，是专业选择，在文学和语言学之间，我选择了后者。一是对自己的外国文学知识储备不够自信，二是受到本科时"语言学概论"老师的影响。仰鑫老师对我们说："语言学就像是盛水的容器，而文学更像是容器里面的水。我们很多时候关注了里面的水，而忽视了承载它的容器。"这一点给我留下很深刻的印象，我也在后来的考研面试的时候提到了这个故事（以至于我的导师回忆起当时面试对我的印象，认为我是"一个外向的、侃侃而谈的学生"）。接着，我围绕不同院校给出的语言学方向参考书目，进行了目标院校的筛选。如果说本科填报志愿是一次"保守"的决定，那么选择考研目标院校同样也延续了上一次的风格。出于对考研难度的未知，我没有选择国内顶尖的外语类院校。我曾经考虑过报考安大，以弥补高考没有填报安大的遗憾。甚至我还来到书店购买了安大列出的参考书目，印象最深的是朱跃教授的《英语与社会》。这本书通俗易懂，案例生动，让我对社会语言学有了更深的理解。之后由于机缘巧合，我又改变了主意。我的父亲虽不懂英语，但他总会拿起我的专业课教材研读。一天，他偶然在书上的编者目录看见了秦秀白教授，又查了教授所在的大学是华南理工大学，并告诉我华南理工大学是"985"院校，位于花城广州。就这样，父亲有意无意地一说，我决定"舍近求远"，报考华南理工大学。

考研的成绩是 392 分。记得大学辅导员还专门打电话来和我说，你考的分数比较高，不如放弃你的第一志愿，直接选择调剂。在华东或者说在一个以文科见长的省属大学眼里，在南方赫赫有名的华南理工大学的确存在感不强，所以辅导员认为调剂的学校甚至有可能更好。当然，一向求"稳"的我绝对不会轻易调剂，而且，我坚信华南理工大学的实力不可小觑。

离开安徽来到广东是我第一次出远门。一到南方就被郁郁葱葱的绿色环绕，校园里有芒果树、凤凰花、棕榈树，这种扑面而来的气息是我从未体验过的。校园里伫立着孙中山先生的塑像和象征着勇于攀登的"百步梯"，它们共同诉说着华南理工大学的校史。

导师是读研阶段的重要他人，我的导师蒋静仪副教授专攻二语习得和英语教学，这和我本科的师范生背景比较契合。蒋老师给我最深刻的印象是既"时髦"又"接地气"。她在学术方面的见解总是很前卫，也不忘在生活中提醒我们为人处事的细节。她讲授的"二语习得"课程用的是在悉尼大学图书馆复印来的资料，内容是复杂动态理论视阈下的二语习得研究。她经常提醒我们要 justify yourself（自圆其说），尽管一开始我不是很明白，甚至认为"自圆其说"不是一个贬义词吗？怎么做研究要自圆其说呢？后来随着自己研究经历和生活阅历的增长，才发现自圆其说实在是治学和为人的大智慧！课外她还经常召集几个年级的研究生聚会，也会时不时和我们说："我们点这几盘，大家可以 share（分享）一下。""你们蘸酱料时有 double-dipping（二次点蘸）的习惯吗？""你们乘坐手扶电梯时是不是自觉靠右？""我请的答辩委员会主席可是海外留学回来的，你们要'小心'一点。"

我读研的时候恰逢研究生学制改革，我们 2008 级硕士的学制改为两年（后又改回三年）。短暂又充实的硕士生活让我体验了颇具特色的岭南文化，也让我对学术研究充满了敬意，了解到学术研究的基本范式。我的硕士论文选题是建立在对同门师兄师姐的论文题目研读之上的。因为导师的研究方向是二语习得，指导的学生选题大多围绕英语教学中的"听说读写"进行实证研究。我最终选择了英语写作教学中的同级反馈（peer feedback），研究"改写"和"下划线"这两种反馈方式对写作成绩的影响。我的数据收集、数据分析和论文撰写都按照要求有条不紊地进行着。虽然我在论文答辩时获得了"优秀"等次，但对比其他同门的选题，我的选题不算新颖，比如有来自印度尼西亚的同门选择"复杂动态系统理论"作为自己的理论支撑，也有本硕都就读于华南理工大学的同门开展历时个案研究观察学生的英语写作，这些在当时都是创新的理论和方法。担任我们论文答辩委员会主席的是来自广东外语外贸大学的欧阳护华教授。印象最深的是欧阳教授教导我们，要警惕"种瓜得瓜、种豆得豆"的现象，即定量研究中给予实验组和对照组不同的条件干预（如新的教学方法、某种错误反馈、某种互动方式等）势必会造成两种不同的结果，因此在研究设计和讨论时必须对此进行充分的阐释。当时的我似懂非懂，后来到了自己读博期间开展质性研究，才渐渐明白欧阳教授此话的深意，后来也知道了欧阳教授主攻外语教育、跨文化研究的人类学和民族志视角，他当时教导我们的话正反映了他的研究价值取向。

临近毕业再次面临选择。当时硕士毕业接着考博的同学并不多，再加上导师也没有敦促我们读下去的意思，我没有想过要读博。摆在我面前的选择变成了去哪里工作，从事什么工作。在一开始，我没有太明显的偏向。卡尔蔡司（Carl Zeiss）集团广州分公司的半导体事业部正招聘销售助理。我做了一些功课，知道卡尔蔡司是一家德国企业，而我的第二外语是德语。因此我准备了英语和德语的双语自我介绍以及我的求职动机和优势。最终我通过了面试并在硕士毕业之前在这家公司开始了为期 6 个月的试用期工作。销售助理的工作和我想象的不太一样，除了收发邮件会用到英语，其工作性质和我所学专业相去甚远。我开始迷茫，这是我的初心吗？加之每个月召开的销售会议，卡尔蔡司半导体事业部在北京、上海、广州各地的分公司的团队成员会齐聚一堂，汇报总结。频繁的出差让我觉得自己"漂泊不定"，这进一步动摇了我的就业选择。于是，我的求职去向变成了回到家乡，进高校工作。在高校教师求职网上看到蚌埠医科大学（当时校名为蚌埠医学院，以下简称"蚌医"）的招聘信息，得知蚌医是一所省属本科院校，始建于1958年，在省内有着良好的生源。于是我来到这座皖北小城——蚌埠，开启我的职业生涯。

四、我的职业身份认同：高校外语教师

记得刚刚入职的时候，每周的工作量高达 20 节课，可能是当时比较年轻，连续 4 个上午上 5 节课，竟然也没觉得有太多坚持不下来的感觉，甚至觉得每周 5 个工作日中有一天没有安排课程，这是何等幸福！对于教学，由于自身的师范生出身和读研期间有过本科教学经历，再加上和学生的年龄差距不大，我得心应手，获得了他们的喜爱。作为一名新教师，不免要参加各种教学竞赛。我在教研室的组织下先后参加了学校青年教师教学基本功竞赛和"外教社杯"全国高校外语教师教学大赛，分别获得了学校二等奖和省级三等奖。通过教学比赛我意识到，教学比赛是教学实践的凝练和升华，需要精心设计和不断打磨。教学比赛是青年教师成长的必经之路，也是促使教师进行教学反思的重要渠道。

作为一名高校教师，仅仅只会教学是不够的，还要持续开展科研工作。记得在硕士毕业时，导师曾鼓励我们把毕业论文"拆解"为几篇期刊论文进行投稿。在当时我总觉得没有这个信心，认为学位论文已经告一段落，它的研究价值还达不到可以拆解发表的地步。当时的教研室主任经常在例会上鼓励青年老师做科研，也向我们传达当时职称评定的最新要求。也就是从那个时候开始，我渐渐知道了职称评定的"内卷"（那个时候还没有出现这个网络词汇）——即使是申报讲师职称，也要给予足够重视，发表足够多的科研论文，主持或参与一定的课题才能够成功晋升。好在我硕士阶段的研究就是二语习得和外语教学，结合最新的教学理论和实践，写起科研论文来并不算太难。当然，由于缺乏进一步的学术训练，我早期的论文只发表在本科一级的学报上。

入职以后面临科研方面的第一个挑战就是申请课题，这对于新教师来说是崭新的体验，完全零基础。我决定先从校级科研课题起步。当时的同

事中有一位资深教师诰老师，她的话给我留下了非常深刻的印象："课题申请书就和你写文章一样！"当时的我半信半疑，到撰写申请书的时候才发现，其中的"研究目的""研究内容""研究思路""研究意义"不就是和论文写作一样吗？论证充分、语言规范、格式美观这些基本要求都和论文写作一样。只不过论文写作是站在研究已经完成的角度来进行叙事的，而课题申请书是从研究还未开展的视角出发的。在课题申请的过程中有几件印象深刻的事情。在课题申请书完成后我一味追求速度，没有经过多轮的审读就发给作为团队成员的教研室主任，请他签字通过。教研室曹主任看后，委婉地批评："有些老师的课题申请书里面还有不少错别字，这样交上来是不行的。"又一次申请课题时，我请教研室郭主任帮忙审读，他首先是看了看我封面的标题，在他电脑上边调整边和我说："你这个标题的字号、字体、对齐不够美观。"然后又和我说了说我课题申请书中的引言部分："你看，你这个背景部分引用的还是 2007 版的《大学英语课程教学要求》，马上 2014 版的《大学英语教学指南（征求意见稿）》就要发布了，你这个已经过时了。"

　　通过这几件事情，再结合我现在的课题申请经验，觉得前辈老师们的话可谓字字珠玑，课题申请或论文写作时不能急于求成，要不断打磨；语言、格式、排版都是容易忽视的细节，这些细节往往决定着申请者本人给评审专家留下的第一印象；课题论证应当"顶天立地"（文秋芳教授曾经就指出应用语言学研究应当顶天立地），即研究背景要紧贴国家最新的方针政策，回应高等教育发展过程中的现实问题，也要脚踏实地，通过扎实的研究设计解决实际问题。所以，作为普通教师，一定要关注前沿。现在每年基层教学单位都要组织集体观看的"全国高等学校外语教育改革与发展高端论坛"就是一个很好的学习机会。从论坛中，我们知道了"新文科""大外语""新基建""全面提高外语人才自主培养质量""外语教育转型升级路径"等重要议题。只有理解和掌握了这些最新的政策要求，才能在立德树人的外语课堂上与时俱进，才能让自己的科研密切关注和回应外语教育的关切。

　　写到这里，我想到了这本书的一个重要主题——女性身份。说实话，按照时间发展的叙事进行到这里，我的故事并没有裹挟多少女性身份认同。

细想一下，求学阶段和结婚之前的女性身份似乎没有什么特殊，这要感谢我们的时代，感谢我父母和老师的教育，女性拥有比较公平的求学和求职渠道，女性拥有求真求索获得幸福的权利。我们只需努力，奔赴自己的理想；结婚之后到成为母亲之前，我也没有觉得需要付出额外的精力来平衡家庭和事业之间的关系，只消把自己的生活习惯和爱好与另外一个人结合、分享或是协调，一起把小家庭建设好，这都不是什么难事。女性身份的开启，似乎源于养育孩子与提升自我之间的矛盾。我们往往是遇到困境才意识到女性这个独特的身份认同。

通过自己的努力，我顺利在 2013 年获得高校讲师资格。2014 年，我的人生又多了一个新的角色——母亲。初为人母的我有点不知所措，好在有我母亲的无私奉献，我还可以分身去做自己喜欢的事情。产假期间，我对未来的职业规划也产生了迷茫。讲师的下一步是副教授，在当时申请副教授必须要有"二类"文章（学校的分类标准），而我在突破"三类"文章（省级期刊论文）挺进"二类"方面并没有什么头绪。那几年是外文教研室外出访学的热潮，接连几年都有老师前往上海外国语大学、北京外国语大学、南京大学等一流院校，接受专家指导，提升科研能力。由于申请热情高涨而名额有限，甚至一度出现了"今年申请排队、明年获批访学"的情形。于是我递交了访学申请，心想着等排队轮到我，孩子也大了些，我就可以出去学写"高级别"论文了。2015 年春，我产假结束回到工作岗位后没多久，人事处就召集申请国内外访学的教师开会，让我们开始在指定网站注册、选择目标院校和导师。这对我和我的家庭来说有些突然，没想到这次不用"排队"就到我了。为了履行契约精神，既然申请了就要去。虽然前路的未知和挑战重重，但现实容不得我犹犹豫豫。我把决定告诉了丈夫，他表示支持。又告诉了我的母亲，因为一旦我离开家出去访学，照顾孩子的重担有相当一部分就落到了她肩上。她先是表达了自己的疑虑："孩子还太小，要不等到明年？"后来见我比较坚决，她也只得表示会支持我。暂别单位前，教研室主任问我："你此去是不是要考博？"我不假思索地回答："孩子太小，我没有读博的打算。我主要是去学习发表'二类'论文的。"谁知，这一去就是 4 年，我终究还是上了读博的"贼船"。

五、上外访学，再次出发

上海外国语大学是不少外语人的理想院校，因为上海离蚌埠不算太远，有高铁直达，且上外指导访学的教授多，可以结合自己的研究方向进行选择，我毫不犹豫地填报上外作为访学的目标院校。在选择指导老师时，我听取了同行和前辈的意见，选择了专攻外语教育的郑新民教授，并给教授发邮件表明了访学动机。郑教授很快回复了邮件："可以，阮老师，欢迎你！"

在确定了指导老师后，也听到一些师友的评价："郑老师对科研要求非常严格。他的团队每周都举行研讨，研讨还要用全英文进行，还会有会议记录。"听到这个评价，我既期待又有点焦虑。但还是宽慰自己：我只是访学老师，老师应该不会对我严格要求的。9月中下旬入学后，我参加了郑老师团队的研讨。郑老师让我汇报自己的研究方向和访学目标。我在知网搜索了一些郑老师的论文，进一步聚焦了郑老师的研究方向是外语教师发展，于是也将我接下来一年的学习与发表暂定在这个领域。当我在汇报我所在学校的高级职称评定要求时，我声称"要发表二类论文"。郑老师和团队成员疑惑地看着我，问："是'C刊'的意思吗？"我一脸茫然，心想什么是C刊呢？我的世界里只听说一类、二类、三类和四类论文，从未听过这个名词！后来才知道，C刊是中国社会科学引文索引（CSSCI）的简称，代表我国人文社会科学领域科研成果的评价标准。分享这个例子是想说明，2015年的我已经有硕士学位，有5年高校教龄，却无法清楚定义什么是C刊，对于科研评价体系的了解几乎是零。我清楚地记得团队的下一次研讨就临近国庆假期了，我想，这还不得赶紧回家。于是我要了个"小聪明"，对郑老师说："郑老师，因为'十一'回家的票买不到，我只有提前回去，下周的研讨会我要请一次假。"郑老师的脸色立马就变得严肃起来："这个我随你的，你想来就来，不想来便不来。"原来郑老师对访学老师的要求和对他的博士生一样，都希望我们最大限度地投入在上外的学习，以高标准要求我们。这在后来的访学和读博过程中也进一步得到了验证。郑老师经常和我们讲述他在香港大学读博的经历。他说，回家探亲一次对学习的进度影响很大，除去福州往返香港的时间和他在家停留的时间，回到学校还要调整心态，重建工作效率，这些都是很耽误时间的。结束第一次研讨的我在想："糟糕，访学的第一周我就给老师留下了不好的印象，我今后要加倍努力，好好在团队学习！"

于是我努力去听团队师兄师姐们的每一次汇报、郑老师的每一次点评和大家的每一次讨论。尽管他们说的"行业术语"我不是很明白，但我渐渐在积累、在熟悉。郑老师每次交代我汇报的任务，我也认真地去完成。郑老师思维敏捷，特别擅长"临场发挥式的指导"。他每次都会留给博士生和访学生固定的 office hour（办公时间），我们可以按照时间段来和老师汇报阶段性的文献阅读体会、选题灵感和论文写作方面的困惑。吸取上一次的教训，我并没有以访学老师的身份给自己找借口，我像其他博士生一样，预约时间向郑老师请教。当然，当面请教不能脑袋空空，毫无准备。在这之前，我需要阅读大量的文献并进行批判性思考。好几次郑老师听了我的汇报后觉得非常满意，示意我在周二晚上的研讨会上进行汇报，这时候离研讨会往往只有一天、半天，甚至是几小时的时间了。刚开始，我非常不适应，我觉得这种突如其来的任务让我措手不及。后来想想，正是这种"临时任务"在不断塑造我的抗压能力和心理韧性，也不断提升着我的行动力。我非常感恩郑老师的"高强度"指导。

除了参加郑老师团队的研讨、接受郑老师的面授指导之外，访学老师还需要选修几门博士生课程。我选修了陈坚林教授的"外语教学理论与实践"、俞东明教授的"话语分析"、梅德明教授的"教育语言学"、李基安教授的"教育语言学"。4 位老师都是外语界的知名专家。陈坚林老师是我读中学时收看的 CCTV－10《希望英语杂志》节目中的点评嘉宾，当时隔着电视机就能感受到陈老师的儒雅和博学；俞东明老师的教学风格属于娓娓道来的类型，从他的讲述中能看出他对研究的投入和热爱，对人文精神的无限向往，他推荐我们去读《南渡北归》这部小说，曾经一度，这本书陪伴着我乘坐高铁往返蚌埠与上海的旅途；梅老师是基础教育英语教材的指导专家，有丰富的外语教育研究和实践经验，在他的课上，我们了解到联合国教科文组织的最新文件、中国学生在国际学生能力评估项目（PISA, Programme for International Student Assessment）中的表现、融入我们终身学习中的慕课（MOOCs,

Massive Open Online Courses,大型开放式网络课程)等;李基安老师气宇轩昂,虽然给我们授课的时候已是满头白发,但还是精神饱满,从他的课上我看到了他对人生的一种淡然和达观,印象最深刻的是他流利的英语口语和独特的嗓音,闭上眼睛听课会有一种错觉,以为美国影星摩根·弗里曼来到了课堂。

随着学习的不断展开以及周围优秀同伴的影响,我宣称的"我不读博"的想法似乎也在渐渐改变。我是不是也应当继续学习,继续留在这美好的校园里？然而,我害怕唐突,从不敢轻易对郑老师表露想要继续读博的愿望。直到有一天,郑老师和蔼地问我:"晓蕾,你有没有读博的打算？"这时候我才支支吾吾地说:"是的老师,我想要考博,我想要继续跟您学习。"郑老师说:"有读博的愿望很好。但是你知道,报考我的老师很多,他们有的已经报考了几年没有成功。如果第一次没有录取你,你回到原单位之后还会继续报考吗？"当时的我虽然给出了肯定的回答,可是理性分析一下,假如离开了校园的学习氛围,回归日常教学和家庭,很难有决心和毅力再次报考。幸运的是,我报考的第一次就成功了。

郑老师是一位人生经历丰富的长者,他在乡下插过队,他在中学教过书,他也曾经中年迷茫并下定决心去港大博读,他辗转上海财经大学、福州大学,最终来到上外。在上外工作的十几个年头,他指导了很多博士生,他不断强调的研究问题意识,不仅使博士生和青年教师入脑入心,更是融入上外人的学术写作中。他还创办了"郑新民谈英语教学与研究"公众号,主动学习新技术,数年如一日地坚持自己编辑推送,向外语学习者和研究者传送有用信息。当我表明了读博动机时,他开始以一个个与科研相关的任务来考察我,以一位丰富经验的长者和外语教育研究者的身份来审视我。

首先是让我帮忙整理《信念与追求——走近上外》这本书。郑老师交给我的时候已经是通过访谈、口述或教师个人写作的一个初稿,我需要做的就是校对里面的文字,把一些口语化的表达尽量使用书面文字呈现出来;还需要给这些文字添加小标题,给某个段落或某个部分添加主题词/句,使文章结构更加清楚和读者友好。另外还要给这 20 多篇文章进行一个大类的划分,将整书分为几个篇章,添加篇章的引导语和每位作者的人物介绍。每次向郑老师汇报进展，他都会告诉我一些注意事项，这也是我第一次感受到，郑老师作为一名外语教师和研究者，他的中文功底也是十分深厚的。郑老师每隔一段时间就会问我："晓蕾，你的工作进度如何？"我也总是回答："郑老师，我整理到某某部分，预计在某某时间发给您审阅。"郑老师是擅长指导学生的，刚开始的时候可能会"盯得紧""问得勤"，随着他观察到学生已经进入角色，他会渐渐放手，把握宏观。正如他经常把"师徒制"的学术论文写作比喻成家长教孩子骑自行车，从手把手教到渐渐松手，再到学习者完全掌握、驾轻就熟。

通过第一本书的整理，郑老师对我的学习态度和整理经验已经比较信任，他开始嘱咐我帮忙整理另外一本书《英语学术写作之探——来自"郑新民研究团队"的报告》。通过整理编著，我对学术写作的内容有了"近水楼台先得月"之利，读着其他博士生和访问学者的经验，自己仿佛也跟着一起成长；另外就是在形式上，对文字的编码、分类、整合和意义建构有了进一步的操练。这对我后来开展质性研究和主题分析有了较好的铺垫。

临近考博，郑老师交给我的"任务"还在继续。有一天，郑老师对我说："晓蕾，这是香港教育大学的一篇博士学位论文，我需要你去审读，对其进行评价。"这对我来说可谓颇具挑战。我连一天的博士都还没有读过，怎么能够对博士论文评头论足呢？不管怎么样，既然这是一个任务，我就硬着头皮，脑子里面像放电影一样呈现在郑老师的课堂上和团队的研讨会上出现的精彩点评："研究问题是否聚焦，文献综述是否充分，研究方法是否透明，讨论是否透彻，结论是否有力。"结合这些方面，我尽最大努力对这篇论文进行评价。

等待博士研究生录取结果的日子非常煎熬，每当在课堂或研讨中得到郑老师的肯定时，我总是信心满满；每当我得知同样优秀的竞争者以及师兄师姐们对我说"考两年、三年都很正常"时，我又感到万念俱灰。就这样，在一个初夏的下午，郑老师正在办公室指导三年级的博士师兄，接近尾声时让我进办公室。这时他正交代三年级的师兄在毕业答辩时的注意事项，也嘱咐师兄博士毕业回到原单位后要踏踏实实、低调勤勉地做人。话音刚落，郑老师转头看向我，伸出宽厚的手掌和我握手："祝贺你，阮晓蕾同学！"

总结访学阶段的学习，我很感谢郑老师的"无差别对待"，让我从一名"不知'C刊'为何物"的教学型青年教师成长为受到科研熏陶的学习型教师。访学一年俨然已经成为我读博的"预科班"。由于我在访学期间修读了一些课程，这些学分可以直接计入博士生培养计划中，这样我就节省了很多课程修读的时间，拥有更加充足的时间聚焦自己的期刊论文写作和学位论文写作。

六、"画饼"也要"制饼"：我的读博历程

从访学期间开始，我就和郑老师的博士生一样，每周撰写期刊论文阅读笔记并用邮件发给郑老师。虽然有的时候这个活动对我来说"形式大于意义"，仅仅是为了完成这样一份坚持、一份仪式感，也尽管有的时候郑老师只是简单回复"已收到。Keep going!"这样的话，但数年如一日坚持下来，我的收获是明显的：我不仅掌握了国内外的研究动态，还熟悉了学术论文的写法，对一些用词较好的论文，我还认真记笔记，自己在写的时候可以进行模仿。郑老师有时也会有针对性地进行回复，诸如："这篇论文的发现是这样。So what？对你有何启发？我们能不能开展这样的研究？"郑老师这样的类似于苏格拉底式的提问往往可以点醒我，成为我开展研究和期刊论文写作的催化剂。比如，我在阅读了一篇内容为质性研究中可视化呈现的方法的期刊论文之后，经郑老师启发，调查了语言学类SSCI期刊中可视化呈现的方法，将量化研究、质性研究和混合研究中的可视化呈现进行比较，这篇文章成功刊在《西安外国语大学学报》。至此，我已经完成了当时上外对于博士生论文发表的要求。但我没有满足于现状。仍然在寻找各类题目、撰写期刊论文并进行投稿。这中间涉及的主题有外语教师学习共同体、外语教师学术论文写作体验、外语教师能动性、语言教育政策书籍的书评等等。每当我获得灵感，我总是激动地在电脑文档中记录下自己的思路，将待写的论文提纲写出来，具体到二级标题。这样我就可以及时查阅文献、收集数据、分析数据和开展写作了。就这样，我给自己"画的饼"越来越多，制成的"饼"也越来越多，制"饼"的技艺也越发娴熟。

读博期间经常听到郑老师讲述他的港大读博经历，他也经常按照港大的要求来训练我们。他说："我读博的时候中期确认（mid-term confirmation）可不只是简单的交一份开题报告，而是要完成博士论文的前三章。"郑老师在和我们强调，永远走在时间的前面，才能够得心应手。按照郑老师的要求，我和同门在入学第一学期末就进行了开题答辩。按照郑老师的说法："开题一定不能够对你们客气，要把你们批得'遍体鳞伤'，我会给你们找'火力旺'的海归博士，并交代他们不要手下留情。"开题当天，郑老师有出差任务，留下师兄师姐们张罗，我和同门战战兢兢，等待枪林弹雨。但三位专家出奇的温和，先是肯定我们无论是研究设计还是展示呈现都准备得非常充分，之后她们对研究的具体开展和论文结构给出了针对性的指导。就这样，我们顺利地通过了开题。用郑老师的话说，开题就好比你和你的博士论文之间签订了一个正式的契约，接下来的主旋律就是开展研究和论文写作。

郑老师常说，一定要把"粗胚"先拿出来，没有付诸文字，一切都是空谈。在上外图书馆写作的日子总是单调而充实。有时候文思泉涌，有的时候思维短路。在效率不佳、论文推进缓慢时，我切换状态，写一写论文的致谢、摘要，或修改论文的语言。与博士论文写作同时开展的还有博士论文数据收集和分析、期刊论文写作和兼职教学活动。收集访谈和课堂观察数据时，我经常需要往返于上外的虹口校区和松江校区，于是我承担了上外国际教育学院在松江校区的一些教学任务，给阿拉伯语系、印尼语系和法语系学生讲授"综合英语"课程。在优秀的上外本科生身上我看到了活力与智慧，我了解到年轻人看待世界的视角。博士二年级上学期，我每周有8节课的本科生教学任务，我还要对我的研究对象进行访谈、开展课堂观察，最忙碌的一次是周一到周五都是早晨出发去松江校区，晚上再回到虹口校区。但忙碌给我带来充实，在教学的教师身份、收集数据的研究者身份和回到图书馆进行写作的学生身份之间，我来回切换，乐此不疲。

访学和读博期间，我的女性身份认同充满了挑战，主要是在需要履行家庭责任和求学任务之间不断协商、重新建构、保持平衡。虽然蚌埠往返上海的高铁非常方便，为了不影响学业，我大概每三周回家一次。每次短暂的团聚后我又要返回学校，我清楚地记得母亲在我每次离家的时候总是分散女儿的注意力，带她走开，让她察觉不到分离；后来她渐渐长大了，也会和她解释我要离开的原因。每次丈夫送我去高铁站的时候，我总是在车里掉眼泪，他总是安慰我说："快了快了，已经过去一年了……快了快了，已经过去一半了……快了快了，已经是最后一年了！"我体验了无数次分别，又怅然若失地盯着火车窗外飞速掠过的春夏秋冬四时景色；返回沪上，又调整状态，进入到高效率的学习之中。对我挑战最大的是寒暑假回家，我既想尽力弥补平常不在孩子身边的遗憾，又不能荒废了学术写作。于是我通过早起或晚睡的方式来集中精力写作。每每哄完孩子睡觉已经是晚上 11 点了，有的时候我会跟着一起睡着，后来我咬了咬牙，给自己定了闹钟，11 点把自己叫醒，集中精力工作一小时，这一小时在书房的灯光下就是自由驰骋的一小时，我非常珍惜。有的时候，我也会早起一两个小时，依然是在无人打扰的情况下完成我的任务，这些任务有些是导师交代给我的，有些是我自己设立的。每当完成了这些任务，我总是成就感满满，尽心尽力地在白天陪伴家人，履行自己的家庭责任。

在我身边读博的女性，已婚已育者占相当一部分，导师也很能理解我们。但导师是我们博士学习阶段的第一责任人，他的任务是把我们"招"进来，再按时把我们"送"出去。我记得郑老师总是说："晓蕾身上有一股男孩子的劲儿，我很少听到她说家里的孩子、家里的困难。"这句不经意的评价揭露了作为"学妈"的残酷现状，要想搞好研究，就要尽力做到"去女性化"。听到郑老师的评价，其实我想说，我也会想念孩子和家庭，我也特别珍惜在假期和他们共度的时光。但我从来不敢也觉得没有必要表现出来，因为，回到上外，就只有一个身份——博士生；在图书馆学习，就只有一个目标——我要博士毕业；在郑老师的团队，就只有一种追求——我要开展高质量的研究。所以，没有过多地展示自己的女性身份并不代表女性身份的缺位，而是在专家和导师的审视下，难以展示这些有可能影响学习和研究的方面。我还记得郑老师对我们说过，之前的访问学者带着自己的两个孩子来上海开会并探望郑老师，向他表明读博的动机。郑老师见到她的状态，总是担心她不能专注于自己的学业，所以劝她不要读博。家庭对于想要继续求学的女性来说一方面是一种精神支撑，另一方面的确是一种牵绊。但无论怎样，既然选择了，就只有坚定走下去。离家 4 年的学习使我的心理韧性不断增强，离别有多伤感，我就能多专注于自己的学习；家庭有多纷扰，我就能多珍惜自己的独立空间。

七、从"西索"到 *sisu*：我的芬兰求学之旅

读博期间，我身边的同学陆陆续续申请了 CSC（China Scholarship Council，国家留学基金管理委员会）的资助，去国外高校开展研究和写作。后知后觉的我到了博士生二年级才萌发这样的想法："我也想出去看看！"但如果是二年级申请，差不多三年级才可以出国，只有把自己的论文初稿完成才有可能获得导师的同意，才有可能如期毕业。于是，我围绕博士论文的选题"教师能动性"进行了搜索，我留意到 2015 年发表在教育学知名刊物 *Teachers and Teaching*（《教师与教学》）的一篇高被引文章，文章的第一作者奥利·杜姆（Auli Toom）教授供职于芬兰赫尔辛基大学（以下简称"赫大"）教育科学学院。芬兰对我来说是一个遥远又陌生的北欧国家，除了芬兰教育"全球第一"之外，我对这个国家知之甚少。在给杜姆教授发邮件表明访学动机后，教授回复让我发送研究计划，她会与大学教学与学习中心（Centre for University Teaching and Learning，芬兰语简称 HYPE）的同事进行讨论，决定是否接受我前去访学。因为博士论文初稿已经基本完成，平常也接受了郑老师对我们的学术写作训练，写出来的研究计划还算比较规范和翔实。杜姆教授同意给我出具邀请信。离获得邀请信最近的出国时间就是 2018 年夏天了，为了不影响 2019 年 3 月份的论文盲审和后续答辩，我申请了 6 个月的访学时间，也顺利获得了上外"海外交流基金"的资助。

在杜姆教授领衔的团队第一次做研究展示时，我和听众分享了一个有趣的巧合：我的学校上海外国语大学的英文简称是 SISU（Shanghai International Studies University），而芬兰人以芬兰语中的 *sisu* 作为自己的民族精神，意为"坚韧不拔"。所以此行可谓冥冥之中注定。我在 HYPE 和其他在读博士生一样，有一个自己的工位。每个工作日都会坐在自己的位置上进行写作。第一次和杜姆教授见面时，我向她表明我这半年的两个任

务：修改打磨博士学位论文、与杜姆教授合作发表一篇期刊论文。当我询问教授应当先进行哪一项时，她毫不犹豫地回答我："先完善博士论文。"

每天坐在赫大教育科学学院这座大楼里，都有一种穿越的感觉：砖红色的大楼、古老的木门给人以一种厚重的感觉；办公室走廊里面陈列着和教育学、心理学相关的一些年代久远的实验仪器和书面资料；办公室内部的风格属于北欧极简风格，简约的办公环境有利于集中精力、提升工作效率。每当节假日来临，办公室的公共区域都会摆满糖果和巧克力，不失生动的趣味。我每天坐在这里，不断修改打磨自己的博士论文。每当发现一些语法错误、单词拼写错误或参考文献格式错误的时候，我都像是在玩"一起来找碴儿"游戏一样充满了成就感。每当自己的论文又获得了新的一稿，我都会想起郑老师的话："论文写作就是木匠活。要对它进行打磨和雕琢，这样才能成就精品。"

访学进入下半段，我开始和杜姆教授商议期刊论文的选题。我问教授："我的博士论文聚焦教师的教学能动性和科研能动性，我应该选择哪个作为主题呢？"教授以她丰富的经验判断："选择教师的教学能动性。"我问教授目标期刊是什么，她告诉我先完成初稿。就这样，我大概用了一个月的时间完成了这篇论文的初稿，它来源于我的博士论文，又是博士论文的缩影和凝练。教授告诉我可以将稿件投给 *Teachers and Teaching* 或 *Teaching and Teacher Education*（《教学与教师教育》），这两家期刊都是教育学的高质量期刊。考虑到我的初稿字数在一万多词，远远高于《教师与教学》规定的6 000 词以内，我们将目标期刊锁定为《教学与教师教育》。虽然这不是我第一次给 peer-reviewed journal（国外同行评议期刊）或者是 SSCI 期刊投稿，但给行业内高质量期刊投稿，对我来说，这件事情本身就很光荣。在访学结束之前，我们将这篇论文提交了投稿系统，论文的第一作者是我，第二作者是我的导师郑新民教授，第三作者是我的国外访学指导老师奥利·杜姆教授。这篇文章后续又在我博士毕业后历经了三轮修改，终于见刊。

访学的时光虽然短暂，但却自由充实。暂别了家庭和学校，我能够相对不受打扰地学习和生活。除了写作之外，我还有时间外出旅游，这些都让我有了很多独特的体验。每天在学校吃完午饭，我总是在赫尔辛基市区漫步，对这个城市进行更加深度的人文探访，散步后我又回到自己工位，继续下午的写作。半年里，我见过北欧夏末傍晚 7 点半还是太阳当空的景象，我也体验了长达几个月下午 3 点半就开始天黑的黯淡。好在有自己对生活的积极规划、有忙碌的写作、有志同道合的学友，还有阶段性的旅游放松，我享受其中。

访学临近尾声还有一件事值得一提。在赫大教育科学学院大楼办公时，我每天都会和其他中国留学生一起拿着自己带的便当去二楼多功能室加热，然后坐在小圆桌上一起吃饭。有一次等着加热的工夫，看到旁边一排贴着教职工姓名的信箱，其中一人的名字引起了我的注意——于尔约·恩格斯托姆（Yrjö Engeström）教授。这不是我读博期间在文献里面读到的教授名字吗？记得郑老师团队中的孟春国博士，他当年在上外做博后，在组会汇报时就介绍过恩格斯托姆教授和活动理论。后来我也读到国内许多学者在自己的论文中使用活动理论作为理论视角。但我从来不知道恩格斯托姆教授任职于赫大教育科学学院。带着一颗好奇的心，我查到恩格斯托姆教授是赫大教育科学学院的荣休教授。于是我萌发了对其进行访谈并向其请教活动理论的想法。虽然我有所耳闻，在国内的评价体系，访谈类文章往往对绩效考核和职称评定没有多大帮助，但访谈的初衷是求知，而不是从利益出发。我给教授发了一封邮件表明访谈动机，教授很快答应并和我约定好访谈时间。当然，在访谈之前，我再一次熟悉活动理论，不仅要了解中国学术界，尤其是外语学术界对于活动理论的应用，还要了解国际学术界对于活动理论的运用；除了研读这些论文之外，我还要追根溯源，阅读教授本人的专著和论文。在阅读的基础上，我整理出一些问题，准备采用半结构化访谈（semi-structured interview）的形式，这样既能保证访谈主题有所聚焦，也能允许在访谈中有新的价值添加。访谈进行得非常顺利，教授对我的问题一一耐心解答。最后还邀请我参加他们研究中心的下一次研讨会。

因为这次访谈的工作语言是英语，在完成逐字转写后我首选用英文撰写访谈论文进行投稿，教授确认过转写内容和访谈论文后还同意担任本人的第二作者。在经历过被几个国际期刊先后拒稿后，我决定将访谈稿翻译成中文，尝试在国内的期刊发表。因为这次翻译成中文，教授无法确认文本，我便没有邀请教授当第二作者。2019 年年底，我将访谈稿投给《北京第二外国语学院学报》，杂志社很快将审稿意见反馈给我；2020 年，这篇论文得以被该刊"待选用"；由于排刊和组稿的压力，这篇文章在 2022 年第 6 期得以见刊。在从录用到见刊的过程中，我经历了《北京第二外国语学院学报》高质量、高效率的"三审三校"，也特别敬佩编辑老师的语言文字功底、逻辑思维和专业精神。一个刊物是否在用心谋求发展，从许多细节中就可以看出。在一个中文期刊中，英文摘要往往显得不那么重要，甚至以前我还在某 CSSCI 期刊的英文摘要中发现过错误。但《北京第二外国语学院学报》对英文摘要相当重视，邀请了专门的语言润色公司，请英语本族语者对英文摘要进行审读和修改，这可见《北京第二外国语学院学报》在办刊过程中诚意满满、信心十足。这是我作为一名普通的投稿作者感受到的国内外语类期刊的运营和发展模式。如今，《北京第二外国语学院学报》已经更上一层楼，成功入编中文核心期刊，进一步扩大了其学术影响力。

八、心怀热爱，奋楫争先：我的教学科研工作

临近博士毕业，我的就业意向比较明显——回到安徽省的高校从事教学科研工作。虽然有些博士同学选择了上海的高校，但对我来说，如果留在上海，我个人以及家庭可能面临更大挑战。尽管我的原单位也特别希望我回归，继续壮大外文教研室的力量，但考虑到我的身份认同已经从一名以教学为主的教师转变为教学科研型教师，我需要综合性更强的院校平台实现我的职业发展。安大外语学院在外国语言文学专业拥有较强的综合实力，毫无疑问，如果能够在这样的平台发展，对我个人来说是一个最合适的选择。顺利通过安大的面试之后我就再没考虑过其他院校。

2019 年 6 月底，我入职安大，开始了我全新的教学科研生涯。然而，新环境机遇与挑战并存，我一面适应角色的转变，一面以积极的心态拥抱更多的可能性。记得刚入职后有段时间，母亲总是对我说："怎么我感觉你读了个博比以前更忙了！"母亲口中的"以前"，指的不是访学和读博的 4 年，而是更早以前——我在蚌医的时候。的确，那个时候完成备课和上课之后，几乎

就没有太多其他的事情了。而博士毕业再次成为一名高校教师，虽然已经有9年高校教龄，但对我来说一切都是"新"的：新的教材、新的学生、新的基层教学单位、新一轮的科研要求、新的职称晋升压力。虽然这一切扑面而来，但我享受其中，享受忙碌，享受被需要的感觉。

（一）踏踏实实，深耕课堂

入职的新学期正逢大学外语教学中心更换新教材，选用的是外语教学与研究出版社的《新一代大学英语综合教程》。我和中心的所有老师一样，我们的非课堂教学时间被备新课支配着。这套教材以"产出导向法"为指导，凸显"线上＋线下"学习的优势，充分赋能"以学习者为中心"的大学英语课堂。如果说现在我的大学英语课堂和几年前有什么不一样的话，我觉得刚走上工作岗位时，我拥有无尽的热情和精力，和年轻的大学生能够"打成一片"，课堂气氛轻松愉悦。但现在多了岁月的沉淀，课堂更加成熟了：多了一些对知识的敬畏，多了一份立德树人的责任，多了一丝科学研究的浸润，多了一些鼓励学生自学的拓展。

随着自己生活阅历的增加，越发觉得自己身上的责任重大，"传道授业解惑"一样都不能疏忽。我的备课一般分为两遍：第一遍是以"学习者视角"试着学习新单元的词汇、阅读课文、完成练习；第二遍则是以"教师视角"思考使用什么样的教学步骤、设计什么样的教学任务、补充什么样的语言文化知识、从哪些方面自然融入思政元素、布置什么样的课后作业检查和拓展学生所学。这几年来，不管这册课本是不是上过的内容，只要第二天有课，我都会拿起课本进行"回炉"和"重塑"。一来是因为每次看到教材都可能有新的思考，二来是因为上一轮授课过程中拓展的课堂教学内容不一定能够与时俱进，需要补充最新的知识和信息，与学生共享。

外语课堂从来都不缺少教师对学生的言传身教、不缺少教师传播正能量、不缺少教师引导学生树立文化自信。2020年，教育部印发了《高等学校课程思政建设指导纲要》，明确把思想政治教育贯穿人才培养体系，渗透到每门课程的教学之中。按照我自己的理解，在这之后，我们的立德树人工作更加有意识、有目的、有体系、有方法。作为一名教师，我经常自嘲自己的职业病是"说教"，我希望学生在我的课堂上获得正能量、乐观生活与学习的态度以及作为新时代大学生的责任感和使命感。因此，每次备课时，我都尽力去思考每个课时中可以结合课程思政的维度。例如在"城市生活"这一单元，我引入了"绿水青山就是金山银山"的理论并要求学生在课后搜索相关英文翻译并进行摘抄；在"丝绸之路"的课文中，我向学生介绍了"人类命运共同体"的概念；在练习中我时常融入中华传统文化负载词的翻译。我感恩现在的时代，我们怀着前所未有的自信，在教育教学中加强学生的思想政治教育，为中华民族的伟大复兴而奋进。

从前的课堂可能相对单薄，虽然尽力在语言文化层面进行挖掘，却缺少了科研对教学的反哺和浸润。詹全旺院长曾经跟青年教师分享过，他在自己的课堂上不经意间就会引用自己熟悉的研究，这是一种教研结合的状态。我深以为然，这种结合不是刻意的装点或生拉硬拽，而是每次讲到一些内容就自然想和学生分享，教学生以研究的视角去看待某些问题。例如在"对抗拖延症"的课文中，我向学生介绍了我研究中用到过的"自我差异理论"，为其讲述"理想自我""应当自我""实际自我"的概念，以及自我差异可能带来的结果；在"共享经济"的课文中，我向学生解释了问卷调查的抽样方法和注意事项；在"饮食文化"的课文中，我和学生讲述了国家形象的"自塑"和"他塑"。而课堂每天上演的真实情况也会促使我进一步思考可能的教学研究主题，继续开展外语教育类的行动研究。所以我觉得，教研结合是我博士毕业后在教学方面的一个新的进步。

由于新一轮教学改革，学校的大学英语课经历了从 16 学分相继减少为 12 学分和 8 学分的"两连降"。由于学生众多、师资力量不足，大班教学和课时有限成了我们教学的难点。因此，在新的教学中不能"只见树木，不见森林"，教师要有全局意识，要懂得取舍，要学会赋能学生的自学。这和过去数年甚至几十年的教学方式是明显不一样的，要转变起来十分困难。在我的课堂上，我选择以布置课下小任务的方式增加学生的学习仪式感、提升其英语学习兴趣。除了每单元必须完成的平台自学和教研室规定的几次书面作业之外，我在每次课结束后都会给学生布置"小打卡"任务，这些任务的特点是短小精悍，不需要占用特别长的时间，有的是对课文中某个知识点的拓展发散，有的是对某个词汇群的联想记忆，有的是课后的课文朗读和单词朗读。尽管学生数量众多，我都会一一"点赞"反馈，一来对他们的付出有所肯定，二来激励他们继续努力。

（二）科研之路，没有折返

读博期间，学习和研究是我生活的主旋律。虽然工作后角色发生转变，但环境和自己对科研的要求没有放松。读博尾声在芬兰访学的我拥有相对独立的时间和空间，因此撰写了好几篇论文，有些在入职前得以发表，大部分投稿过程并非一帆风顺，经历了投稿—拒稿—修改—更换目标杂志—再修改—录用的艰难过程，在时间线上，修改和再投稿的过程延续到入职之后。得益于手上有论文在投，刚入职的这些年，每年我都有文章相继录用发表，所以看起来还算成果丰硕。然而挑战和困惑也同时存在。挑战是除去课堂教学、备课、家庭琐事之外，我要分时间给科研，完成过去延续到现在的任务，还要迎接新的挑战——科研项目的申请。即使在前工作单位成功申请过校级科研课题，即使在读博期间有大量科研论文写作的实践，但在项目申请，尤其是高级别（如国家级、省级）的项目申请方面，我的经验是零。和当年访学时搞不清"C 刊"为何物一样，刚刚入职的我甚至搞不清国家级、省部级、省厅级各对应哪些具体的项目。但我并没有放弃。我不放弃任何一个可以申请课题的机会。

记得刚入职的夏天，我就申请了外教社的委托项目和安徽省哲学社会科学项目，前者获得了成功，后者遭遇了申请省级课题的第一次"滑铁卢"。现在反思失败原因，我觉得很大程度上是没有把自己的研究与实际很好地进行结合，没有围绕选题指南，以自己的研究致力于解决安徽省发展迫切需要关注的问题。接下来，在学院领导的鼓励下，我还申请了 2020 年的教育部课题，同样，因为缺乏经验，在选题和论证方面都没能够很好地说服评审，还是以失败告终。接下来我准备了国家社会科学基金项目的申报，但后来却因为新规定，当年如已经申请教育部课题，便不能再申请国家社会科学基金项目。所以，在提交前夕，我的申请书被撤了回来。第二年，我先后申请了省级、厅级和国家级课题。在申请省级课题时，我特别留意了选题指南，将当时的社会热点"疫情话语传播"与"思政教育"融入自己的研究选题中，再加上认真研读了同门师兄推荐的《人文社科项目申报 300 问》，并逐项对自己的申请书进行打磨，我幸运获批了其中的大部分项目。但到了第一次真正申请国家社会科学基金项目时，我开始困惑，当年的选题指南中没有我的研究专长"外语教师发展"，我应当坚持自己的研究方向还是更换方向呢？几经纠结后，我决定在省哲学社会科学项目的选题基础上继续打磨我的国家社会科学基金项目申请书，因此，在申请书中选择专业时，结合申请书的主题，我选择了"新闻传播学"。这一次的申请，不出意料，以失败告终，这也促使我在第二次国家社会科学基金项目的申请中坚持自己的初心，做自己擅长的教师研究，不轻易改变自己的研究方向，不能"自废武功"。

虽然凭借初入职时的论文"高产"以及在 2020 年成功获批的两项省级课题和一项厅级课题，我如愿晋升副教授职称，但我并没有停下自己的脚步。我仍然在探索新的论文选题以及更高级别的项目申请。2020 年底，我接到劳特利奇出版社的编辑发来的邮件，问我是否愿意将发表在 *Teaching and Teacher Education* 上的文章改写为专著出版。我回复："这篇论文是我博士论文研究成果的一部分，我正打算择一出版社将其改写出版。"在编辑的要求下，我发送了出版申请书和论文的 discussion（讨论）章节作为样稿让编辑组织外审，这样选择的原因是我觉得讨论章节回顾了研究发现，比较了研究发现和已有研究的异同，最后还提出了本研究的理论框架，是比较能够代表全文精髓的。在外审过后，我按照评审意见对讨论部分和全文进行了修改完善。之后就是签订出版合同，按时交稿，按照编辑的反馈修改和提交了。这本书最终于 2021 年 12 月 31 日在线出版，与此同时还出版了精装版，在 2023 年底又出版了平装版。这算是我继发表 SSCI 期刊论文之后，与国际知名出版社的一次近距离合作，也是鼓励我继续开展学术研究的一大动力。

2022 年初，新一轮的国家社会科学基金项目申请又开始了，这一年我即将 35 岁，这是我第二次也是最后一次冲击青年项目（当时的申报要求是青年项目申请人年龄不超过 35 岁①）。在对前一次失败的分析基础上，我认为应当坚持自己的强项，用自己扎实的研究内容和前期基础来说服评审。

---

① 全国哲学社会科学工作办公室就 2024 年国家社会科学基金年度项目申报工作发布公告。其中明确，青年项目放宽女性申请人年龄要求至 40 周岁，对男性申请人不超过 35 周岁的年龄要求不变。

但这次我面临着又一选择，在学科选择上，我是坚持外语教育专业所在的语言学方向还是选择教育学方向（也就是说申请国家社会科学基金教育学单列项目，即"全国教育科学规划项目"）？这一次，语言学方向的选题指南里还是没有外语教师发展这个主题，但之前的已立项项目里的确有一些外语教师发展类的题目，如果选择语言学，我感觉更加得心应手；但从我前期研究成果的主题看来，这些成果属于语言学和教育学的交叉学科，大部分发表在教育学的 SSCI 期刊上。虽然两者对申请资格和申请书格式的要求基本一致，但如果申请全国教育科学规划项目，一个专攻外语教育研究的申请书放到一众教育学研究之列，不知道又会面临何种命运。我一边完善自己的申请书，一边在提交之前纠结申请书的去向。在纠结的同时，我也和家人或同行聊天，诉说我的两难境地。丈夫虽是外行，但听我描述了一堆优势劣势条件后认为我应该坚持自己熟悉的路径。学院分管科研的朱玉彬副院长建议我试一试教育学单列项目，并提醒我在申请书中应适当引用教育学界的论文和专著。其实，现在回头想来，当时我心中应该是对选择教育学有所倾向的，只是需要一个外界的声音告诉我应该这么去做。所以，我最后决定申请教育学项目。之后，我对申请书进行了一系列细节性的调整：首先是确认研究对象究竟只局限于外语教师还是选不同学科的高校教师，在对以往已立项的教育学项目进行关键词搜索后，我发现聚焦外语或英语的项目很少，于是我决定"跳出外语"，在标题和内容中删除对学科的限定；其次是将自己的研究和已立项的研究进行比较，分析异同，这也是申请书中新增的环节；再次是在自己的申请书中引用一些教育学的经典和前沿论著；最后，在申请书和活页中将我的英文研究成果添加中文翻译，以方便非外语专业的同行评审查看，做到读者友好。经过一段时间的集中撰写和修改后，申请书提交了。之后的几个月，我似乎忘记了等待结果的忐忑，因为提交了就告一段落，我再怎么惦记也没有用。一直到 8 月初，外校的青年教师同行给我发来截图，祝贺我申请的课题立项公示了。我不敢相信自己的眼睛，自己又去全国教育科学规划领导小组办公室的官网查看，看到了拟立项公示的列表里有我的名字，我太开心了，我申请的项目终于进了"国家队"！学院领导还告诉我，这是安大第一项教育学的国家社会科学基金项目，它在外语学院开花了！我也在 35 岁这年，压线拿到了国家社会科学基金的青年项目，真的是太幸运了。当然幸运之中也有一定的必然，包括我坚持了自己的研究专长，选择了正确的申请方向，进行了针对性的撰写和修改，以及拥有一定的前期研究成果。伴随着立项的一时喜悦的是接下来的"不敢懈怠"。只要我一有时间静下来思考科研，"高质量完成项目"就成为悬在我头顶的重中之重。对抗压力的办法就是制定目标、细分目标、执行目标。只有在 learning by doing（做中学）的过程中，我才能够暂时忘却压力，投入研究和写作中。

（三）"效率！向一切要效率！"

以前的我总不喜欢零碎时间做事，认为难以集中精力。读博期间听导师说起他每次去外地作讲座的时候都会在高铁上修改自己的讲座演示文稿，受他影响，我也尝试在高铁上读书和写作，不再只是眼望窗外。工作后，我寻找更多的碎片时间做事，每次短则半小时、长则两小时的时间被自己的各类工作填满，完成后总是成就感倍增，瞬间有了"书非借不能读也"的类似感受，姑且概括为"'偷'来的时间格外珍贵"！我时常坐在孩子画画兴趣班的少儿座椅上备新课，在安大龙河校区的鹅池旁一边等待放学的孩子，一边修改参加学术研讨会的展示内容，也曾在咖啡馆里看着论文外审反馈给我的十几页修改建议，思考如何一条条修改。很多人问过我，你是不是经常要熬夜啊？其实，我无论是在读博的时候还是工作以后都几乎不会熬夜。与其熬夜，我反而喜欢起早的工作状态。

我印象最为深刻的是 2020 年初，由于新冠疫情紧张，新学期的教学全部在网上展开。每天我不再需要通勤去学校上课，我只需要在早晨上课之前坐到电脑前迎接学生即可。而那时在上幼儿园的女儿也面临全面停课，这意味着我变成了每天 24 小时全面陪伴的妈妈。那个时候的我正面临人生中第一篇"重量级"期刊论文的修改，这篇论文在博士毕业之前就投出去了，中间已经经历了一次 major revision（大修），我本来以为第二次反馈会是 minor revision（小修），谁知道这次迎来的是 revision requested（要求修改）。虽说"有修改的机会就是好事"，但这下我反而需要更加谨慎，因为一不注意，就可能被拒稿，那我辛苦近一年的努力就要付诸东流了。为了在白天上好网课并陪伴好幼儿园的女儿（我准备手把手教她"幼小衔接"的内容，好让她适应 9 月份的小学入学），我只有在早晨"偷"几个小时，做自己的事情，这样才不会被打扰。这让我想起许渊冲先生在电视节目中分享他的作息受到托马斯·莫尔（Thomas More）的影响："The best of all ways to lengthen our days is to steal some hours from the night."（延长白天最好的办法，是从夜里偷几个钟点。）先生选择了晚睡，而我选择了早起。我每天把闹钟定在早晨 5 点，7 点再设一次闹钟，提醒我应当停止修改稿件的工作，处理家中杂事，8 点左右坐在电脑前为网课做好准备（当时的上课时间是早晨 8 点 20 分）。二三月份的天还是亮得挺晚，清晨的温度也比较低。每当 5 点的闹钟响起后，我充满了挣扎，并不是每一次都能战胜自己起床工作。如果那天我按掉闹钟继续睡到 7 点，那么我一整天都提不起精神，认为自己这一天的任务没有完成。相反，如果我顺利起床，开展了早间两小时的高效写作，我这一天都会喜悦亢奋，因为完成了自己的小目标。从睡眼惺忪揭开书房的窗帘看漆黑黎明中的城市灯光，再到舒展双臂看窗外初升的红日，我知道，新的一天又到来了！就这样坚持了一段时间，我终于完成了修改和提交。3 月底的一天，我收到来自 *Teaching and Teacher Education* 的邮件，我的论文被录用了！如今，这段经历已经过去好几年了，但每当我遇到困难时，我总是想起那段时间艰难的早起、漆黑的黎明和红彤彤的日出。

　　源源不断的工作任务以及身陷家庭难以分身是当今很多青年教师的困境，但每当自己陀螺般地高速运转，在家庭与事业之间周全之后，总觉得"获得感"是大于身心疲惫感的。我享受"被需要"的感觉，不论是被工作需要，还是被家庭需要，我都没有理由去拒绝。我的生活在"二孩"出生后再一次受到了挑战。这不得不再一次提到女性身份认同。虽然国家大力提倡"二孩""三孩"，但原本生活节奏已经趋近拉满的"一孩"状态让我从未考虑过家中再添一个孩子是什么景象。丈夫试图通过列举两个孩子的好处来说服我，最后他又以"这么多年支持我的继续学习和事业发展"来打动我，我最终同意接受这个挑战。

　　等到"二孩"出生之后才发现这个挑战之大，大到快要淹没我。一是身体和精力不如几年前，照顾起孩子来有些力不从心；二是需要不断地在被打乱的节奏上调整，在混乱中重建秩序。开始迈入小学高年级的女儿的学习需要监督，每天"超长待机"的幼儿需要陪伴，处理完家庭的"一地鸡毛"后我还要拖着疲惫的身体处理工作：备课、科研写作以及不定时出现的各种工作任务，如讲座、汇报、审稿、指导硕士生论文等等。还好，支撑我的不光有坚定的信念、乐观的态度，还有多年积累下来的行动力和学习方法。一旦决定了去做，就集中精力去做好。生活和工作中扑面而来的挑战不断塑造我的"韧性"，我想这就是女性温柔外表下的坚定力量，也是成长为一名优秀的教学科研人员所必备的品质。

九、写在最后：究竟什么是能动性？

不论是在学习、工作还是生活中，每个人都面临着各种情况，有的时候甚至是挑战。我们在个人经历和环境塑造的双重影响下做出选择，通过计划—行动—反思等环节开展学习实践，试图对我们面临的状况产生影响。我想选择与行动就是能动性独一无二的魅力吧。女性更是如此，在力争性别平等的当今社会我们不能断言只有女性面临挑战，只有女性需要平衡家庭和事业，只有女性才需要能动性。但由于复杂的原因（如生理、历史、文化），女性面临的挑战是独特的，而从事各行各业的女性发挥了极大的能动性，致力于影响周围环境和社会现实。

女性是高校外语教师的中坚力量。我的学习与成长历程见证了一次次选择和一次次行动，这和我的成长经历、生命历程中的重要他人以及我所处的这个时代息息相关。生于 20 世纪 80 年代末，成长于 21 世纪，奋进在新时代，我越来越深刻地感受到，女性教师的发展不仅关乎自己，而且关系家庭和睦、社会和谐，关系国家发展、民族进步。时代的给养让我们拥有平等的学习和发展空间，除了心怀感恩外，我的心中更多了一份责任感，不但要在立德树人的教学工作中和促进外语学科发展的科研工作中笃定前行，还要在构建和谐家庭生态、培养教育下一代中继续探索，毕竟，每一天都是新的机遇和挑战，每一天我们都要面临新的选择和行动。

后 记

从 2023 年年底我萌发出书动机，到准备样稿、联系出版社、落实分章节作者、完成初稿，再到后来历经多轮修改的过程中，我无时无刻不在感受着温暖向上的她能量。何其有幸，通过这样一本书，我以"第一读者"的身份读到了除我之外其他分章节作者的成长故事。这些故事或慷慨激昂，或温情动人，或鼓舞人心，或诙谐风趣。通过阅读，我真真切切地感受到了文字的感染力。14 位女性学者(12 位分章节作者和为本书作序、作推介的两位专家)拨冗参与了本书的出版，通过与她们合作，我深刻感受到她们精益求精、严谨治学的态度，她们是我学习的榜样，她们的精神是我不断前行的强大动力；外审专家和编辑老师的敏锐洞察和细致校对让我意识到学术出版的高度社会责任感，通过与她们交流，我不仅打破了"信息差"，拓宽了知识边界，还获得了孜孜不倦的力量源泉。她能量无处不在，渗透在社会生活的方方面面；她能量源源不断，推动着人类文明的持续发展。谨以此书献给所有有理想、有情怀、有力量的她。